Filipe Vilicic

O clube dos youtubers

Como ícones rebeldes construíram o maior fenômeno da internet e se tornaram os principais influenciadores da juventude brasileira

ILUSTRAÇÕES DE **Fabiane Langona**

Copyright © 2019 Filipe Vilicic
Copyright © 2019 Editora Gutenberg

Todos os direitos reservados pela Editora Gutenberg. Nenhuma parte desta publicação poderá ser reproduzida, seja por meios mecânicos, eletrônicos, seja via cópia xerográfica, sem a autorização prévia da Editora.

EDITORA RESPONSÁVEL
Rejane Dias

PREPARAÇÃO
Carol Christo

REVISÃO
Samira Vilela

CAPA
Diogo Droschi (sobre imagem de Fabiane Langona)

DIAGRAMAÇÃO
Diogo Droschi

ILUSTRAÇÕES
Fabiane Langona

Dados Internacionais de Catalogação na Publicação (CIP)
Câmara Brasileira do Livro, SP, Brasil

Vilicic, Filipe

O clube dos youtubers : como ícones rebeldes construíram o maior fenômeno da internet e se tornaram os principais influenciadores da juventude brasileira / Filipe Vilicic – 1. ed. – Belo Horizonte : Editora Gutenberg, 2019.

ISBN: 978-85-8235-601-2

1. Mídia social 2. YouTube (Recurso eletrônico) - Internet - Influência 3. Internet - Vídeos - Aspectos sociais 4. Biografia 5. Celebridades da Internet - Relatos I. Título.

19-27522   CDD-302.231

Índices para catálogo sistemático:
1. Mídia social : Comunicação : Youtubers :
Relatos biográficos : 302.231

Maria Paula C. Riyuzo - Bibliotecária - CRB-8/7639

A **GUTENBERG** É UMA EDITORA DO **GRUPO AUTÊNTICA**

São Paulo
Av. Paulista, 2.073, Conjunto Nacional, Horsa I
23º andar . Conj. 2310-2312.
Cerqueira César . 01311-940 São Paulo . SP
Tel.: (55 11) 3034 4468

Belo Horizonte
Rua Carlos Turner, 420
Silveira . 31140-520
Belo Horizonte . MG
Tel.: (55 31) 3465 4500

www.editoragutenberg.com.br

(antes do play)

7 Como fazer para ler este livro

▶ PARTE 1 | **TUTORIAL**

15 A festa dos 120 youtubers

35 E a festa dos 10 milhões de fãs

54 A ressaca depois da festa

▶ PARTE 2 | **VIRALIZOU**

71 A entrada é pelos fundos

101 De repente musas

122 A má influência (ao menos aos olhos dos pais)

161 A boa influência (ao menos aos olhos dos pais)

▶ PARTE 3 | **COMO SER UM... YOUTUBER**

179 Dicas profissionais

191 A galinha dos ovos de ouro

198 A escola de youtubers

▶ PARTE 4 | **ÔNUS E BÔNUS**

209 Amor e ódio

229 O peso

(antes do play)
Como fazer para ler este livro

▶ VOCÊ PODE NAVEGAR por este livro da forma como faz no YouTube. Dá para ir pra frente e pra trás. Também é possível escolher seu canal favorito, o youtuber de quem é fã (ou de quem seu filho é fã), e pular direto para ele. Assim irá conhecer a história daqueles que mais gosta (ou que seu filho gosta). Antes de cada capítulo – assim como naqueles descritivos dos vídeos que contam com vários canais ao mesmo tempo –, há uma lista dos youtubers que podem ser encontrados naquele trecho. No primeiro capítulo, já vai se deparar com uma festa em que estavam mais de 120 youtubers, incluindo os maiores dentre eles, como Whindersson Nunes e Júlio Cocielo.

Os capítulos são divididos em quatro seções. Recomendo lê-las em sequência, mas também pode encará-las como aquelas marcações amarelas dos vídeos do YouTube. O primeiro trecho é um **Tutorial**, seu primeiro contato com o mundo das celebridades conectadas. Acha que sabe da vida dos youtubers porque os acompanha pela internet e pelas redes sociais? Talvez saiba apenas o que consegue ver pela tela do celular ou do computador. Quando digo que terá seu contato inicial com eles, quero dizer que saberá bem mais de como as coisas realmente funcionam. Como vivem os youtubers? Ganham fortunas? Como viralizaram? São amigos uns dos outros? Inimigos? Frequentam as festas mais badaladas? Usam drogas? Quais? Vida de youtuber é fácil? Tudo peneirado por histórias deliciosas que refletem a realidade do século XXI, a exemplo da espantosa ascensão de Whindersson

Nunes, que foi de garoto pobre do Piauí a uma das maiores e mais ricas celebridades do país.

A segunda seção, a **Viralizou**, é permeada por outra pergunta: quais são as consequências de viralizar na internet?

Os criadores do Porta dos Fundos compartilham as dores, as angústias e a glória da saga que os levou a criar o que um dia foi o primeiro grande canal brasileiro. Para poderem fazer seu humor ácido, tiveram de encarar políticos, policiais e até agressões na rua. Um dos integrantes do Porta conta que acordou um belo dia com uma penca de policiais federais na entrada de seu apartamento, no estilo "sendo abordado por causa da Lava Jato", como ele mesmo conta aqui neste livro.

São muitos os efeitos de viralizar. Um youtuber, Cauê Moura, já teve de lidar com um provável terrorista muçulmano. Natalia Kreuser foi pega de surpresa por um fã na porta de seu prédio, ainda com suas compras nas mãos. Lully está cansada de receber nudes de caras desconhecidos. Um indígena estudou para a faculdade com a ajuda de canais como o Matemática Rio e o Física Total.

Já a terceira seção, **Como ser um... youtuber**, vai ajudar, como o nome já diz, quem um dia quer ser como eles. Lá tem do sucesso da Galinha Pintadinha à história dos criadores do Pipocando, que eram desacreditados pelos próprios pais – hoje, um desses pais é quem serve o cafezinho na empresa do Bruno Bock e do Rolandinho. Há também um raio-x de como funciona a escola de celebridades do YouTube – sim, ela existe. Além disso, nessa parte da leitura, irá entender como o YouTube, assim como toda a internet e, em especial, as redes sociais, tem passado por uma transformação perigosa, deixando de ser anárquico, com elementos de revolta, como um dia já foi, para virar algo mais profissional, mas também mais (ou bastante) careta.

Por fim, na parte **Ônus e bônus**, conhecerá a história por trás da câmera, em muitos detalhes, de um dos maiores (e mais polêmicos) youtubers. Quando já estava com quase dez anos de YouTube e sendo um dos pioneiros desses mares no Brasil, Felipe Neto enfrentou e venceu as diversas fases dessa nova profissão do século XXI. O descrédito inicial, na época em que lhe falavam que seria um fenômeno passageiro. Era então um garotão de seus 20 e poucos anos, achando-se rebelde quando ficou famoso por xingar, descer o cacete, em fenômenos então amados por jovens como ele, de Justin Bieber e Crepúsculo a Fiuk, o filho galã do Fábio Junior. Transformou-se em empresário, humorista, ator de si mesmo e, passados quase dez anos, dono de um canal de YouTube com mais de 30 milhões de fãs, consagrando-se no ano de 2019 como o mais importante, comentado, amado e odiado youtuber brasileiro. Deu fama a seu irmão, sua ex-mulher, sua namorada, seus amigos. Transformou-se em magnata em uma mansão chamada Netoland, onde vive cercado por seguranças e câmeras. Também se elevou, de forma surpreendente para boa parte do público, a uma das vozes mais ativas e um dos líderes populares da oposição a Jair Bolsonaro, presidente de extrema direita do Brasil, conhecido por ideologia e visões de mundo homofóbicas, racistas, xenófobas, autoritaristas, bélicas e obscurantistas (anti-iluministas).

Neste livro, não encontrará aquele youtuber que vê na tela do celular. Encontrará muito mais que isso. Não ficará no superficial, não se restringirá ao que todos já sabem. Você vai descobrir as histórias que ninguém sabe. Nem o Treta News.

Antes de continuar a ler, proponho um exercício para esquecer muito do que pensa conhecer sobre a vida dos youtubers. Há aquele estereótipo, ao qual os pais adoram recorrer nos almoços de família: uma garotada que acordou um belo dia, pegou o celular, resolveu gravar um vídeo sobre alguma besteira (Minecraft? Piadas sobre comerciais da TV?), jogou na internet e... abracadabra, deu certo, ganhou uma multidão de fãs e uma fortuna de dar inveja em empresários gabaritados. Mas a real é que não é tão simples. Longe disso.

Então sente-se, desligue o celular, coloque para tocar uma daquelas *playlists* de meditação do Spotify, desvincule-se dos youtubers que mais ama (ou tente esquecer o que acha que sabe sobre os youtubers amados por seus filhos), recorde que eles são humanos exatamente como você, e siga.

E o que é ser um youtuber? Para quem entra no YouTube e vê aquela garotada falando – e, convenhamos, muitas vezes gritando – sobre coisas corriqueiras da vida, pode acreditar mesmo que a isso se resume a nova profissão do século XXI – que, aliás, parece atrair tudo quanto é jovem. Se antes o sonho típico de um adolescente brasileiro era ser jogador de futebol ou atriz, hoje a meta passou a ser youtuber. A prova está nos números: mais da metade das celebridades mais admiradas pelos adolescentes brasileiros ganha a vida (e muitas vezes enriquece) postando vídeos no YouTube. O sonho não poderia ser mais atraente: tornar-se milionário falando "da vida", de aventuras cotidianas, games, esportes, ou fazendo pegadinhas. Pode ser sobre qualquer coisa, qualquer paixão. Inclusive futebol.

Alguns pais, aqueles nascidos em outras gerações, pré-internet, pré-Facebook, pré-WhatsApp, pré-Instagram, pré-Twitter, pré-YouTube, costumam repetir por aí que essas figuras lhe parecem "dispensáveis" e "inúteis". Alguns dizem "decepcionantes". Qual seria a contribuição de um garoto que enriquece jogando Minecraft? Ou de uma menina de cabelos coloridos (verde, amarelo, azul, tudo junto) que fala sobre as emoções de ser adolescente, sobre a angústia de se encarar espinhas ou sobre a primeira TPM? Ou de um cara que resolve reclamar de tudo em frente a uma câmera, com um taco na mão, batendo na mesa? E o que falar de um vídeo com dicas sobre qual é a melhor forma de avisar uma amiga que ela está fedendo? Ou dos tantos e tantos vídeos de slimes (Tá por fora disso? Dê um Google ou busque no YouTube)? Estaria esta geração perdida? Ou será que, na verdade, tudo se somaria para revolucionar a forma como vivemos neste mundo cada vez mais conectado – uma forma que muitos dos mais velhos estão com dificuldade de entender como é?

Aviso aos pais leitores: esses jovens que vocês podem até desprezar são os maiores representantes dos seus filhos. São os "influenciadores digitais", como chamam por aí. Por trás desse jargão pouco compreensível, uma verdade incontornável: eles moldam a cabeça dos seus filhos. Então, se você, leitor, é um desses filhos, sugiro indicar essa leitura também para o seu pai. Assim ele vai parar de te encher toda hora que você estiver vendo um novo vídeo do Canal Canalha – ou, pelo menos, saberá a real disso tudo. E se você, leitor, for um dos pais, garanto: esta leitura irá lhe ajudar, e muito, a entender a cabeça dos seus filhos.

É bom saber quem são esses influenciadores digitais. Não, eles não tratam de inutilidades – ou ao menos não só disso. Não, eles não falam só baboseiras. Para alguns dessa geração dos *millennials*, essa que gasta boa parte do tempo em frente às telas, os youtubers são seus melhores amigos, seus confidentes, seus guias espirituais, os críticos que lhe apresentam a cultura pop e, assim, formam a cultura dos jovens. Suas maiores referências de sucesso – tem quem fature acima de 8 milhões de dólares ao ano postando vídeos de "besteiras" no YouTube – e de vida.

Caso você, caro leitor, seja um cinquentão, pode recordar de como sua mãe te enchia para sair de frente da TV. Se tiver ainda mais idade, talvez seus pais tenham sido do tipo que não permitiam que você fosse ao cinema para as matinês. Entretanto, quem sabe hoje, olhando para trás, você perceba como os programas de televisão – e os filmes, e o rádio – contribuíram para a sua formação. Quantos dos seus trejeitos, dos seus desejos, foram herdados de personagens de séries televisivas, ou de desenhos animados, ou de roqueiros?

Se você é desses pais que têm reclamado tanto dos youtubers, convido-o a refletir: não é incoerente ter se tornado justamente o repressor que agora diz que o filho só vê inutilidades na TV do novo século, o YouTube? Aposto que nomes como Whindersson Nunes, Kéfera, Kibe, Felipe Neto, Cauê Moura, Marco Túlio (o Authentic Games), Júlio Cocielo e Maddu Magalhães *(Não os conhece? Pergunte ao seu filho ou dê um Google)* um dia serão lembrados por adultos do futuro como aqueles que lhes ajudaram a superar crises da vida, a escolher uma profissão, a batalhar por um sonho. Aposto, não. Tenho certeza.

Para escrever este livro, ouvi relatos de como youtubers auxiliaram fãs a saírem do armário, a se assumirem gays. Ou de como serviram de apoio essencial para lidar com crises de depressão que poderiam levar ao suicídio. Há um leque de quase incontáveis histórias sobre como os youtubers foram inspiração, modelo, alento, em diversos momentos decisivos das vidas de seus fãs.

Cito a comovente história do pai de um fã que, no leito de hospital de seu filho, enquanto este batalhava contra uma doença terminal, deu play no canal favorito da criança, o da Galinha Pintadinha, e assim ela conseguiu encarar, alegre, os percalços de enfrentar as dores do tratamento. Para os nerds (ou *geeks*), tornou-se usual se ver representado por youtubers como o pessoal do Jovem Nerd, ou o trio do Matando

Robô Gigante, ou em mulheres como a dupla Lully e Natalia Kreuser. Quando se veem neles, ganham força para encarar os valentões que os zoam na escola justamente por gostar de quadrinhos, ou de filmes ou de youtubers nerds. "Poxa, se esse nerdão aí passou por isso, deu a volta por cima e ficou famoso, eu posso fazer o mesmo!", é o que passa pela cabeça de muitos fãs.

No século XXI, a diversidade impera. E o YouTube representa o poder dos que antes eram vistos como "diferentes". Ganham força os nerds, as feministas, os negros, os homossexuais. Quem era minoria para de se ver isolado ao encontrar seus iguais no YouTube, sejam youtubers que os represente, sejam fãs que tenham superado os mesmos problemas. Os nichos crescem. É o que tanto se chama de "empoderamento".

Esqueça-se do que pensa sobre youtubers. De como os julga. De como, caso seja um fã, coloca seus ídolos no pedestal. Ou de como, caso seja um senhor de idade cansado de ouvir jovens gritando na tela do tablet, não resiste a soltar um "nos meus velhos tempos tudo era melhor". Abra a mente. Pois te convido a ver o que realmente existe por trás das câmeras, dos vídeos gritados, das narrativas de jogos, o que acontece quando se fecham as cortinas do espetáculo.

Para este livro, entrevistei mais de uma centena de youtubers. Eles dão o sangue pelo sucesso e pela fama. Mas aqui você descobrirá ainda o que os ídolos modernos fazem quando clicam no stop. O que os levou a botar o rosto à mostra no YouTube? É fácil lidar com a celebridade repentina? Eles gostam mesmo de ser youtubers? Como acham namorados e namoradas em meio ao turbilhão da vida gravada 24 horas por dia? Realmente são milionários? Fazem mal ou bem para a cabeça das crianças?

Afinal, como vivem os youtubers? ▐▌

PARTE 1
Tutorial

A festa dos 120 youtubers

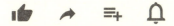

COM: Júlio Cocielo, do Canal Canalha; Felipe Castanhari, do Nostalgia; Igão; Kibe, do Porta dos Fundos; Rafinha Bastos; Lorelay Fox; Mandy Candy; KondZilla; MC Bin Laden; MC Brinquedo; Maddu Magalhães; RezendeEvil; Whindersson Nunes; Christian Figueiredo; Luísa Sonza; Mauricio de Sousa, da Turma da Mônica; Liniker; Karol Conka; Luba; Jout Jout; Nátaly Neri; Bianca Andrade, do Boca Rosa; Ludmilla; DJ Alok; Guilherme Coelho, do MateiFormiga

▶ SE TE PERGUNTASSEM o significado da palavra "youtuber", o que você diria? Talvez, melhor que uma explanação de dicionário (um fulano qualquer que publica vídeos no YouTube), uma cena que pudesse definir com apuro. Como a que se seguirá.

O cenário: uma festa para milhares de convidados do YouTube Brasil, em São Paulo, em 5 de outubro de 2016. Mais de 120 deles eram youtubers, as celebridades do momento, os tais mais famosos da internet. Para alguns, naquele ano de 2016, eram considerados a "modinha".

O ambiente era dividido em duas partes. Embaixo, ficavam os fãs. Em cima, na área vip, os youtubers, seus amigos (a maioria costuma andar em grandes bandos, e quase todos têm ao menos um canal no YouTube, mesmo que com poucos inscritos), jornalistas, *googlers* (o apelido da tropa de funcionários da Google[1]) e convidados endinheirados.

Entretanto, a divisão de classes não agradou.

---

[1] A Google é dona do YouTube, comprado por 1,65 bilhão de dólares em 2006.

Alguns fãs começaram a mostrar o dedo do meio para um grupo de youtubers que estava no camarote – dentre eles, **Julio Cocielo**, do **Canal Canalha**, então com 9,6 milhões de inscritos;[2] dois meses depois, Cocielo seria o terceiro youtuber brasileiro a ultrapassar a marca dos 10 milhões. Eles berravam:

"Pô, deixa de ser metido. Agora que é famoso fica se achando. Desce aí pra falar com a gente."

Pouco antes, Cocielo tinha passado pelo tapete vermelho na entrada da festa. Lá, seus fãs, separados por cordas e linhas de segurança, tentavam alcançá-lo.

"Assim não dá. Eles têm de falar comigo, me abraçar", protestou Cocielo com dois dos seguranças. "Libera os *puto* aí."

Os seguranças deixaram cinco passar. Mas só isso. Cocielo ficou frustrado. Assim como seus fãs, que logo começaram a mostrar o dedo do meio para ele e outros youtubers do grupo.

Os vips, em vez de esnobar, como talvez fariam celebridades do século passado (o do advento de Hollywood e da TV), responderam dizendo que logo desceriam para conversar. Dito e feito. Cocielo, com seus amigos próximos **Felipe Castanhari** (do canal Nostalgia, então com 8 milhões de fãs[3]) e **Igão** (2 milhões[4]), além de alguns outros youtubers, foram abraçar e papear com os fãs. Sem seguranças a tiracolo.

---

[2] Em 2019, o Canal Canalha ultrapassa os 18 milhões.

[3] Em 2019, com mais de 12 milhões de inscritos. Castanhari ainda tem outro canal, com mais de 2 milhões de inscritos, se consolidando como uma das figuras mais influentes do Twitter no Brasil, confrontando ideias de extrema direita do presidente Jair Bolsonaro e promovendo a Ciência e o conhecimento histórico (tema de seu canal Nostalgia). Ainda em 2019, Castanhari se afastou por um tempo do YouTube, ficando quase 6 meses sem postar vídeos, por discordar de regras impostas pela plataforma, principalmente as que visariam o cumprimento de legislações de direitos autorais. Castanhari se queixou de ter várias produções desmonetizadas (quando o site deixa de repassar lucros com anúncios como forma de punição por violação de regras) por ter exibido trechos pequenos de vídeos, fotografias etc. Por exemplo, isso ocorreu por ter inserido um trecho de 15 segundos de um documentário da BBC em um vídeo de 50 minutos sobre a história do Egito Antigo.

[4] Em 2019, 3,6 milhões.

"Se fosse um Caio Castro *(ator da TV Globo)* da vida, aposto que ia ficar putinho e mandar os seguranças resolverem a questão", comentou um *googler* graúdo, diretor no YouTube, ao ver a cena. "Olha como os youtubers são outro tipo de gente."

Cocielo e sua trupe passaram por uma área de bastidores do evento e invadiram a parte destinada aos fãs. Lá, a garotada cercou as celebridades da web, ao que Cocielo logo botou ordem:

"Vamos fazer fila", falava ele, fazendo gestos para organizar a situação.

A fila foi feita. E estava tudo em ordem até um garoto furar todo mundo para pedir um autógrafo.

"Aí, vai pro fim da fila", interferiu Cocielo.

"Pô, famoso, todo metido, nem trata bem os fãs", protestou o furão.

"É só entrar na fila como todo mundo que você ganha o autógrafo", respondeu o youtuber, já perdendo a paciência, num tom como o de quem dá bronca no amiguinho do irmão mais novo; e o fã voltou para o fim da fila.

Tá aí o que são os youtubers, tirando algumas tantas exceções (a exemplo dos comediantes do **Porta dos Fundos** e do pessoal praticamente anônimo por trás da **Galinha Pintadinha**): aquele cara, aquela mina (mesmo quando se tem mais de 30 anos) da internet que faz algo bacana, que cativou uma comunidade (de início apenas alguns milhares, que tinham seus comentários respondidos um a um), que normalmente é engraçado(a), espontâneo(a) e não tem receio de expor detalhes da própria vida, pois se é quase "íntimo" dele(a). É aquele irmão/irmã mais velho(a) do amigo do condomínio, que você admira pela postura, beleza, discurso, carisma, habilidade em algo ou uma mistura disso tudo. Só que na vitrine do YouTube. Alguém que parece próximo, íntimo. Mas que, no fim, não é. Não teria como ser íntimo de milhões e milhões de fãs. Porém, dá para parecer íntimo. Aí está um dos truques para se dar bem no negócio.

Gente como a gente, que tinha perfil no Facebook, no Instagram, no Twitter e canal no YouTube. Mas cujos vídeos saíram da fronteira do mundo dos amigos e conhecidos.

A área vip daquela festa dos 120 youtubers estava lotada dessas figuras. Várias correspondiam à imagem que se espera de um youtuber

– jovem, extrovertido, articulado, gamer, cabeça aberta e, não se sabe direito o porquê, com cabelos coloridos (principalmente as garotas) e bonés (os garotos). Só que alguns, em bom número, não eram nada disso. Os bichos desse zoológico são dos mais variados.

Tinha, por exemplo, o Antonio Tabet, mais conhecido como **Kibe**, um publicitário de 42 anos que acabou por virar ator e sócio do Porta dos Fundos (então passando os 13 milhões de inscritos[5]), que havia sido o maior canal brasileiro em número de inscritos e em 2016 era o segundo desse ranking. Num momento, ele estava em uma roda de conversa com **Rafinha Bastos**, polêmico – e gigante, com 2 metros de altura – humorista proveniente da TV brasileira e, naquele tempo, à frente de um canal com 2,1 milhões de seguidores.[6] A poucos passos desses dois, a *drag queen* **Lorelay Fox**, com seu cabelo longo platinado, representando seus quase 200 mil fãs.[7] No mesmo grupo, um gerente do YouTube, gay, que auxilia no trabalho de muitos youtubers representantes de movimentos LGBTQ+. Como a jovem **Mandy Candy**, ou melhor, Amanda Guimarães, de 27 anos, e que também participava da conversa. Essas caras do YouTube são muito mais diversas do que costumam esperar os pais dos espectadores. Não se trata só de um bando de garotos jogando videogame, apesar de existirem muitos desse tipo no meio dessa fauna virtual.

Com seus cabelos coloridos (olha aí os cabelos coloridos!), em variadas tonalidades de rosa, vermelho (ou seria roxo?) e azul, Mandy Candy se destacava na multidão pelos elementos que costumam realçar uma youtuber no meio da multidão: a postura confiante, de porte altivo, a beleza, o carisma e os fãs que a cercaram quando desceu para a ala dos reles "mortais" da festa. Contudo, sua trajetória é um tanto distinta da de outras musas da internet. O elemento central: ela é transexual e costuma falar disso em seu canal no YouTube, como num vídeo no qual descreve como foi sua primeira experiência sexual, na Tailândia, com um turista coreano, dois anos após ter feito a cirurgia de redesignação

---

[5] Em 2019, quase 16 milhões.

[6] Em 2019, 2,3 milhões.

[7] Em 2019, em torno de 605 mil.

sexual. Em resumo, se não for ver o vídeo, a perda da virgindade foi um pouco traumatizante (mas também um tanto prazerosa), como acontece com muitas meninas.

Alguns minutos depois, Mandy Candy iria relatar suas experiências em uma sala fechada na área onde estavam os fãs. Porém, como um bom retrato do que é ser youtuber, a câmara era toda envidraçada, no meio do público, revelando o que ocorria dentro. E, dentro, o que ocorria era uma conversa dela com uma seleção de seus seguidores.

Um dos fãs, gay, distribuía elogios:

"Você é uma inspiração pra nós. Mostra que podemos superar tudo."

Mas quase ninguém ouvia o que ele dizia. Mandy Candy teve de pedir que repetisse a fala. Isso porque a música alta do evento tomava a sala, dificultando a conversa. Tocava funk. Mais especificamente, o grudento "Nego resolve", do funkeiro pop Nego do Borel:

Ela vem assim toda princesa/ Que é isso? Eu tô passando mal/ Ela tem o corpo bronzeado/ Deixa a marquinha aparecer/ Ei, novinha, tá pegando fogo/ Deixa que o nego vai resolver/ Nego resolve/ Oôô/ O teu bombeiro chegô/ Pra acabar com teu calô.

Em frente à sala em forma de aquário na qual Mandy Candy conversava com mais ou menos uma dúzia de fãs, todos de cabeça bem aberta, estilo década de 2010, no palco, a poucas dezenas de metros, subia uma tropa de funkeiros pulando, causando, tirando selfies e gravando vídeos para colocar no Snapchat. Um mico: no meio, não estava o Nego do Borel, que nem no evento figurava. Só os concorrentes dele, da trupe do produtor musical **KondZilla**,[8] que depois se enfezaria e reclamaria com conhecidos, indignado por tocarem uma música que não era de seu bonde, em vez de uma de seus amigos que estavam lá.

Poderia ser, por exemplo, uma de **MC Bin Laden**, do "Tá Tranquilo, Tá Favorável". Certa vez o funkeiro fora barrado na alfândega dos Estados Unidos devido ao seu nome de guerra, perdendo shows em terras norte-americanas. E não adiantou mostrar seu clipe

---

[8] Dono de um canal que compila vídeos de músicos produzidos por KondZilla. Em 2019, o canal passa dos 48 milhões de inscritos.

no YouTube, com 83 milhões de views,[9] para convencer os agentes federais a liberarem a entrada:

Vai achando que é só playboy que vive em Copacabana/ Dá uma olhada nas bandida que tá com nóis/ Tá favorável/ Só os vilão (sic)*, vem/ Tá tranquilo, tá favorável.*

Do lado dele e de KondZilla, outro do movimento "tá tranquilo" engrossava o caldo da festa: **MC Brinquedo**. Ou melhor, Vinicius de Santos Moura, um funkeiro mirim de 15 anos de idade, cabelos coloridos de azul e vermelho (olha aí a tendência), mas desbocado nível "impróprio para menores". Ele era o mais agitado da trupe, xavecando a mulherada que passava por perto, comentando com os colegas sobre uma gostosa aqui, outra ali. No pique de seu hit "Roça roça 2"[10] (acima de 85 milhões de views no YouTube):

Olha a novinha que não me queria/ E hoje ela quer, quer, quer/ Que eu vim da roça/ Mas venci na vida/ E não tô a pé, né, né, né/ Interesseira, colou do meu lado/ Pra ver qual que é, é, é.

Momentos antes, era possível observar o bando de KondZilla e companhia cochichando, lançando olhares para a ruiva **Maddu Magalhães**, musa da internet, ex-mulher do também youtuber Felipe Neto (um dos – se não "o" – youtubers mais amados e odiados do Brasil), que não tinha ido à festa. Ausência que havia sido percebida e celebrada por uma parcela dos youtubers. Felipe Neto, muitas vezes julgado como metido, como chato, não é tão bem visto por algumas das celebridades online que lá estavam.

E os olhares dos funkeiros não deixavam de percorrer as bundas femininas que passavam à frente. Pareciam querer provar. Talvez não as bundas, mas, sim, confirmar a imagem, bem estereotipada, que se tem deles. Por exemplo, uma horinha antes de subirem ao palco, observavam Mandy Candy de forma curiosa.

---

[9] Em 2019, 101 milhões.

[10] Em 2019, 181 milhões.

Uns minutos depois, os funkeiros, ao som alto de Nego do Borel, disputavam a atenção do público com a mesma Mandy Candy. Enquanto se fotografavam em cima do palco, para colocar o resultado no Instagram e no Snapchat, Mandy Candy contava aos fãs como não é tão fácil ser youtuber:

"Uma vez, uns clientes e fãs se surpreenderam por eu estar trabalhando como garçonete num restaurante, mesmo tendo tanto sucesso no YouTube", falava na sala em forma de aquário, onde debatia com outros fãs. "A verdade é que meu canal não dá muito dinheiro. Também preciso trabalhar com outra coisa."

Mandy Candy contava ainda como tinha ficado famosa enquanto morava na China (naquele 2016, ela se revezava entre Hong Kong e Brasil). Entre chineses, ser uma youtuber que fala português em nada lhe garantia fama. Ao contrário de como é no Brasil, lá na Ásia não a paravam na rua para pedir autógrafos, ou simplesmente um abraço. Logo, ela só começou a ter noção da fama ao regressar para sua terra natal em visitas esporádicas.

O sucesso no YouTube traz várias vantagens. Para Mandy Candy, a autoafirmação, a segurança, o poder de dar força à causa LGBTQ+. Para os funkeiros, ter dezenas de milhões de visualizações em um clipe representa atrair um público maior aos shows, chamar a atenção de canais de TV e, quem sabe, conquistar umas novinhas. Já **Pedro Afonso Rezende**, então com 20 anos, um youtuber ainda mais típico (moleque gamer que transmite suas partidas online), aproveitava a fama para outro fim. Ao menos naquele evento do YouTube.

Dono do canal RezendeEvil, alcunha pela qual ele também é conhecido, Pedro é um dos brasileiros de maior sucesso no YouTube. Naquele 2016, tinha quase 9 milhões de inscritos.[11] Na adolescência, Pedro, ou melhor, RezendeEvil tentou ser jogador de futebol. Mais especificamente, goleiro de futsal. Chegou a ser contratado por um time da Itália, onde morou. Contudo, não deu muito certo na carreira.

---

[11] Em 2019, 23 milhões.

Quando regressou ao Brasil, para Londrina (Paraná), usou uma poupança que tinha acumulado para comprar um computador bacana. Abriu seu canal no YouTube em 2012. Como era fã da saga de games de zumbis Resident Evil, inspirou-se no título, mesclando-o ao seu próprio nome, para definir o título de sua página. Logo, porém, passou a ser conhecido não por esse jogo, mas por outro (então o mais popular dentre os videogames no YouTube), o Minecraft. Em seu canal, em vez de simplesmente demonstrar jogadas, Pedro achou uma abordagem mais original. Ele usa os personagens do game para contar histórias variadas à sua plateia. Numa delas, por exemplo, RezendeEvil e alguns amigos dublam meninos e meninas pixelizados, no estilo Minecraft, durante uma aventura numa praia de nudismo.

"Sei da força que tenho com a criançada. Sempre me preocupo em deixar meu conteúdo próprio para menores, sem xingamentos e afins", garantia RezendeEvil. "A repercussão é boa. É muito comum a criançada pedir pros pais, num shopping ou num parque, para vir falar comigo. Quando chegam perto, além dos autógrafos, os pais costumam me elogiar, dizendo que sou referência para seus filhos."

RezendeEvil é um sucesso tremendo que foi além das telas de computadores e smartphones. Só entre 2015 e 2016, seu canal passou de menos de 4 milhões de seguidores para quase 9 milhões. Em 2015, ele faturava em torno de 1 milhão de reais tão somente com seus vídeos (ou, sendo específico, com os anúncios que antecediam a eles). Isso além do que lucrou com shows infantis, comerciais na TV e, é claro, livros. Virou escritor, como fizeram vários youtubers. No caso de RezendeEvil, ele narra, com a ajuda de *ghost writers* (raramente um youtuber escreve – às vezes, nem lê – o próprio livro), histórias fictícias que cria no mundo de Minecraft.

Naquele FanFest/Brandcast de 2016, o pomposo nome em inglês da festa promovida pelo próprio YouTube, ele certamente era uma das grandes estrelas. No tapete vermelho na entrada, passava ao som de ovações do público. Mesmo assim, quando foi abordado por um membro da organização para subir ao palco principal, recusou-se. Segundo ele, o motivo seria que aquela plateia não era composta por gente que realmente via seu canal. Ele argumentava que costumava falar somente com crianças e seus pais. Lá, a maioria era de adolescentes e jovens. Ou ao menos essa era a versão dele. A razão podia ser outra. Afinal, Pedro gostava de aproveitar algumas vantagens de ser popular. Uma delas era o apelo com as mulheres.

Na flor da idade (as espinhas no rosto denunciavam) e boa pinta, naquela noite o RezendeEvil teria sucesso em ao menos três investidas. Beijou três meninas na festa. Melhor, mulheres, não meninas, visto que todas eram mais velhas que ele – nenhuma era youtuber (apesar de ser comum o pega-pega entre youtubers).

Quando o abordaram para subir ao palco, ele estava atracado com uma dessas garotas, num cantinho mais isolado. Não parecia estar a fim de parar sua tarefa para festejar com a galera. Após muito convencimento, foi o que fez, embora continuasse a bater na tecla de que a plateia não era constituída por seus fãs. Passou novamente pelo tapete da entrada, um tanto apressado nos cumprimentos, tirou selfies, filmou… e, logo que deu fim à rotina, foi procurar pela ficante para continuar a noite.

Há quem diga que em sua terra natal, Londrina, RezendeEvil contava que comprou um carrão importado apenas para poder se mostrar em frente à uma balada local e passar pelo colégio que frequentou na adolescência. Seriam dois os motivos da exibição: 1) atrair as meninas; 2) mandar um "beijinho no ombro" pra quem o zoava por ter sido considerado um nerd durante a infância e a adolescência.

Na andança pelo *backstage*, Rezende cruzou com o maior dos maiores dentre os youtubers brasileiros: o comediante piauiense **Whindersson Nunes** (então com 13,4 milhões de inscritos[12]). Fazia pouco tempo que o humorista havia conquistado o trono, antes da trupe do Porta dos Fundos. Para ser exato: ele era rei há um dia. Numa ascensão estupenda. Dois meses antes, havia comemorado a marca dos 10 milhões num regabofe chique no Piauí, e depois numa balada improvisada num espaço de *coworking* no bairro de Pinheiros, em São Paulo.

Normalmente, Whindersson é só alegria. Naquela que era a maior festança do YouTube, contudo, aparentava estar um tanto para baixo, quiçá enraivecido. Naquele momento abraçava, com um sorriso forçado,

---

[12] Em 2019, cerca de 35 milhões.

Christian Figueiredo (3,6 milhões de fãs[13]), enquanto posava para uma foto. Retrato que no mesmo dia seria postado no Instagram de Christian, vestido de jaqueta de couro e no estilo roqueiro, com a mensagem "Parabéns maior do Brasil!".

Whindersson não aparentava estar no clima de farra. Nas várias fotos que tirou ao lado dos youtubers, saiu todo sorridente, usualmente fazendo careta, de língua para fora. No palco da celebração do YouTube, também soube bem manter o personagem, com postura profissional. Tirou selfies, filmou a galera. Não hesitava em repetir seu bordão aos fãs que pediam:

E aí, galera que assiste meu canal, tudo bom com vocês?

Até ensaiou uns passos de arrocha, ao ritmo black de "Work", hit da cantora Rihanna e do rapper norte-americano Drake. Entretanto, era só desligarem as câmeras que ele armava um bico. Fechava a cara e se dirigia para o canto da área VIP. Quase se escondendo atrás de uma cortina preta que separava a FanFest (dedicada ao contato com os fãs) de um segundo momento do evento, o chamado Brandcast, focado em atrair anunciantes, que aconteceria em poucos minutos.

Junto a Whindersson estava seu assessor, seu agente e um amigo. Entretanto, a namorada, a cantora gaúcha e youtuber – então com 800 mil seguidores – **Luísa Sonza**,[14] passou a maior parte do tempo distante dele. Estava, naquele minuto, sentada em uma escada no meio da área exclusiva, entre dois bares, ao lado de amigas com quem papeava em tom de desabafo.

Pela festa corria o boato de que o rei do YouTube teria brigado com sua rainha bem no início do FanFest (ou antes de chegar ao evento). Não dava para saber o que era verdade ou não na afirmação que se espalhava. Sim, Whindersson poderia estar emburrado com outra coisa. Contudo, aquelas celebridades nascidas na internet gostavam de já conjecturar o cenário mais curioso: o da treta. Youtubers são de fofocar.

"Ah, ela tá com ciúmes", dizia um.

---

[13] Em 2019, mais de 10 milhões.

[14] Em 2019, Luísa Sonza estava com quase 4 milhões de inscritos em seu canal. Um ano antes, ela e Whindersson tinham se casado, em cerimônia que a mídia noticiou ter custado mais de 1 milhão de reais.

"Na verdade, os dois só estão cansados", falava outro.

"Vi os dois quebrando o pau no meio da pista", garantia um youtuber.

"Aposto que o sucesso dele só subiu na cabeça e agora ele nem quer se misturar com os outros youtubers", completava mais um.

"Magina, é só o estilo dele. No YouTube, todo feliz. Fora, um bicho do mato", acrescentou outro, ponderando.

Podia ainda ser outra história, também daquela noite, que o incomodou. Quando chegou ao evento, bem no início, ele e sua trupe, incluindo a namorada, foram barrados na porta. Seguranças não queriam deixar o rei do YouTube entrar na grande festa do YouTube. Mesmo depois que ele mostrou o convite. Mesmo depois que tentou provar que tinha um canal seguido por milhões. Parece que os seguranças teimavam em não acreditar que aquele piauiense ultracarismático seria mesmo o rei do YouTube pelo qual todos esperavam dentro da festança. A questão só se resolveu com a interferência de *googlers*, convocados para liberar a entrada e tratar a realeza com os devidos cuidados.

A verdade disso tudo: Whindersson não podia mais brigar com a namorada, ser barrado na porta, ter dor de cabeça, nem ficar resfriado em paz. Não importava o motivo real de seu humor. Mesmo que nem houvesse motivo. Na era da internet, do Facebook, do Twitter, a praxe é fofocar.

Corta para o *backstage*. Enquanto a festa rolava solta no andar de cima, um youtuber de certa idade entrava a passos lentos, apoiado no braço da filha, no camarim do evento. Falava baixo, quase inaudível, e arrastava os pés. Prováveis consequências de seus 80 anos de idade. Porém, ainda apresentava sua característica postura confiante, daquela exibida só por quem tem poder há um bom tempo. E não do tipo que a internet deu há uns minutos atrás.

Quando criou sua (mega) popular Turma da Mônica em 1959, **Mauricio de Sousa** certamente não a vislumbrava como protagonista de um desenho animado na internet. Claro, naqueles idos dos anos 1950 e 1960, não havia web. A onda eram as tirinhas de jornal, para os quais ele tinha começado a desenhar, em histórias com o cachorrinho Bidu e seu dono, Franjinha (só alguns anos depois surgiriam Mônica e Cebolinha). Isso após passar um tempo como repórter policial, antes de convencer seus chefes da *Folha da Manhã* a publicar os quadrinhos.

Mas isso é coisa do passado. Depois de quase 60 anos, dificilmente um brasileiro que se preze não sabe quem é Mauricio de Sousa, o Walt Disney nacional. Ou ao menos sua personagem mais conhecida, Mônica, inspirada na filha de mesmo nome. Era ela, a filha, que lhe servia de apoio na hora de entrar no camarim da festança do YouTube.

"Sempre sonhei em deixar a Mônica para a eternidade", falava Mauricio, explicando o novo momento de sua criação.

Ele e sua turma, capitaneados pela Mônica (a filha, executiva da empresa, não a baixinha, gorducha e dentuça dos quadrinhos), tinham se adaptado completamente à era do digital, com o intuito de permanecer pela eternidade. A Turma já havia virado brinquedo, filme animado, desenho de TV, ganhou versão *teen*. E quatro anos antes, em 2012, se transformou em canal do YouTube. A série Toy, com traços baseados no estilo de *toy art*, estava um sucesso que só. Na página, ainda dava para encontrar histórias da Turma tradicional e do caipira Chico Bento.

O que Mauricio fazia lá, no camarim daquela festa de meninos gamers e meninas vloggers? Um grupo de funcionários do YouTube o esperava nos bastidores. Três deles tentavam conter as lágrimas, fãs da Mônica e cia desde crianças. Outros dois, gringos, não sacavam bem a importância do Disney do Brasil.

"Por que ele é tão celebrado mesmo?", questionou um dos estrangeiros presentes.

"No Brasil, crescemos lendo Turma da Mônica. Marcou a infância de todos", respondeu um brasileiro.

Quando Mauricio chegou, arrastando os pés, abriu-se um corredor para ele, como se fosse um chefe de Estado. Ao entrar no camarim, cercaram-no. Um dos *googlers* carregava uma maleta pesada que seria entregue ao cartunista de 80 anos.

Mauricio e Mônica pararam próximos à porta que dava à sala reservada a eles. Nos olhos do desenhista, era clara a emoção. Nos de quem iria lhe conceder aquele prêmio, idem. O criador da Turma foi à frente e, com a ajuda de alguns mais jovens ao redor, segurou a maleta. Ao abri-la, deparou-se com uma placa enorme, prateada. Nela estava escrito o motivo do agraciamento: 1 milhão de fãs![15] Tratava-se do número que o canal da Turma havia superado no YouTube. Isso e mais de 1,1 bilhão de visualizações totais[16] de seus vídeos (mais do que somava Whindersson Nunes nesse quesito). O Limoeiro – nome baseado no bairro paulistano do Limão –, onde vivem os personagens, nunca esteve tão cheio.

Enquanto rolava o emocionante momento a portas fechadas, ninguém dava muita atenção a um astro moderno que passava pelos fundos, desviando da trupe de Mauricio. Com roupas femininas (ou seria *no gender?*), **Liniker Barros**, cantor(a) e compositor(a) já nascido(a) nesta era de youtubers, dava passos rápidos, esvoaçante.

Foi no YouTube que o(a) paulista de Araraquara se consagrou. Aliás, se não tivesse YouTube, talvez ele(a) e sua banda dos Caramelows não seriam tão pop quanto ficaram. Dificilmente mídias tradicionais concederiam atenção e tempo a um(a) LGBTQ+ e representante do movimento *no gender*, aquele cujas pessoas não se definem apenas como mulher ou homem. Liniker, por exemplo, era avesso(a) a qualquer rótulo. Em 2016, ele(a) era homem/mulher. Ou, corrigindo, era *no gender* (sem gênero).[17] Ou ao menos era assim naquela data. E era assim que pedia para ser tratado(a). Tanto que sua equipe orientou os *googlers* a apresentá-lo(a) de tal forma no evento, misturando pronomes femininos e masculinos.[18] Tão século XXI. Mas só é assim devido ao poder que o YouTube concedeu aos seus soldados.

Tanto que o(a) próprio(a) Liniker se mostrava contrário(a) às tais mídias tradicionais. Prefere o YouTube, em grau e número. Evita ir

---

[15] Em 2019, 10 milhões.

[16] Em 2019, quase 8 bilhões. Ainda acima do que tem Whindersson Nunes, próximo de 3 bilhões.

[17] Alguns meses após o evento aqui narrado, Liniker passou a se identificar como uma mulher trans. Utiliza, então, pronomes femininos.

[18] Até aquela data, Liniker, como depois diria à revista *Glamour*, sentia que "não tinha gênero. Não me identificava nem com 'o' e nem com 'a'". Alguns meses depois, já no ano de 2017, mudou a visão sobre si mesma. Como a cantora relatou para a mesma *Glamour*: "Até que um dia li uma matéria sobre a banda, e ao ler 'o cantor' me senti incomodada. A partir de então, entendi que era 'a' Liniker, a cantora". Esta obra, como fruto do trabalho de reportagem, respeita o contexto do momento em que se foi apurado.

a programas de TV ou figurar em capas de revistas usuais. Seria tão *démodé*. Ele(a) opta por fazer shows em festivais menores, dar entrevistas a sites alternativos e por aí vai. Mesmo que já tenha cometido alguns deslizes nesse comportamento, como quando concedeu entrevista ao tão tradicional Jô Soares, na tão tradicional TV Globo. Experiência da qual, dizem os mais próximos, saiu desanimado(a) e frustrado(a).

A reclamação dele(a) surgiu frente às perguntas, tão século XX, com as quais se deparou: sobre seu nome.

Ele(a): Era 1994 e um dos meus tios queria muito que eu chamasse Liniker *(em referência ao artilheiro da Copa do Mundo de 1986, o inglês Gary Lineker)*, se não seria Hiker [...]
Jô: Seria pior do que Liniker [...]
Ele(a): *(risadas constrangidas)* Mas eu adoro Liniker [...]
Jô: Mas você nunca pensou em ser jogador de futebol [...]
Ele(a): Graças a Deus, não. Queria mesmo era ser cantora. Queria colocar minha blusa por cima da cabeça e ficar brincando de Pocahontas [...]

Em dado momento, Liniker tenta explicar a Jô Soares o significado de "lacrar":
Ele(a): A gente pode lacrar as pessoas aqui?
Jô: Eu pensei que isso era a respeito do estado do Acre.
Ele(a): Não *(sorriso constrangido)*. É a benção do lacre. A benção da lacração. Lacração é quando você é maravilhosa, quando você se empodera. Podemos?

Um encontro dos séculos XX com o XXI. De um lado, alguém acostumado a definições. Do outro, alguém que odeia rótulos; da era dos bebês com nomes que não determinam se é homem ou mulher; dos *crossdressers*, do empoderamento, da lacração. Dois extremos em colisão.

E Liniker lacrou. Sem YouTube, talvez não lacrasse. Quando se esperaria que uma TV da era pré-YouTube desse espaço a um(a) artista como ele(a)? Um(a) representante do gueto moderno. Por que se dá voz a ele(a) agora? Pois ele(a) se trata de um(a) cantor(a) cujo clipe mais popular, "Zero", já tinha sido visto mais de 5 milhões de vezes na internet.[19] Não dá para alguns fingirem que ele(a) não existe.

E Liniker chegava ao evento dos 120 youtubers justamente para lacrar. Para ser um(a) dos astros do show do empoderamento que estava prestes a se iniciar. Mas, antes, teve de passar, tímido(a), ao lado do homenageado Mauricio. Foi parado(a) rapidamente por três *googlers* mais descolados, e então se dirigiu ao camarim, onde a banda se prepararia para a apresentação com outro elemento tão século XXI: uns pegas num baseado, cujo cheiro se espalhou pelos camarins.

A lacração começou. Enquanto Mauricio de Sousa e Liniker dividiam a sala do camarim no *backstage*, encerrava-se a primeira parte do grande evento do YouTube. Os fãs eram conduzidos para a saída, enquanto os VIPs se dirigiam para um outro espaço, passando pela cortina preta na qual Whindersson estava tentando se esconder um pouco, com a cara fechada, sabe-se lá por qual motivo (fora as fofocas).

A trupe de funkeiros liderada por KondZilla passava causando. Falavam alto, apontavam uma mina ali, outra noutro canto. Grudado neles, dois apresentadores do programa televisivo Pânico na TV – um vestido com uma fantasia que parecia ser de uma galinha – tentavam entrevistar as celebridades.com transeuntes. Tinha ainda youtubers feministas, outros do estilo *do it yourself* (que ensinam a fazer de tudo, como objetos de decoração ou maquiagem), cantores, humoristas, vloggers... Lá estavam representantes de toda a fauna do YouTube.

Cortina fechada, fãs já fora do evento, começou o show para os VIPs. Se a meta da primeira parte da balada dos 120 youtubers era atrair os fãs, colocá-los em contato com os ídolos e exibir como o YouTube tem vindo para subjugar a TV, a proposta do Brandcast, a segunda parte, era chamar atenção de anunciantes. Em outras palavras, incentivá-los a continuar injetando cada vez mais dinheiro no YouTube (e nos youtubers). Ao menos esse era o objetivo mais óbvio.

---

[19] Em 2019, 23 milhões.

Contudo, o espetáculo que veio a ocorrer se provou muito mais interessante do que um daqueles eventos chatos e padronizados típicos de empresas enormes. O tom que viria a tomar o palco daquele tal Brandcast poderia ser resumido com a ajuda do refrão da canção "É o poder" (então com 3 milhões de views no YouTube[20]), de **Karol Conka**:

É o poder, aceita porque dói menos/ De longe falam alto, mas de perto tão pequenos [...]/ É o poder, o mundo é de quem faz/ Realidade assusta todos tão normais.

Mais do que vender publicidade, o YouTube agora queria mostrar seu poder. Era disso que se tratava o show que teria início.

"Nós promovemos a diversidade. E não é pelo politicamente correto. É por ser o correto", dizia o vice-presidente e diretor-geral da Google no Brasil, Fabio Coelho, logo ao entrar no palco.

Coelho também destacaria que seis das dez celebridades mais admiradas pelos jovens brasileiros são youtubers. Um ponto que ele esqueceu de mencionar é que, dentre esses, também era youtuber o único gay da lista de saudados: **Luba** (então com 3,3 milhões de inscritos[21]), em sexto, logo à frente do ator global Lázaro Ramos.

É o poder dos youtubers! É o poder da comunidade LGBTQ+!

Seguiu-se um pouco de discurso de vendas. Daquelas chatices usuais de festinhas corporativas. Mas logo Fabio, homem branco de camisa social, saiu do palco e deu espaço a tudo aquilo que o YouTube quer jogar na cara do mundo.

Anunciantes não costumam colocar pessoas negras, gays, feministas e muito menos *crossdressers* em suas propagandas. Não acham que isso tudo vende. Mas eram os representantes desses que subiriam ao palco. Fora da caixinha, mesmo que bem na moda do século XXI, para um evento milionário cujo objetivo era agradar os publicitários.

---

[20] Em 2019, 14 milhões.

[21] Em 2019, passa dos 6 milhões.

É o poder da diversidade!

Julia Tolezano, a **Jout Jout** do canal JoutJout Prazer (1 milhão de seguidores[22]), por exemplo, falaria de feminismo. Ou melhor, abusando da expressão em voga, empoderamento feminino. Mesmo que uns dias antes ela tenha reclamado para algumas pessoas próximas que não lhe agradava subir só ela, mulher branca, no tablado. Em sua visão, tinha também de haver lá uma mulher negra.

Uma sugestão, por exemplo, seria **Nátaly Neri** (então com 108 mil inscritos no canal[23]). Combinaria bem com a proposta. Veja como a moça se descreve em sua página no site:

"Sou Nátaly Neri, mulher negra, feminista, apaixonada por brechó, costura, moda e faça você mesmo. O objetivo desse canal é incentivar a autonomia de quem assiste, aprendendo a garimpar, achar as melhores opções de consumo de moda, discutindo questões importantes sobre nosso lugar no mundo sem ignorar, é claro, tutoriais divertidos de maquiagem, cabelo e tudo o que quisermos que nos caiba."

É o poder do negro! É o poder das mulheres! É o poder dos mais pobres!

Mesmo que esse poder, em outra ironia da noite, tenha sido barrado na porta. Em dado momento, Nátaly Neri – que não subiu no palco com a amiga Jout Jout, mas estava na noitada – saiu do ambiente para falar ao celular. Ao tentar regressar para o espaço do evento, foi barrada por um segurança. Não queriam deixar que ela entrasse de forma alguma. Assim como foi com Whindersson, de nada adiantava exibir ao leão de chácara engravatado o seu popularíssimo canal de YouTube para certificar o ingresso. Nátaly só conseguiu regressar à pândega quando um *googler* a viu conversando com o segurança, liberando sua entrada.

Voltando aos holofotes da diversidade, nenhuma mulher negra dividiu o palco com Jout Jout, no fim da história. Mas em nada tinha a ver com questões de cor ou gênero – na mesma noite, duas negras subiriam ao palco, além de Liniker. Havia alguma razão mais

---

[22] Em 2019, acima de 2 milhões.

[23] Em 2019, mais de 513 mil.

burocrática. De qualquer forma, Jout Jout topou o cachê pago a ela e subiu ao tablado para falar de feminismo.

"O YouTube é um espaço de empoderamento. De representatividade. Um lugar onde podemos achar todas as possibilidades, toda a diversidade do que é ser mulher."

Aí, num slide, citou uma pesquisa indicando que um em cada três brasileiros concordava com a frase "Mulher que usa roupas provocativas não pode reclamar se for estuprada". Ao que comentou:

"Por que as pessoas dizem esses absurdos? Porque isso faz parte da nossa cultura. Eu senti que poderia contribuir de alguma forma para mudar isso. A gente tem que tentar se impor e se defender."

É o poder das mulheres!

Mulheres como a carioca **Bianca Andrade**, do **Boca Rosa** (então com 3 milhões de seguidores[24]). Outra que ganharia os holofotes da diversidade, pouco depois de Jout Jout. Boca Rosa contou no palco como, morando em uma favela do Rio de Janeiro, passou a ser conhecida como uma das maiores referências de moda do YouTube. Na juventude, ela admirava as blogueiras fashion. "Só que eu não tinha dinheiro para comprar os produtos 'carézimos' que elas usavam em seus vídeos e sites", narrava. A solução foi procurar por barraquinhas em sua comunidade, onde conseguiria similares mais baratos. Foi aí que decidiu gravar vídeos utilizando essas marcas, bem mais acessíveis do que uma Dior.

"Querem *(as mulheres)* algo que elas possam fazer em casa. Mais do que as passarelas e os tapetes vermelhos, o público quer estar junto com a gente."

De início, muitos a intimidavam, a zoavam na internet e nas ruas. Achavam ridículo uma menina da favela querendo sucesso no ramo da moda. Todos se calaram quando Bianca começou a fazer sucesso. Muito sucesso. E aí foi a vez dela também mandar um beijinho no ombro para os detratores.

"O resultado disso é uma beleza mais democrática. A busca por cabelos afro ou por moda *plus size* tem aumentado muito nos últimos dois anos."

---

[24] Em 2019, ultrapassa 5 milhões.

É o poder da periferia! É o poder das (ex)excluídas!

E o show da diversidade do YouTube teve sequência com Liniker. Ele(a) saiu direto de seu camarim com cheiro de maconha para declamar uma poesia da inclusão no palco. Na plateia, porém, não foi bem-recebido(a) por todos.

"O que é aquela bichinha lá?", questionava, em alto e bom som, um dos funkeiros da trupe de KondZilla. A resposta era dada em gargalhadas pelos seus companheiros, seguida de mais e mais piadinhas do tipo. Como eles estavam em uma área da plateia afastada do palco, Liniker não podia ouvi-los, nem retrucá-los. Eram flagrados somente por alguns *googlers* que observavam com olhares de indignação e repressão – o que, pelo jeito, os incentivava a continuar com as chacotas. Isso enquanto um deles pedia para sentar no colo de outro, ambos funkeiros, pois queriam ficar juntinhos e faltava cadeiras para a bunda de todos.

É também o poder dos funkeiros! É o poder das piadas homofóbicas! É o poder das chachotas e dos bullies!

Só que a noite não consagrava esse poder. Em outras palavras, não era o tipo de poder que o YouTube queria destacar para o público. Para eles, valia mais o(a) Liniker. Apresentado(a) pelo YouTube como atriz e cantor, em mistura proposital de gêneros, ele(a) tomava o palco com seu hit "Zero".

A gente fica mordido, não fica?/ Dente, lábio, teu jeito de olhar/ Me lembro do beijo em teu pescoço/ Do meu toque grosso, com medo de te transpassar [...]/ Deixa eu bagunçar você, deixa eu bagunçar você.

Quão mordido(a) ele(a) ficaria com a bagunça dos funkeiros youtubers que o(a) assistiam? Funkeiros que, porém, aplaudiriam as duas atrações seguintes: Karol Conka e **Ludmilla**. Mulheres negras, da periferia. Amigas no palco e fora dele, elas celebravam o próprio poder cantando, juntas, "Tombei", o que, no contexto, parecia uma resposta a toda aquela mistura da festa:

Baguncei a divisão, esparramei/ Peguei sua opinião, um, dois, pisei/ Se der palpitação, não dá nada, conta até três [...]/ Enquanto mamacita fala, vagabundo senta [...]/ Não adianta fugir/ Vai ter que se misturar/ Ou, se bater de frente, periga cair.

Aí, erguendo os próprios seios com as mãos, como em desafio às velhas opiniões, completavam:

Já que é pra tombar/ Tombei/ Bang bang.

É o poder, aceita porque dói menos. Como Karol Conka profetizava em seu outro hit, ao tomar o mesmo palco.

Sim, é o poder. O poder das mulheres. O poder dos negros. O poder dos LGBTQ+. O poder dos *no gender*. O poder da garotada. O poder do feminismo. Mas também o poder do machismo. O poder dos bullies. Só que também o poder dos que sofreram na mão desses valentões. O poder do nerd. E dos bombadões em seus vídeos de malhação.

É o poder de todos e de tudo. Um poder, porém, individualizado. O poder da comunicação em massa, antes restrito ao domínio de grandes corporações, passado para a mão de cada cidadão. Um indivíduo de hoje pode se ver sendo curtido por milhões, da noite pro dia. Como foi com Whindersson, que conta que a fama lhe veio, literalmente, após checar pela manhã a repercussão de um vídeo que havia postado antes de dormir. Todavia, o sucesso também pode ir embora da noite para o dia. É a era do poder fugaz. Um que pode aparecer para você agora, neste instante, e desaparecer como se (quase) nada tivesse ocorrido. Aceite, é o poder. Mas um que não faz bem à cabeça de todos.

No fim do evento, teve balada com os mais de 120 youtubers, movida pelo **DJ Alok**, de Brasília, e que também surgiu no YouTube brasileiro (então, perto de 200 mil inscritos em seu canal[25]). Não faltou bebida e, evidentemente, gente bêbada. Conta-se que o youtuber **Guilherme Coelho**, do canal **MateiFormiga** (3 milhões de fãs[26]), foi até parar no hospital para tomar glicose na veia e, assim, aliviar os efeitos do álcool. Youtubers adoram fofocas de youtubers. Assim como seus fãs. ▋

---

[25] Em 2019, em torno de 2 milhões.
[26] Em 2019, quase 4 milhões.

E a festa dos 10 milhões de fãs

COM: Whindersson Nunes; Luísa Sonza

▶ "ELE É ASSIM MESMO", interrompeu um dos agentes/assessores de **Whindersson Nunes**. Tentava justificar a atitude de seu agenciado, que virava as costas para um grupo de jornalistas para dar atenção a uma garota, de uns 20 anos. Ela era, digamos, uma aprendiz de youtuber, que tocava seus ombros, lhe chamando. "Vira para qualquer um que toca nele. É tipo criança, não tem foco."

Naquele 10 de agosto de 2016, não paravam de tocar em Whindersson. A festa era dele. O youtuber comemorava a marca, alcançada no mês anterior, de 10 milhões de inscritos em seu canal. Foram duas baladas para se esbaldar.

A primeira foi em Teresina, no Piauí, seu estado natal, na Pink Elephant, uma casa noturna frequentada pela elite local. Whindersson e a namorada, a também youtuber **Luísa Sonza** (naqueles tempos, com cerca de 1 milhão de inscritos no canal[27]), vestiram-se de gala, ele com um *smoking* preto, ela com um vestido vermelho grudado ao corpo. Chegaram à casa noturna num Porsche branco conversível, alugada – e não perderiam a oportunidade de postar uma foto no Instagram ao lado da mesma. A festança em Teresina seria patrocinada por um bom compilado de marcas (até o *look* do casal, e de alguns convidados, era

---

[27] Em 2019, quase 4 milhões.

feito por um salão de cabeleireiro que montou um espaço patrocinado no *backstage*).

Dentre os convidados, muitos foram apresentados no Snapchat de Whindersson como ilustres. A exemplo de uma dessas chamadas *digital influencers* do Snap, a maranhense Thaynara Og, frequentemente tratada pela mídia como a primeira famosa brasileira do Snapchat. Thaynara se mostrou um grude com a namorada de Whindersson. Postavam um monte de snaps juntos. "Amizade sincera", proclamava Whindersson.

No palco, além de um DJ que trajava uma fantasia com uma cabeça de macaco – e cujo ápice da apresentação seria um remix de "Qual é a senha do wi-fi", paródia que o piauiense tinha feito de "Hello", da cantora inglesa Adele, e que então era o vídeo mais popular de seu canal (chegaria a passar dos 50 milhões de views) –, apresentou-se o cantor sertanejo Romim Mata. Fãs de sertanejo, Whindersson e Luísa cantarolaram, dançando e bebendo champanhe na garrafa ao som de músicas como "Cordão de Ouro", do refrão "DJ apaga a luz/ Que riqueza é essa?/ O meu cordão de ouro/ Tá iluminando a festa/ Cheguei no meu carrão tunado com o som ligado/ As gatas se impressionam com minha BMW".

Naquela época, Whindersson tinha um modelo da marca na garagem, uma BMW X6 (custava em torno de 500 mil reais), estacionada com um Jeep Grand Cherokee (por volta de 200 mil) e alguns fuscas de décadas passadas, de colecionador – no ano seguinte, viria a posar no Instagram com uma BMW Z4 (outros 200 mil) e um Jaguar (por volta de 500 mil reais). Isso tudo sem ter, ao menos até o início de 2016, habilitação para dirigir (ou ao menos assim fofocavam seus próprios amigos).

Na festa de São Paulo, cidade para a qual Whindersson se mudaria no ano seguinte, 2017, saído de Teresina, o clima era menos de balada e mais de negócios. Naquele 10 de agosto de 2016, não paravam de tocar em Whindersson. O assessor tocava para chamar sua atenção para um grupo de jornalistas. A namorada tocava para lhe falar algo ao ouvido. Amigos, que trabalhavam em sua *entourage*, pareciam tocá-lo para demonstrar ao mundo que possuíam intimidade com o novo rei do YouTube.

"Teve uma vez que o Whindersson, antes de ficar tão famoso, se mudou lá pra minha casa depois de brigar com a namorada. Ele tava mal paca", contou um para comprovar o quão próximo era do astro que comemorava os 10 milhões de seguidores. "Agora que ele tá podendo, a gente viaja sempre juntos. Estive até na primeira viagem internacional dele, pela América Latina. Numa trilha, a gente tinha esquecido de levar equipamento, tipo botas apropriadas. Aí vimos uns gringos passando todo equipados. Não deu outra. Ficamos com os pés todos ferrados."

São tantas histórias que contam sobre Whindersson que é difícil distinguir a verdade da lorota. Um lembrava de quando Whindersson se vangloriou de ter recebido uma mensagem de um fã que dizia ter desistido de se matar após ter chegado uma notificação, em seu celular, de que tinha vídeo novo do Whindersson no canal. Uma história com ares de muito forçada, se não por parte do amigo do youtuber, talvez por parte do tal fã. Outro contava de como, às vezes, a Infraero tinha de pedir para que Whindersson saísse e entrasse nos aeroportos por saídas e entradas alternativas para desviar da multidão que o esperava no saguão. Ou de quando o parque aquático Beach Park, próximo a Fortaleza, abriu com mais de uma hora de antecedência, exclusivamente para Whindersson e seus parças se divertirem sozinhos.

Na festa de São Paulo, Tom Cavalcante, comediante da velha guarda, então com 54 anos, com quem Whindersson, de 21, gravaria um filme tempos depois, era outro que tocava o youtuber. Queria um abraço e uma foto para divulgar o encontro para os fãs.

"Tem uns caras das antigas que fazem de tudo para mostrar que ainda são jovens", comentou um dos assessores de Whindersson em tom de sarro (mas falando baixo, sussurrando). A mãe de Whindersson, Valdenice, e o pai, Hildebrando, achavam a cena engraçada. Aquilo de ver o filho com um humorista que eles assistiam na TV desde… "desde sempre", ressaltava Valdenice.

"Vejo mais graça no meu filho", comentou a mãe, que naquela noite trajava um vestido vermelho "de marca, nunca achei que ia usar algo assim, mas não lembro o nome da marca".

10 milhões de fãs pareciam ver muita graça no filho de Valdenice. Nos vídeos de humor que ele postava na internet, dizendo "e aí, galera que assiste meu canal" logo no início. Os assuntos giravam em torno de qualquer coisa na qual ele via graça. E eita garoto que tirava sarro das

coisas. Em seu celular havia em torno de 3 mil ideias de vídeos guardados em um bloco de anotações. Ou assim Whindersson contava a quem perguntava como era seu processo criativo. E como era seu processo criativo?

Ele costumava ter ideias para vídeos em qualquer canto que ia. E como ele ia para lugares! Nos seis primeiros meses de 2016, visitou mais de sessenta cidades brasileiras, nas quais apresentava seu show de *stand-up comedy*. A maior parte da receita de Whindersson, então estimada pela mídia em até 1 milhão de reais (em meses "gordos"), não vinha dos comerciais atrelados aos vídeos de seu YouTube. Isso, os vídeos, equivalia a 10% de sua renda mensal; com os mais de 10 milhões de inscritos no canal que haviam visto seus trabalhos 700 milhões de vezes até aquela data, seu lucro podia variar demais num mês, de "meros" 15 mil dólares a algo superior a 200 mil dólares. Dependia do sucesso de cada produção. De quanto e quantos clicassem para dar o play.

Após ter a ideia para uma filmagem e anotá-la no celular, Whindersson pegava aquela que mais lhe chamava a atenção para gravar seu vídeo semanal. Tirando em ocasiões especiais, como quando se tratava de uma paródia musical, o youtuber preferia fazer tudo sozinho. Durante uma hora, trancava-se num quarto, qualquer quarto (de sua casa ou do hotel onde estava hospedado para fazer seus shows pelo Brasil), apoiava sua câmera GoPro Hero 4, dava o play e começava a gravar. Sempre sem camisa, hábito pelo qual ficou conhecido. Tudo muito de improviso, mesmo depois da fama e da riqueza. Teve uma vez, por exemplo, em que Whindersson montou um equipamento de iluminação para melhorar a qualidade da imagem de seu vídeo, forrando uma caixa de papelão com alumínio para refletir a luz.

Ninguém podia interrompê-lo durante o trabalho. Após aquela uma hora de filmagem, na qual ele soltava o verbo, tecia piadas e costumava dançar e cantar entre uma "palhaçada" e outra, Whindersson ainda necessitava de outra hora para editar o material. Com duas horas de trabalho, garantia uma plateia de milhões toda semana. Após a postagem de um de seus vídeos, Whindersson costumava levar no máximo doze horas para ultrapassar o primeiro milhão de views. A cada novo vídeo publicado, uma leva de novos 60 mil fãs, em média, se inscreviam em seu canal ou em um de seus perfis na internet, fosse no Instagram, no Facebook ou no Twitter.

Duas horas de trabalho, somente? Pode parecer "fácil". Nada disso. Whindersson tinha de desempenhar o papel de youtuber 24 horas por dia, a maior parte desse tempo nos shows de *stand-up*. Ele chegava a apresentar quinze desses em um único fim de semana, levando pouco menos de 50% da bilheteria total de cada um (sempre cheios). Até aquele agosto de 2016, seu maior espetáculo havia atraído 3.700 pessoas (180 mil reais de faturamento de bilheteria) em Fortaleza. Em Teresina, uma vez, ele havia chegado bem perto disso: uns 3.600 na plateia.

Até pouco tempo, sua equipe acreditava que a única parte do Brasil que não receberia o astro tão bem seria São Paulo. Um de seus agentes apostava que os paulistanos teriam rejeição, por preconceito dos mesmos com nordestinos. O achismo era baseado na reação ofensiva que alguns paulistanos tinham com Whindersson na internet, agindo como *haters* no Facebook, no Twitter, no YouTube. Contudo, naquele ano o youtuber havia derrubado o tabu, enchendo uma casa de shows em São Paulo com uma de suas apresentações.

Mesmo com toda essa força publicitária e financeira, Whindersson preferia continuar a gravar da mesma forma que iniciou: com cara de amador. Até aquela data, o máximo de produção que utilizava – mesmo assim raramente – era algo como uma peruca loira, uma câmera extra, alguns convidados (assim fez, por exemplo, em "Qual é a senha do wi-fi", aquela paródia de "Hello", de Adele, com mais de 50 milhões de views[28]). Nesse último quesito, o dos convidados, geralmente chamava amigos, youtubers de menor calibre, comediantes que ele gostava, como Tirulipa, um de seus parceiros prediletos – filho do Tiririca, e que reinventou sua carreira no YouTube –, ou mesmo (e várias vezes) a namorada, Luísa Sonza, que ficou conhecida no YouTube pelos vídeos musicais (ao lado de Whindersson, ganhou 11 milhões de views[29] com um cover em português de "Love Yourself", do Justin Bieber; sozinha, em gravação no canteiro central da Avenida Paulista, em São Paulo, ao lado de duas dançarinas, conseguiu outros 7 milhões em apenas um mês, com sua versão de "Paradinha", de Anitta).

---

[28] Em 2019, 70 milhões.

[29] Em 2019, 18 milhões.

Foi com um vídeo em seu canal que Whindersson oficializou seu noivado com Luísa. Naqueles meados de 2016, ele promovia com frequência aqueles de quem gostava, de seu círculo de amizades, em seus vídeos.

"Sei que isso tudo aqui pode ser passageiro. Posso acordar amanhã e terem enjoado de mim. Sei que vai acabar um dia. Em cinco anos? Não sei, não dá para saber", comentava o rei do YouTube, que também já foi chamado de lampião do YouTube (jargão utilizado, inclusive, numa campanha publicitária feita pelo próprio YouTube em parceria com ele). "Mas tenho planos. Guardo dinheiro, invisto. E estou me dedicando agora à carreira como ator. No cinema. Isso nunca deixarei de ser. Um palhaço. E no cinema a carreira é bem mais duradoura."

Estavam para ser lançados seus primeiros filmes, como aquela parceria com Tom Cavalcante. Ele ainda recebia muitos convites para trabalhar com canais de TV, mas não dava bola para a maioria.[30] Julgava que o pessoal da TV só estava se esforçando para correr atrás do YouTube, da novidade. E como ele já se dava bem na novidade, não via, naquele momento, necessidade de migrar para a TV. Poderia ser perda de tempo, ainda mais diante do tempo dedicado aos shows que dava Brasil afora, sua principal fonte de renda.

A festa em São Paulo corria solta, lotando o espaço improvisado na qual rolava, usualmente um escritório onde se reuniam várias startups paulistanas. Tinha palco, tinha show, tinha bebida. Tudo patrocinado.

Não faltavam youtubers. Muitos do time dos grandes, como Júlio Cocielo e Felipe Castanhari. Mas ainda mais dos de menor calibre. Tinham donos de canais LGBTQ+, de comédia, de música, de beleza feminina, de dicas fashion voltadas para pessoas negras, de culinária… todos tentando tocar em Whindersson para conseguir uma foto pro Instagram ou pro Snap.

Dentre alguns youtubers mais inusitados, estava um cover brasileiro de Michael Jackson, o Rodrigo Teaser (uns 20 mil inscritos em seu canal[31]), que imita o ídolo desde os 9 anos de idade. E Isaac do VINE,

---

[30] Estrela *Os Roni*, série de humor na TV por assinatura, em 2019.
[31] Em 2019, 130 mil.

um garoto baiano de 9 anos de idade que, na porta de seu quarto, ostentava uma placa de metal com o aviso "Sorria, você está sendo filmado". Menino que então já guardava outras duas placas, dentro do mesmo quarto: uma de comemoração de seus 100 mil seguidores no YouTube, outra de seu primeiro milhão (em 2017, passaria dos 4 milhões[32]). Uma celebridade-mirim na versão século XXI. Na festa dos 10 milhões do colega Whindersson, ele pedia para ficar nos ombros de outros youtubers, usava óculos escuros, boné e falava com quem chegasse próximo.

Isaac e Teaser eram agenciados pela mesma empresa que promovia os shows do lampião do YouTube, a Non Stop. A agência se vangloriava de ter ajudado a fazer o canal de Whindersson saltar de 2,5 milhões de inscritos, em 2015, quando pegou a conta do astro, para aqueles já quase 11 milhões, com mais de 700 milhões de views nos vídeos, de meados de 2016. A Non Stop havia entrado no ramo justamente para tentar profissionalizá-lo, buscando tirar o controle da carreira dos *digital influencers* da mão de pais, mães e outros amadores, que costumavam assumir no início. Assim se vendiam.

Com Whindersson, funcionários da agência só se queixavam da quantidade de amigos que viajavam com ele. Uma *entourage* que chamava Whindersson de "Whind" nas conversas. Era Whind pra cá, Whind pra lá. Whindersson exigia a presença constante de amigos e da namorada, mesmo nas viagens mais longas de suas turnês de shows.

A festa em São Paulo seguia no tom costumeiro das festas do tipo em São Paulo: de negócios. Era mais uma demonstração de força, poder e grana do que uma balada entre amigos. Whindersson não via problema no exibicionismo.

"Tenho raiva daqueles que dizem algo como 'poxa, quando ele era pobre, era mais humilde'", costumava reclamar o lampião. "Vim do nada. Tinha nada. Agora que cheguei lá, que tenho bastante, não posso aproveitar? Isso é inveja."

Enquanto Whindersson dava explicações para a ostentação, dentre entrevistas, conversas com comediantes e outras atribuições da fama,

---

[32] Em 2019, com mais de 6 milhões.

num cantinho do espaço da festa, uma senhora baixinha, tímida, não conseguia segurar o sorriso nem as lágrimas que lhe embaçavam os olhos. Era sua mãe, Valdenice, de vestido vermelho, ao lado do pai Hildebrando, baixinho, de terno e óculos de grau.

"Orgulho, sim, muito orgulho", resumia o pai, um homem de poucas palavras e que no rosto estampava expressão muito parecida com a assumida pelo filho: um ar de "quem não está lá", difícil interpretar se é timidez, cansaço, um tanto de "estou perdido aqui", arrogância ou mesmo humildade, ou ainda uma mistura disso tudo.

Já a mãe era mais falante. Seus olhos se enchiam de lágrimas não por observar aquele sucesso tremendo do filho, mas, como dizia, por aquela cena ter feito nascer nela a recordação de quando ela, Whindersson, Hildebrando e seus outros três filhos quase nada tinham. Mal conseguiam colocar comida nos pratos de todos. Da época em que ela e o pai, ambos vendedores ambulantes, daqueles de porta em porta, acabavam os dias com os corpos doloridos de tanto andar por aí, trabalhando para tentar comprar o almoço do dia seguinte. Certa vez, um dos braços de Valdenice chegou a se cortar e sangrar copiosamente (e ela só reparou muito depois do ocorrido) devido à pressão das alças de algodão das sacolas em que levava suas mercadorias.

Naquele 2016, a mãe de Whindersson contava que continuava a morar em Bom Jesus, a pequena cidade piauiense de 20 mil habitantes onde nasceu Whindersson, mas em "uma casa melhor". Já os filhos tinham se mudado para a capital do estado. Ela continuava a trabalhar, mas por passatempo (nada mais de braços sangrando). "Ou o que eu faria do meu dia?", perguntava. Contudo, tudo em ritmo bem menor.

Da grana, não precisava, pois Whindersson se dispunha a arcar com as contas da família, oferecendo uma vida melhor a todos, com direito a carros e residência. Só que ela não conseguia mais mudar alguns hábitos antigos, por mais rica que pudesse ser – ou que seu filho pudesse ser. Em 2016, ao menos, afirmava não ter largado aquele hábito de visitar as amigas vendendo joias e confecções.

"E também foi o que pagou as contas do Whindersson por muito tempo", comentava a mãe, tentando com isso fazer uma piada, prontamente entendida pelos outros que participavam da conversa (e davam risadas). "Sabe o que é engraçado? Lembro que o Whindersson queria, quando adolescente, passar o dia inteiro no computador. Eu não gostava disso. Falava pra ele parar. Achava que era perda de tempo e dinheiro, pois o computador consumia muita energia e aumentava a conta no fim do mês. Era inútil. Queria que ele ficasse estudando. Depois foi esse mesmo computador que nos deu tanto sucesso. Graças a Deus."

"Menino passou, pequi[33] caiu. Menina passou, saia caiu."

A mãe de Whindersson, às gargalhadas, lembrava que seu filho, quando criança, ficava em frente à sua casa, soltando essa piada para cada menina bonita que passava pela calçada. Ela não se recorda se, de fato, Whindersson e seus amigos chegavam a baixar as saias das garotas que por lá andavam.

Na casa pobre em Bom Jesus moravam ela, o marido, o filho piadista e os filhos Hidelvan (seis anos mais velho que Whindersson), Harisson (quatro anos mais velho) e Hagda Kerolayne (dois anos mais nova). O "H" no início dos nomes é em homenagem ao pai, Hidelbrando. Whindersson foi o único a ter o nome com o "W". Seria homenagem à mãe, Valdenice. Seria W por representar uma celebração dupla: a soma de dois Vs daria uma letra W (V+V=W). "O V tava em promoção, por isso ganhei dois", costumava brincar o dono do nome quando perguntado de onde veio a ideia de lhe chamar de Whindersson.

A casa da família era simples. As paredes que dividiam os cômodos não chegavam ao teto, faltando a parte superior, o revestimento, o que limitava a privacidade. A parte boa, se é que havia tal, desse problema, era que não precisava comprar lâmpadas para todos os cômodos. A cada dois quartos, havia uma luz ligada que cobria ambos. Assim a conta elétrica diminuía. Em dias de chuva, os filhos coletavam talheres, como garfos e colheres, para servir de apoio a telhas soltas. O improviso servia para evitar as goteiras.

A renda era pouca. Enquanto a mãe se encarregava de vender joias e confecções, o pai comercializava medicamentos. Por isso os filhos começaram a trabalhar cedo para complementar a renda. E o salário deles

---

[33] Fruto típico do Cerrado.

não era desperdiçado à toa. Por exemplo, lá pelos seus 10 anos de idade, Whindersson não trabalhava, porém ganhava uns trocados vencendo competições musicais na Igreja Assembleia de Deus, onde aprendeu a cantar e a tocar violão – religioso, quando se tornou famoso pegou o hábito de orar com sua equipe antes de cada show. O ganho, mesmo que pequeno, ficava confiscado com a mãe. Era pouco dinheiro, mas a manobra ajudava a mostrar o valor de cada centavo a Whindersson. Ou assim pensava a mãe.

Por isso, sempre que queria comprar algo, Whindersson se acostumou, desde cedo, a ter de pedir o dinheiro (mesmo que ele o tivesse conquistado) para dona Valdenice. Assim foi quando quis seu primeiro celular, um smartphone branco da LG, dos modelos mais baratos da categoria. A mãe liberou o dinheiro, que havia sido ganho por ele.

Quando recordava do Whindersson jovem, Valdenice apontava que ele sempre foi "bem diferente dos irmãos". Nunca foi afeito a brigas, era mais retraído e tímido (apesar de não parecer assim na frente das câmeras) e era muito carinhoso e atencioso com as pessoas das quais gostava, como seus familiares e amigos. Isso na visão da mãe. Para ela, outra característica que sempre saltou aos olhos seria o lado trabalhador. O sonho dela, para o qual rezava, pedindo a Deus, era que ele fosse fazer faculdade. Também era esse o plano de Whindersson: "Queria ser alguém na vida. Só isso. Deixar aquela miséria. Pensava em trabalhar com algo ligado a computadores", recordava ele, que acabou por não fazer faculdade, pois antes disso explodiu como celebridade na internet.

O interesse por vlogs, blogs e afins, principalmente pelos primeiros, teve início aos 15 anos. Ele cursava colegial técnico em informática. No laboratório da escola, tinha acesso à internet boa, e de graça. Aproveitava o tempo livre entre uma aula e outra, ou mesmo durante uma das classes, para assistir aos vídeos do PC Siqueira e do Vagazoides no YouTube. Quando resolveu abrir seu próprio canal, logo pensou em ir para o ramo da comédia. Na época duvidava que poderia dar muito certo. Porém, o sonho era esse. Não precisar se dedicar a uma faculdade e virar ator, comediante, no estilo palhaço de Tiririca e Tirulipa. Depois da fama, quando perguntado sobre suas referências de humor, Whindersson falava de pronto que se inspirava em piadistas do nordeste, como os dois citados, e também Jackstênio Rodrigues e Dirceu Andrade.

A fama não veio fácil, nem logo. Seus dois primeiros canais não vingaram nem um pouco. Com o fracasso, Whindersson começava a desacreditar que aquilo valeria o tempo gasto. Talvez suas piadas só divertissem amigos e familiares. Só que ele não desistiria na frente de obstáculos que, para ele, eram ainda singelos.

Para cada gravação que fazia, Whindersson tinha de percorrer, a pé, seis quilômetros. Três quilômetros para ir pegar a câmera filmadora emprestada de um colega, outros três para voltar. Tudo no mesmo dia, pois o amigo não aceitava ficar sem a própria câmera por muito tempo.

As filmagens eram feitas em seu quarto. O calor de Bom Jesus o obrigava a tirar a camisa para aguentar o suor no tempo gasto durante a gravação. Menos nos primeiros vídeos, nos quais driblou o problema utilizando uma regata. Com o tempo e o sucesso, quando Whindersson passaria a se filmar em quartos quase sempre distintos – os dos hotéis em que se hospedava durante as turnês dos shows –, a medida ainda evitava a necessidade de ligar aparelhos de ar-condicionado barulhentos, que poderiam atrapalhar a captação do som da fala. O ato de ficar sem camisa virou uma de suas marcas registradas.

Desde o início, até por editar os vídeos sozinho (aprendeu em tutoriais na internet), preocupava-se com a qualidade. Improvisava, por exemplo, cortinas e rebatedores de luz (usando aquelas caixas de alumínio). Os primeiros vídeos eram bem amadores, de imagem esverdeada, por efeito da câmera meia-boca. Mas já no começo era notável uma certa preocupação com edição, tom de voz, piadas bem colocadas etc. Assim como já era possível ver que o garoto, além de engraçado, poderia se meter em polêmicas. Em tempos de Facebook, da busca por discursos politicamente corretos, olhe, por exemplo, o que ele falava em seu primeiro vídeo, no qual tirava sarro da rixa entre vloggers e gamers no YouTube:

"Quer dizer que a nova onda do momento é gamer, né? Tomara que a nova onda não seja de gays. Porque se é gay, eu tô fora, já."

Aos 17 anos, quando trabalhava, em paralelo, como auxiliar de garçom num restaurante, com salário de 70 reais por noite, mudou-se para a capital do estado, Teresina. Não tinha dinheiro para pagar a própria morada. Por isso, hospedou-se no apartamento de um amigo, um dos que depois integrariam sua privilegiada *entourage*. Permaneceu lá de favor por uns seis meses.

A ida para Teresina tinha como meta investir na carreira de ator, não ainda na de youtuber (à qual, porém, continuava dedicado). Whindersson conseguiu uma pontinha no ramo, em participação no programa televisivo *Q Família é Essa?*, da TV Meio Norte. Nele, interpretava Muriçoca, na descrição da abertura, um "171", em referência ao artigo do Código Penal Brasileiro que criminaliza o estelionato. Na história, Muriçoca se mudava, vindo de Bom Jesus para a casa do cunhado, marido da irmã mais velha, em Teresina. Isso para o desagrado do tal cunhado, que o xingava de vagabundo.

O bico na TV não lhe garantia nem três refeições diárias. Por gravação, Whindersson ganhava 50 reais. Para não preocupar seus pais, quando falava com eles por telefone, jurava que estava tudo indo às mil maravilhas. A verdade é que havia dias em que dormia com fome, visto que muitas vezes tinha de escolher entre café da manhã, almoço e jantar.

A entrada na fama também veio – antes do dinheiro – em Teresina. Foi lá que conseguiu viralizar seu primeiro vídeo. Assim como seria com aquele que viria a se tornar seu maior hit – a versão que fez de "Hello", da Adele –, o sucesso também partiria de uma paródia. Em 2013, no nordeste, era hit "Vó, tô estourado", uma música meio sertanejo, meio arrocha, meio forró e meio brega, do paranaense Israel Novaes. Na cabeça de Whindersson, que tem essa tendência de ouvir músicas e recriá-las na mente – as bregas, além de hits gringos, são suas preferidas –, a canção de Israel Novaes se transformou em "Alô, vó, tô reprovado". O refrão, antes: "Alô, vó? Tô estourado/ É mulherada, eu tô largado/ Vó, tô estourado/ E meu avô é o culpado". No clipe, os avós de Israel Novaes chegavam em casa em tempo de flagrar uma festança promovida pelo neto. Já com Whindersson, o refrão ficou assim: "Alô, vó? Tô reprovado/ É nota ruim/ Eu tô lascado/ Vó, tô reprovado/ E o Facebook é o culpado". No vídeo, gravado com colegas de uniforme do colégio de Bom Jesus, numa sala de aula, Whindersson contava para a avó, por telefone, que havia recebido nota zero numa prova e, por isso, iria repetir de ano. No fundo, suas amigas faziam uma coreografia enquanto ele passava dançando na frente. Em estilo desengonçado (mas, ao mesmo tempo, inusitado, com coordenação ímpar para seus passos bregas), que voltaria a exibir em típicas e hilárias dancinhas que abrem os vídeos de seu canal.

Whindersson publicou o vídeo numa noite qualquer. Depois, aguardou umas horinhas antes de dormir para conferir como tinha sido o desempenho. Na conta, somente 8 curtidas e 4 dislikes (as reprovações). Ele dormiu triste, achando que aquele seria mais um dos vídeos que não iriam para frente. E acordou famoso.

Ele nunca saberia explicar ao certo o que ocorreu naquela madrugada de sono. Alguns viriam a teorizar que o sucesso teria ocorrido por uma sacada involuntária de SEO – sigla que, num resumo simplório, nomeia a estratégia de divulgar conteúdo na internet de forma que ele seja achado mais facilmente em ferramentas de busca do Google ou do YouTube. O que poderia ter ocorrido: as pessoas estariam buscando muito pela música original, e, como a paródia tinha nome parecido, acabavam por esbarrar também nela. Depois de verem e darem gargalhadas, os fãs de Israel Novaes provavelmente compartilhavam a brincadeira de Whindersson com conhecidos. Assim, disseminou-se.

Trata-se, porém, de apenas uma teoria. E tanto faz qual seria o motivo daquilo ter se tornado um viral. O fato: após dois anos de tentativas frustradas no YouTube, Whindersson acordaria com um susto, mas um daqueles agradáveis. O seu "Alô, vó, tô reprovado" contabilizava 300 mil views. Em uma noite, com um vídeo, ele havia conquistado mais do que tinha conseguido com 40 vídeos ao longo dos últimos 24 meses (um total de 200 mil views, ou uma singela média de 5 mil por post). Em três semanas, sua paródia chegaria a 5 milhões de views e, seu canal, a 30 mil inscritos. Dentro de um mês, Whindersson já seria o maior youtuber do nordeste brasileiro.

Com os primeiros milhares de reais ganhos de sua porcentagem dos anúncios vinculados aos vídeos, em especial à paródia "Alô, vó, tô reprovado", Whindersson comprou um videogame Playstation 3 (um sonho de consumo), deixou de morar de favor e alugou uma quitinete em Teresina, na qual instalou uma rede (onde dormia) e um ventilador. A janela dava para o prédio vizinho. O problema não era a falta de vista, mas a falta de iluminação para fazer os vídeos. Foi aí que teve a ideia, pela primeira vez, de pegar uma caixa de papelão, revestir de alumínio e usar o reflexo da luz no alumínio para melhorar o cenário. Uma tática que viria a repetir.

Em meio ao momento de ganhos, uma notícia quase o desabou. Ao lado de um amigo, no computador, notou que seu canal havia saído do ar. Membros de sua atual *entourage* lembram que ele chorou ao saber disso. Conta-se que, por trás do rosto muitas vezes fechado de Whindersson, ele seria um cara muito emotivo, até mesmo depressivo.

Não se sabia, até então, o que havia derrubado seu canal. Desconfiava-se que um grupo de xenófobos, com preconceito contra nordestinos, teria agido para isso. Isso podia, contudo, não passar de um boato. O fato é que, quando recuperou sua conta, com auxílio do suporte técnico do YouTube, Whindersson havia perdido todos os seus vídeos. Deletados! Houve vontade de desistir. Porém, o apoio veio de conversas com um grupo de amigos. Como se sabe, Whindersson não desistiu.

"A gente não consegue muito mais ver o filho. Dá saudade", reclamaria, três anos depois, dona Valdenice, em um raro momento no qual podia ver o filho, enquanto ele celebrava o número de 10 milhões de inscritos, na festa em São Paulo.

Pouco menos de um mês antes, Whindersson havia enchido a mãe de orgulho ao realizar um de seus maiores espetáculos, em Teresina, para cerca de 3 mil fãs. Nos shows, ele é o mandachuva. Já se queixou de problemas de áudio e de iluminação. Inclusive durante os espetáculos. "O pessoal aí não sabe mexer no equipamento, não?", reclamou numa das vezes. Naquele show de Teresina, tinha notado a falta de segurança no camarim e a desordem das mesas nas quais receberia os fãs. Noutro evento, foi ele quem brigou com o patrocinador por ter esquecido de comprar as passagens de avião e, depois, pela falta de estrutura do local onde se apresentaria.

Nos camarins pelos quais passava, Whindersson usualmente gostava de ser recebido com pratos de frios, frutas e algumas tranqueiras, como pizzas e salgadinhos, daqueles servidos em festinhas de criança. Sua alimentação não era das mais balanceadas. Quando estava num hotel, jantava no quarto algum prato pesado, como estrogonofe de frango.

Em casa, ou quando visitava a mãe em Bom Jesus, a pedida podia ser lasanha. Por isso – e o que podia ser adequado pelo fato dele filmar seus vídeos sem camisa –, Whindersson frequentemente tentava queimar algumas calorias malhando. Era comum que ele e sua equipe procurassem por campos de futebol para bater uma pelada pelas cidades por onde passavam. Se não havia nem academia, nem campo de futebol nas proximidades, improvisava. Por exemplo, subindo e descendo escadas do hotel no qual estava hospedado.

Era uma vida de astro. Poucos meses antes de chegar aos 10 milhões de inscritos no canal, quando foi propor namoro à youtuber Luísa Sonza, fez isso pedindo ao badalado cantor Tiago Iorc para tocar o sucesso "Coisa linda" só para ela, num quarto. Whindersson havia conhecido Luísa pelo Instagram. Ele havia tomado a iniciativa de escrever a ela. Mal sabia que quem respondia às mensagens no Instagram da moça era um assessor: ele se encarregou de aproximar os pombinhos, que logo começariam a planejar casamento.

A dúvida se conseguiria comer ao menos três refeições por dia já era coisa do passado para a estrela de mais de 10 milhões de fãs. Sua ansiedade e nervosismo eram direcionadas a outras questões. Por exemplo, naquele ano de 2016, Whindersson começou a ser tido como machista em algumas discussões pelas redes sociais. Isso por um vídeo que havia publicado dois anos antes, com o título "Como não ser estuprada". No mesmo, ele criticava a tag do Twitter #eunaomerecoserestuprada: "O que é uma besteira. Eu não mereço ser estuprada... Minha gente, quem é que merece? Ah, Whindersson, mas essa tag é para conscientizar as pessoas... Não, não, cara, meu Deus. É o mesmo que você levantar uma tag #melanciaépracomer. Mas é lógico. Mas Whindersson, isso é pra conscientizar as pessoas que estão em casa... Cara, não adianta, cara. Quando foi a última vez que você parou e... hum, estou sem nada pra fazer aqui em casa, bicho, acho que vou estuprar alguém. E quando foi que alguma tag salvou alguém?". Depois de mais algumas piadas, ele ainda acrescentou: "Então, vou ensinar vocês agora como não ser estuprada. É o seguinte. O cara vai chegar lá, vai tentar te estuprar, você vai ficar agoniada. *No, no, oh no, no 'me fock* (sic) *me'*. Você, logicamente, como instinto natural, vai tentar fugir, se debater, tal. Mas é isso que o estuprador quer [...] Então, o que você vai fazer. Quando ele começar a te estuprar, olha nos olhos dele e fala assim ó: 'Gostei de você. Gostoso. Bicho, tu é lindo demais. Tu não vai me 'estruprar' *(sic)* não, vou te dar porque você merece. Baixa essas calças e mostra o que tu tem. Oh lapa de rola'. Aí, o que você vai fazer: 'Vou te mostrar o que sei fazer com essa boca aqui'. Cê pega ela *(a 'lapa de rola')* aqui, olha nos olhos dele e… arranca a rola dele. Nunca mais vai estuprar você, sua mãe, seu pai, seu avô. Não vai estuprar mais ninguém. Um estuprador a menos… quer dizer, inutilizado, na sociedade".

O vídeo era de anos antes. Porém, foi recuperado pelo povo da internet naqueles meados de 2016, após um estupro coletivo de uma menina de 16 anos em uma favela do Rio de Janeiro ter comovido o país, repercutindo muito nas redes sociais e na mídia. O crime era bárbaro: suspeitava-se, de início, que 33 homens o teriam executado. A atenção se voltou para Whindersson Nunes por ele estar em evidência. Na maior cidade do país, São Paulo, seu rosto era visto em tudo quanto é relógio de rua e ponto de ônibus. Isso porque ele havia sido escolhido pelo YouTube como principal garoto-propaganda no país. A cara dele era estampada ao lado do slogan: "Novos tempos, novos ídolos". Ou de: "Uma dublagem loka da vida". Whindersson se consagrava como a grande aposta do site de vídeos da Google. Acreditava-se que ele seria a cara do YouTube no Brasil.

Whindersson garantia que estava empolgado com seu momento. Entretanto, quem circulava ao seu redor observava que ele não fazia questão de demonstrar tal excitação. Em reuniões de negócios, como nas em que foi definido como garoto-propaganda, o rei do YouTube não saía do celular. Parecia dar de ombros a tudo. Em sessões de fotos, estampava uma cara emburrada que mexia com os nervos dos fotógrafos. Em festas nas quais, em teoria, estava a negócios, costumava beber muito. Numa delas, explicou assim o motivo do excesso a um funcionário do evento promovido pelo YouTube:

"Tenho de aproveitar pois isso não é pra sempre, né?"

Por outro lado, assessores, agentes e amigos próximos defendiam que as pessoas o interpretavam mal. Whindersson, o ser humano comum, seria tímido, retraído, uma figura muito distinta do Whindersson das câmeras, relaxado, extrovertido, piadista. Por isso, estariam julgando-o como "nem aí pra tudo" ou "arrogante". Outros ainda apostavam que ele estaria perdido, ou ainda deslumbrado. O que corroboraria com outra frase que ele soltou, dessa vez na saída de uma festa do YouTube, quando um manobrista se aproximou dele com um guarda-chuva para que não tomasse chuva:

"Tá vendo esse cara aí?", disse, apontando para o manobrista. "Até outro dia, eu era como esse cara. Hoje, olha o que virei."

Porém, se o medo até aquele momento poderia ser de como o percebiam, ou de como continuar naquela onda de sucesso pelo máximo de tempo, a preocupação passou a ser outra quando começaram a surgir no Twitter comentários do tipo:

"E depois da lamentável piadinha do Whindersson Nunes sobre o estupro que a moça sofreu, ainda tem babaca que defende ele."

Como é típico da internet, a história tinha logo se deturpado. Na maioria, os tuítes demonstravam uma crença de que o youtuber havia publicado o vídeo logo após o estupro que comovia o país, e não dois anos antes. Junto a isso, tuiteiros resgatavam também tuítes antigos do novo ídolo dos novos tempos. Como esse:

"Estupro é uma palavra muito forte, prefiro chamar de sexo surpresa."

A polêmica esquentava. Em sites de notícias, a chamada era "Garoto-propaganda do YouTube fez vídeo ironizando estupro". De pronto, começaram a sumir das ruas as propagandas do site com o rosto de Whindersson estampado, o que o deixou consternado. Marcas diversas começaram também a rejeitá-lo. Logo a grande aposta da internet passava a ser outra coisa. Gente do meio tinha como certo que o escândalo poderia abreviar a carreira dele. O "isso não é pra sempre" teria batido na porta de Whindersson mais cedo do que ele esperava? Amigos do rei do YouTube brasileiro fofocavam que ele teria chorado ao falar da questão. Estaria realmente abalado por tudo isso. E sua reação pública demonstraria tal constatação.

Primeiro, ele apagou o vídeo e os tuítes que lhe deram a dor de cabeça. Depois, teceu um primeiro comentário, falho (do ponto de vista de marketing), num tuíte:

"Ressuscitar tweets e videos *(sic)* meus com piadas sobre estupro é fácil, quero ver ajudar achar os 33 que fizeram essa barbaridade com a moça."

E outro:

"A tendência do ser humano é tentar achar algo nos famosos pra culpar, e os verdadeiros culpados estão por ai *(sic)* nas ruas."

Pode-se imaginar que as reações a esses primeiros comentários não foram das mais positivas. Os que pegaram mais leve responderam que Whindersson deveria entender que famosos têm uma certa responsabilidade social com a qual precisam se preocupar. Dos que pegaram pesado… chamaram-no de machista, de sexista e até de "incentivador da cultura do estupro". Porém, conforme se comovia, Whindersson também abria o coração no Twitter. No mesmo dia, decidiu por fazer um *mea culpa*:

"Já fiz piada com estupro, a *(sic)* 2 anos atrás, quando minha mentalidade era outra, tinha uma mentalidade totalmente infantil".

"E me arrependo, pq eu tenho irmã, tenho mãe, e tenho medo, medo de acontecer com as pessoas que amo."

Em frente à lombada da carreira, ao obstáculo, Whindersson reagiu como um youtuber. Não fez como os famosos de antigamente, que costumavam compartilhar suas versões "oficiais" via assessorias. Ele simplesmente entrou em seu Twitter e se abriu, de forma transparente. De forma parecida com a de seu comportamento nos seus vídeos. Talvez tenha sido isso o que despertou compaixão nos fãs. Será? Ou realmente ele conseguiu se sair bem com as explicações. Será? Ou o assunto morreu depois porque assim funciona a internet. Num momento, o assunto da vez é "Whindersson fez vídeo ironizando estupro". Logo depois, esquece-se disso e já se começa a falar de qualquer outra coisa. Talvez até dos 10 milhões de inscritos no canal que ele tinha acabado de conquistar. Ou de algum vídeo de outro youtuber, seja qual for. O fato é que, mesmo após tanto burburinho em torno da questão, o assunto morreu.

É de se imaginar que Whindersson respirou aliviado ao entender que aquilo seria só um deslize, uma passagem. Ninguém lembraria dele por isso. E pelo o que lembrariam?

Talvez pelo refrão "Qual é a senha do Wi-fi?". Ou por vídeos como "Criança de rico e criança de pobre" (então, 38 milhões de views[34]). Ou, se seus planos dessem certo, talvez nem por um, nem por outro.

---

[34] Em 2019, 52 milhões.

Para que a fama e o sucesso não acabassem, Whindersson planejava se tornar ator de cinema (no momento em que você estiver lendo esse livro, talvez já se saiba se tal projeto deu certo ou naufragou). Ou, quem sabe, por nada disso. Talvez Whindersson fosse lembrado pela algazarra que ele causava por onde passava.

Num típico show seu, era comum ouvir dos fãs frases exageradas como: "Se eu tossir, o coração vai sair pela boca". Ou se deparar com fã-clubes vestindo camisetas com o rosto do novo ídolo e dizeres como "Nordestinas de Whin", ou "As nordestinas fazem parte dos 10 milhões". Ou com meninos com seu corte de cabelo – antes, com a franja escorrida na cara; depois, comprido, pintado de loiro platinado, no estilo "Justin Bieber" da época. Ou observar meninas tentando agarrá-lo para roubar um beijo. Ou mesmo com políticos que surgem do nada querendo tirar foto para postar no Instagram.

Whindersson parecia apreciar receber os fãs. Abraçava, dava autógrafos, tirava fotos ao lado para postar nas redes. Usualmente, demonstrava alimentar uma noção de que seus fãs eram o "patrão". Afinal, eram eles (e seus cliques, seus views) que garantiam tudo que ele estava conquistando. Contudo, como é típico às celebridades, seria uma noção que nem sempre se manteria. Um executivo certa vez quis levá-lo a uma área de um evento na qual os fãs o esperavam. Ao que ele respondeu, segundo o mesmo executivo: "Hoje, não. Estou meio mal. Pode ser alergia de fã." Na interpretação, não foi possível saber se isso se tratava apenas de uma piada inocente.

Ou, ainda, ele poderia ser lembrado como o maior "case" do YouTube brasileiro. Ou, também, como prova de que na internet qualquer um, mesmo um menino pobre e fanfarrão do interior do Piauí, pode se alçar para a celebridade e virar um sucesso. Ou, para os detratores, como um suposto exemplar de um humor popular e sem qualidade. Ou, para os que o adoram, como um suposto exemplar de um (bom) humor popular e de qualidade. Ou por tudo isso. E mais outros tantos.

O fato é que Whindersson cravou sua marca. E não deixará de ser lembrado. Se não por todos, ao menos na Wikipedia. E qual é a dica dele para quem também quer chegar lá?

"Vá estudar. Vá fazer faculdade. O que aconteceu comigo foi sorte. É uma raridade." ▌▌

A ressaca depois da festa

COM: Whindersson Nunes; Henry Nogueira, do Henrytado; Fernando Nogueira, do Sev7n; Você Sabia?; Nyvi Estephan; Kéfera; Luba; Fábio Porchat

▶ 16 DE ABRIL DE 2019. Whindersson Nunes tinha acabado de retornar de uma turnê internacional. Passou por quatro continentes. Em seu Instagram de 30 milhões de seguidores, postou fotos de shows de comédia no Japão, na Inglaterra, na França, em Portugal, na Espanha, em Moçambique, nos Estados Unidos. Sempre em casas lotadas. Comemorou no Twitter pois teria ganhado "mais que cantor sertanejo", conforme ele mesmo escreveu.

Naquele dia 16, contudo, passaria por uma cirurgia. "Da hemorroida", fez graça. "Vou operar o tóba daqui 25 minutos kkkk to *(sic)* falando sério. Tava sentindo uma dor na beirada do forébis, fui no médico ele disse que tinha que operar URGENTE! Mas era só o que me faltava. Quem diria que em meio a tanta tristeza o que ia me fazer rir seria isso."

Qual seria a tristeza? Whindersson daria a resposta também no Twitter.

"Pra vocês verem como a vida é! Mas enfim meus amigo *(sic)*, vocês devem ter visto no Twitter ou na TV minha *(sic)* que eu não estou muito bem, trabalhei muito nos últimos anos, estou cansado, vou tirar um tempinho pra mim e logo logo tô de volta cheio de história pra contar!!"

Depois de uma série de mensagens, postou outro tuíte, de cunho religioso:

"Existe uma história de um homem que numa chuva muito forte orava a Deus por ajuda, a água chegava nas canelas. Uma família passou, e disse 'junte-se a nós!! Esse lugar vai inundar! Vamos temos comida suficiente pra todos'. Homem disse 'estou orando, o Senhor vai me ajudar'".

O que ele queria dizer com isso? Whindersson mesmo esclareceu:

"Depressao *(sic)* não é falta de Deus, você só precisa deixar Deus agir pelas máos certas. Deus é bom o tempo todo."

Encerrou assim seu 16 de abril de 2019: "Agora vou me recuperar, da mente e do cool *(sic)*, vou tirar um tempinho pra mim, espero que entendam. Vou voltar melhor do que nunca, cheio de histórias pra contar! Amo vocês". Sua esposa, Luísa Sonza, não demoraria para também anunciar uma pausa na carreira para ficar ao lado do marido.

Membros da equipe de Whindersson contariam que, nos dias anteriores, o astro teria tido ao menos dois ataques de pânico em sua própria casa, em um condomínio de luxo em São Paulo. Com tremores no corpo, não sentia mais vontade de sair. No desespero, teria ligado para seus familiares no Piauí e pedido para eles viajarem a São Paulo para lhe dar apoio. Ganhou o colo.

A turnê internacional o havia desgastado. Piorava o fato de que Luísa não o acompanhara nesses voos. "Eu vivo rodeado de abutres, de urubus", ele se queixaria, também no Twitter. No meio dos youtubers e entre sua equipe, a desconfiança era a de que Whindersson se referia a pessoas da agência que cuidava de seus shows. Seriam eles os abutres e urubus.

Em meio à depressão, o lampião do YouTube recorreu à terapia. Contou à sua equipe que pausaria a carreira. Cancelou compromissos por 3 meses, o que o levaria a perder em torno de 9 milhões de reais em cachês.

As consequências da fama nas redes tinham lhe atingido através de uma doença. Um mal que se provaria comum entre youtubers.

Era suntuosa a fachada da mansão onde viviam quatro famosos youtubers brasileiros, próximo ao bairro de Parque dos Príncipes, na divisa de São Paulo com Osasco. A casa ficava em um terreno enorme – seus moradores nem sabiam dizer quantos metros quadrados exatamente – e contava com portões altos que, quando se abriam, revelavam uma SUV da BMW no valor de 200 mil reais, estacionada ao lado da porta de entrada.

"Não entendo de carros, mas sei que quando passamos com esse, todas as vadias da rua ficam olhando", comentou o mineiro **Henry Nogueira**, então com 24 anos, um dos youtubers moradores. Ele mantinha o canal **Henrytado**, com 300 mil inscritos[35] no ano de 2016. Ele complementou a fala esclarecendo que não se "beneficiava" das vadias que ficavam olhando, visto que prefere os "vadios".

Da porta de entrada, não paravam de sair e entrar garotos na faixa de seus 20 e poucos anos. Era pouco depois da hora do almoço, então eles carregavam sacolas cheias de guloseimas. Fome é o que não faltava dentro da casa. Mesmo para três deles, que já tinham matado pratos de macarrão, abandonados em cima de uma pequena mesa redonda na cozinha. Eram esses que, naquele momento, seguravam de forma destrambelhada, quase derrubando tudo, sete sacolas plásticas de mercado.

Dentro da casa não se refletia a fachada de riqueza. Nos cômodos, praticamente não havia móveis. Havia uma mesa de sinuca, que tomava quase todo o espaço onde deveria ser a sala de jantar, posicionada próxima a um quadro com uma placa comemorativa dos primeiros 100 mil inscritos do canal de **Fernando Nogueira**, o **Sev7n**,[36] outro dos moradores.

"Assim tem mais espaço para festas", resumiu Henry, vestindo camiseta, calça de moletom, boné e chinelos, pouco antes de se desculpar com a visita pelo cheiro forte de mato queimado que tomava os cômodos.

Apesar de Henry dizer ser contrário ao hábito, fumar maconha é costumeiro dentre os youtubers, principalmente os mais jovens. Era tarde de quinta-feira e o cheiro de erva queimando, facilmente reconhecível a narizes acostumados, espalhava-se.

Mas era um momento de lazer. A rotina da casa não correspondia à de um típico grupo de trabalhadores. O trabalho costuma começar à noite, quase de madrugada. É quando os youtubers vão ao estúdio, montado no fundo da mansão, passando a piscina e uma área

---

[35] Em 2019, 530 mil.

[36] Em 2019, 1,2 milhão de inscritos no canal.

com churrasqueira – onde há ainda um saco de pancada, daqueles de boxe –, para gravar partidas que travam no ultrapopular game League of Legends, o LoL. Os vídeos, patrocinados por uma marca de eletrônicos, são transmitidos ao vivo. Para a maioria deles, é a principal fonte de renda.

Devido à vida notívaga, todos acordam tarde, normalmente após as 11 da manhã. Almoçam, vão ao mercado comprar guloseimas, gravam vídeos para seus canais pessoais no YouTube e, quando o sol já se foi, voltam ao computador para jogar (e gravar). Uma vida tida como "dos sonhos" por muitos de seus fãs adolescentes.

O clima era de trabalho constante. Mas não de um típico escritório. Aparentava mais uma república estudantil, com direito a festanças, noitadas de videogame, transas no banheiro. Também pudera, visto a idade dos moradores, todos em torno de seus 20 anos. Henry, então com 24, se considerava bem mais maduro que os colegas.

"Sabe, quando você é gay, acaba por enfrentar uns problemas graves na vida, muito antes dos outros. Saí de casa na adolescência, muito novo, ainda não falo com meu pai, tive de lidar com agressores e com o preconceito por toda minha vida. Isso fez com que eu crescesse muito rápido. Me sinto no meio de uma molecada aqui", dizia o mineiro, que planejava se mudar para um apartamento em alguma área central de São Paulo assim que conseguisse bombar mais seu canal do YouTube – e, com isso, diminuísse a dependência da grana que levantava com o patrocínio dos vídeos ao vivo dos jogos de LoL.

Henry tinha se inserido na rotina da república de youtubers havia pouco mais de um ano. O convite veio em um campeonato de LoL em São Paulo. Nascido em Barbacena, vivia em Juiz de Fora, também em Minas Gerais, onde cursou faculdade de design. Porém, já se aventurando pelo mundo dos *e-sports*[37] e ingressando no YouTube, onde mantinha um canal no qual falava tanto de LoL quanto de "coisas da vida", pensava em se mudar para uma cidade grande.

A oportunidade veio com o convite de dois conhecidos, Lukas Marques e Daniel Molo, criadores do **Você Sabia?** – então com mais de 5 milhões

---

[37] Os esportes eletrônicos, como são chamadas as partidas profissionais de videogame.

de inscritos[38] – e também praticantes do League. Eles formavam um tipo de república de youtubers, em associação com Fernando, do Sev7n. A identificação entre todos foi imediata. Logo decidiram que morariam juntos.

Passado um ano, todavia, Henry se sentia como se a vida tivesse lhe enfiado no meio dessa rotina de fama de youtubers. Ele não se sentia totalmente confortável com a situação da fama. Parecia que aquilo havia fugido do controle.

O gosto por LoL havia surgido na adolescência, como uma forma de escapar das lástimas de seu mundo. Adepto dos videogames, Henry sempre buscava ser a personagem feminina nos jogos – ou, como ele próprio dizia, o homem mais afeminado possível. Indignava-se por não existirem (além de raríssimos exemplos) representantes gays no mundo dos games. Suas opções na hora de pegar o controle – em Street Fighter, por exemplo, ia sempre com a Chun-Li, não com Ryu – refletiam quem ele era fora da telinha, segundo contava.

De voz aguda, sempre em alto tom, movimentos suaves, mão assumidamente desmunhecada e afeito a trajes extravagantes – uma de suas marcas registradas era o cabelo colorido de azul –, o mineiro não escondia ser gay. Nem na infância.

"Mas isso não significa que as pessoas aceitavam. Na família é até compreensível. Nossos pais e avós cresceram em um mundo sem internet, sem tamanha liberdade de opiniões, sem essa difusão de conhecimento que existe hoje. Por isso reproduzem opiniões homofóbicas, enraizadas neles. Mas esse preconceito não pode existir nessa minha geração, que vê essa diversidade toda existindo e convivendo no Facebook, no YouTube, em todo lugar."

Na escola, ele tentava esconder sua "voz de gay", como ele mesmo definia, e seus trejeitos. Vivia com medo de apanhar de algum outro garoto.

Henry se lembrava bem de um marco em sua vida, de quando se tocou que não teria mais problemas ao menos com seus parentes próximos. Afeito a animais, havia adotado um gato que encontrou na

---

[38] Em 2019, 25 milhões. Dois anos antes, em 2017, o Você Sabia? se envolveria em uma polêmica por terem recebido 65 mil reais do governo do presidente Michel Temer para fazer um vídeo falando bem de mudanças feitas em escolas públicas do ensino médio.

rua. Porém, devido à vida agitada, à universidade, às jogatinas de LoL madrugada adentro (e já recebia salário para tal, pago por patrocinadores), não tinha tempo para cuidar do bichano. Sua avó então recebeu o gato em sua casa.

Na hora de decidir o nome do animal, coube à avó. Ela escolheu homenagear o neto e elegeu Thales. Por quê? Era 2010 e a novela *TiTiTi*, da Globo, destacava nas telas um casal homossexual: Julinho e Thales. Para Henry, a ficha caiu. Thales não seria só uma forma de mostrar ao neto que sua preferência por garotos não era um problema. Todos os dias, o gato circulando pela casa da avó resgataria a memória do neto gay. Aliás, os netos. O irmão mais velho de Henry também gosta de meninos.

Apesar de no meio dos gamers, em especial dentre os expoentes, existirem muitos gays – vide também Kami, então o melhor jogador brasileiro de LoL e amigo de Henry –, era comum aparecer quem "xingasse" Henry de "bicha", "viadinho" e por aí vai. As aspas no "xingasse" tem motivo. Ele nunca via "bicha" como uma ofensa. Afinal, trata-se apenas de uma constatação, segundo ele mesmo determina. Ele é, sim, "bicha", apesar de compreender o tom pejorativo que os colegas davam à palavra.

Os assédios eram ainda comuns até pela qualidade que Henry mostrava nas partidas. Ele era um dos melhores no que fazia e era natural que oponentes tentassem incomodá-lo, provocá-lo, para prejudicá-lo nas disputas. Mesmo assim, o mineiro sempre se esforçou para que o passatempo, válvula de escape para as agruras do mundo offline, e que vinha se tornando um trabalho assalariado, não acabasse por virar um transtorno. Com o tempo, contudo, um elemento se tornava incontornável: seu amadurecimento.

Henry crescia, no ano de 2014, se sentindo jogado nesse mundo de gamers, maconha e molecagem. Porém, não era mais onde queria estar. O incômodo foi um dos fatores que o levou a estrear um canal pessoal no YouTube. De início, os vídeos ainda eram muito atrelados a LoL. Reproduzia no espaço algumas de suas partidas, além de produzir quadros inspirados no jogo. Com o tempo, a intenção era a de transformar o canal em um vlog costumeiro sobre a própria vida.

Nesse período, Henry havia se formado como designer e começava a fazer mestrado. O bom desempenho acadêmico enchia a mãe de orgulho. Ela, assim como o restante dos familiares, no entanto, não recebia bem a vida alternativa de youtuber e de jogador profissional de videogame. Parecia a ela que seu filho estava perdido na vida. Isso ao menos até Henry se dispor a mostrar à mãe a sua conta corrente, revelando o quanto lucrava com patrocinadores pela "brincadeira". "Aí ela me levou a sério", simplificou.

A intenção de virar a página dos games para o YouTube, tornando-se um vlogger, falando de coisas da vida – e "levantar bandeiras como a LGBT", frisava –, crescia dentro dele quando veio o convite para se mudar para São Paulo. Ele, a dupla do Você Sabia? e Sev7n planejavam morar juntos, em muito motivados pelos rendimentos com LoL, pois todos eram patrocinados pela mesma marca.

Quando chegou em São Paulo, foi uma empolgação. A metrópole era o centro dos youtubers brasileiros. Na cidade estava o escritório da Google, dona do YouTube, no Brasil. Também havia o YouTube Space, um espaço que serve como um centro de treinamento, de preparação, uma fábrica de youtubers.[39] Também era na capital paulista que moravam a maioria das celebridades da internet. Era esse o meio no qual Henry queria se inserir.

Porém, a animação não durou tanto. Logo a vida de youtuber não se mostrou ser bem o que Henry procurava para si. A começar, o dinheiro que levantava com seu canal não era tanto. Pelo menos ainda não o suficiente para poder largar as madrugadas de jogatina de LoL, e não era nem de perto o quanto fofocavam por aí que ganhavam os youtubers.

Em São Paulo, longe de familiares e de amigos de longa data, Henry se via refém de uma rotina de acordar quase meio-dia, comer "qualquer coisa", viver em meio à bagunça da meninada, tudo em preparação para, novamente, as noitadas de games, gravadas e transmitidas ao vivo na internet para garantir a renda do fim do mês.

Já ao chegar na maior cidade do país, Henry sentia que poderia perder o controle de sua vida. Era uma sensação destruidora, que o levava a

---

[39] Em 2017, o YouTube Space se mudaria para o Rio de Janeiro.

misturas de sentimentos de raiva, descontrole e depressão. A começar, logo notou, não podia nem escolher onde ia morar (nem no primeiro endereço, nem no segundo para o qual se mudaram depois). Isso cabia à dupla do Você Sabia?, os donos da BMW na garagem, e que exerciam maior poder dentro da mansão. Henry preferiria alugar um apartamento ou uma casa em bairros centrais da metrópole para ficar mais no meio da agitação e próximo de outros amigos que começava a fazer.

Henry já investia em novas amizades. Normalmente, conhecidos de encontros, festas e eventos de youtubers e gamers. Gostava de comparecer a tudo, de *happy hours* e festinhas a eventos oficiais do YouTube – como um no qual se destacaram os youtubers gays, em uma festa na sede brasileira da Google.

"Como me orgulhei quando meu vídeo apareceu no telão, prestando um depoimento, dando apoio a quem nasce gay e, de repente, se vê falando com milhões", testemunhou o mineiro.

Henry defendia a importância de outros gays terem referências de sucesso, modelos a serem seguidos para, assim, ganhar maior força para encarar as agruras cotidianas. Ele mesmo conta que não teve essas referências na infância, e sofreu por isso. Dar a cara a tapa na internet também significa, porém, virar alvo de milhões de opinadores. Em especial, os *haters*, os *trolls*, aqueles que destilam ódio a todos e a tudo. Basta Henry postar um vídeo em seu canal para começarem a aparecer – aos milhares – os *trolls* e os *haters*. Algumas reações usuais:

Foda isso mano, muita viadagem essa sociedade.

Vai tomar no cú caralho, esse Henry fica se fingindo de gay aí, aposto 99% que é pra pegar mulher, esse cara deve comer xereca pra krl mano.

Não suporto homossexual, mas o canal dele é legal.

E esses acima ainda "pegaram leve" perto de uns mais cruéis que costumam surgir no tribunal da internet. Henry já se acostumou a ser xingado no YouTube. Escreveu até um roteiro para responder aos *haters* mais usuais. Exemplo: quando (o que é bem costumeiro) algum colocava nos comentários "Bolsonaro 2018" – referência à então provável candidatura à presidência do político Jair Bolsonaro,[40] conhecidamente contra as pautas LGBTQ+ –, ele retruca: "Já estava planejando me mudar de país mesmo, 2018 me parece uma boa data para tal".

A experiência de anos na internet deu esse traquejo a Henry na hora de lidar com *haters*. Porém, ele sabe que demora para se acostumar a ser odiado. Também, pudera, com o baixíssimo nível da maioria dos comentadores online. Por isso ele vê como um dever dar suporte aos youtubers gays que começam a entrar nessa.

Para se motivar, ele prefere se apoiar nos comentários positivos dos fás. Como:

O seu passado é idêntico ao meu presente, tô com medo de me descobrir gay.

Essa faceta do glamour online dava gosto a Henry. Assim como ele se divertia com algumas das amizades que começavam a nascer desses encontros com youtubers. A exemplo da proximidade que construiu com **Nyvi Estephan**, que circulava pelos dois mundos ao qual ele pertencia: games, sendo apresentadora de alguns canais do gênero, e YouTube, cujo canal tinha em torno de 150 mil seguidores.[41] Foi ela também a primeira youtuber a posar pelada para a *Playboy* brasileira.

Os youtubers costumam conviver mais entre eles. Ao chegar a São Paulo, Henry começava a compreender e curtir isso. Eles usualmente firmam amizades apenas entre youtubers, criam relacionamentos amorosos entre eles etc. Para Henry, isso tem muito a ver com o fato de que a vida de um youtuber é bem característica. Muita gente não entende bem a profissão – "muitos nem têm isso como uma profissão", reclamaria –, a rotina maluca de se revezar entre gravações e eventos, ou a fama, mesmo que fugaz, que se ganha com um canal no YouTube. Henry sabe, por exemplo, que seria difícil conseguir um namorado não youtuber disposto a compreender quando fãs o cercam na rua. Ou mesmo suportar, ao seu lado, a agressão de *haters*. De um lado, Henry curtia as aventuras da nova vida. Do outro, não tanto.

---

[40] Vitorioso nas urnas em 2018.

[41] Em 2019, 320 mil.

Na república de youtubers em que vivia, não tinha mais paciência para as festas rotineiras. A convivência com os outros youtubers da casa acabaram, a seu ver, tirando seu próprio brilho. O mineiro sempre se considerou um cara alegre, para cima, piadista, do jeito que se mostrava no YouTube. Só que naqueles tempos ele havia adquirido uma postura desanimada e irritadiça.

Às vezes era comum alguns fãs descobrirem o endereço da república de youtubers. Inevitável: iam até lá para gritar o nome dos residentes na porta. Tá aí outra coisa que o irritava. "Às vezes o Lukas e o Daniel *(os do Você Sabia?)* vão receber as meninas lá na porta, outras vezes as desprezam", conta Henry. Nas festas, intrusos também eram frequentes. Só teve uma vez na qual os moradores se incomodaram e tiveram de expulsar alguns fãs que deram um jeito de se esgueirar por um desses encontros promovidos na casa.

Parecia que o apelido de Henrytado – dado a ele pelo irmão mais novo, pois Henry se irritava, quando criança, se qualquer um mexesse em seus brinquedos – estava condizendo com o comportamento do youtuber naquela época. Os conflitos eram comuns com seus *roommates.* Também não aturava mais a rotina de gamer profissional de LoL, mas ainda não ganhava o bastante só como youtuber para poder mudar de vida. Estava lá, desesperado para procurar um novo cantinho para morar, de preferência na região central de São Paulo, quando outro inconveniente aconteceu: sua câmera filmadora quebrou. Passou a depender da disposição de amigos em emprestar a deles para registrar os vídeos para o YouTube. Por vezes, cruzava a cidade a bordo de um Uber apenas para fazer uma gravação com um aparelho emprestado.

Para completar, Henry ainda estava na seca fazia mais de um ano e meio. O youtuber, perseguido por fãs, não namorava fazia esse tempo todo. O que tinha tudo a ver com o fato de ele ser um youtuber.

Quando chegou a São Paulo, Henry tinha na cabeça que não estava tão disposto a namorar outro youtuber. Julgava que se irritaria com os malefícios da fama alheia, assim como se incomodariam com a dele. Só que também não queria namorar fãs. Sabia que se irritaria com alguém o colocando em um pedestal.

Desejava, portanto, um relacionamento com alguém, como ele definiu, "comum". Um que nem fosse celebridade online, nem fã de celebridades online. Dentre a juventude do século XXI, contudo, é difícil achar algum jovem em seus 20 anos que não se encaixe em um desses perfis: youtuber ou fã de youtuber.

Para conseguir algum *date*, chegou a tentar a sorte online. Quando Henry começou a sair em São Paulo, logo baixou o Tinder. No aplicativo, portou-se como bem seletivo. Não tentava *match* com todo mundo. Escolhia uns poucos. Só que nenhuma das aventuras tinderianas deu muito certo para ele. Henry tentou três vezes.

Nas duas primeiras, parou de papo logo no início da conversa. O motivo: os rapazes já sabiam quem ele era, pelo trabalho no YouTube. E Henry realmente não queria se relacionar com quem o visse, primeiramente, como youtuber.

Na terceira chance, empolgou-se. O médico que deu *match* com ele, afinal, parecia ser tudo aquilo que ele queria. Inclusive, aparentava ser do tipo que não dava bola para YouTube ou videogames. O par perfeito.

Logo depois que os dois se curtiram no Tinder, começaram a conversar. Após algumas saídas rápidas, Henry convidou o *crush* para visitar sua casa, a república de youtubers.

"Bonita, grande, essa casa. Não quer jogar um pouco de League of Legends comigo?", já foi perguntando o *crush* ao entrar no casarão.

"Mas você não disse que não jogava, que não se interessava, que não sabia do que se tratava?", retrucou Henry.

"É que fiquei curioso para ver como é", respondeu o médico do Tinder.

O interesse agradou Henry. Poxa, o cara era bonito, médico e ainda tinha vontade de conhecer melhor o mundo do novo parceiro. Tudo perfeito. Até começar o jogo.

Henry explicou ao amigo como eram os comandos de LoL para ele poder iniciar, e logo começaram uma partida. Poucos minutos depois, a grande surpresa: o *crush* ganhou na primeira disputa.

"Como assim? Você falou que nem sabia o que era League of Legends, e de repente já senta aqui e ganha de mim?", revoltou-se Henry, notando que tinha algo de muito estranho na história do médico do Tinder.

"Tenho de admitir. Na verdade eu jogo LoL, sei quem é você, acompanho suas partidas, conheço o teu canal. Não queria te falar justamente para isso não comprometer nossas conversas. Estava esperando a hora certa."

Henry ficou chocado. Em sua visão, acabava de ter sido enganado. Por isso, expulsou o *crush* de sua casa. Isso causou um trauma que depois o levaria a ficar um ano sem sair em *dates*.

O médico do Tinder ainda lhe deixaria com outro problema na cabeça. Henry conta que passou a desconfiar de tudo e de todos. Se aquele cara o enganou, quem mais poderia fazer o mesmo? Na rua, em bares, em eventos, o mineiro passou a ficar de olho por cima do ombro.

Henry sempre se viu no espelho como um ser humano forte, alegre, piadista, o centro das atenções. Era um cara pra cima. Só que não conseguia mais manter a postura fora do YouTube. Estava infeliz em São Paulo.

O público de milhões que vê o canal Henrytado deve sair com a impressão de que o apresentador se trata de um jovem totalmente de bem com a vida, sem ter do que reclamar. Um espírito alegre. Tanto que se sente confiante para sair pela internet abrindo a própria vida. Só que, por trás do sorriso estampado no YouTube, há um homem com uma penca de conflitos. Enquanto dá conselhos internet afora, procura por uns para si. Naqueles tempos, buscava por alguém que pudesse lhe indicar um bom terapeuta.

Os youtubers podem ser divididos entre os nanicos (com até 100 mil fãs), os menores (perto dos 500 mil), os médios (próximos de 1 milhão) e os gigantes (seguidos por turbas de milhões). **Kéfera Buchmann**, então com mais de 9 milhões em seu séquito,[42] estava entre os pouquíssimos a representar o último grupo. Isso lhe garantia assessores, amizades famosas, uma agência para lhe dar suporte, uma verdadeira *entourage*. Contudo, como evidenciava quem vivia no setor, isso em nada garantia sanidade mental.

Nada ajuda o fato de que os executivos do setor, as partes dessa *entourage*, muitos dos quais provenientes do ramo do teatro ou da

---

[42] Em 2019, 11 milhões.

música, ainda estavam em processo de adaptação para o trabalho no mundo das celebridades online (quando não são compostos por amigos de infância e familiares dos youtubers). Eles mesmos costumavam admitir que não sabiam o que fazer direito com esse novo tipo de famoso – vários agentes de renome optavam por não atender a youtubers por este motivo e, algumas vezes, por preconceito com esses que então não julgavam como "artistas de verdade".

Essa falta de ciência do que é ser um youtuber acabava por levar todos a um ritmo frenético. Do estilo "é melhor aproveitar tudo que podemos agora, ou a onda acaba e perderemos a chance". A lógica valia para os agentes, para os outros membros da *entourage*, para familiares dos youtubers e para os próprios youtubers. Nesse negócio, impera o raciocínio da galinha dos ovos de ouro. É preciso extrair o máximo dos valiosos ovos antes que a galinha deixe de produzi-los.

"Talvez eu fique famoso assim por mais cinco ou seis anos. Então, o plano é juntar muito dinheiro nesse tempo para sossegar a cabeça", costumava dizer Whindersson Nunes.

Whindersson não estava sozinho no clube das preocupações. O **Luba**, do **Luba TV**, era outro. Ele brincava que sua meta seria comprar cem imóveis para alugar e aí se aposentar.

"Tô nessa direção. Até este momento, já consegui comprar... nenhum imóvel." É como Luba costumava brincar.

No caso de Kéfera, ela já faturava muito. Não só com o YouTube, mas com comerciais, filmes no cinema, livros publicados. A grana, entretanto, parecia não lhe trazer calma, nem muita segurança.

Kéfera não gostava de falar sobre isso publicamente – apesar de, em seu Snapchat, não ver problema em expor os momentos de tristeza. Mas ela estava mal. A fama tinha "dado ruim" para a Kéfera.

"Todos nós temos nossas fases. Eu tô numa em que preciso parar um pouco."

Assim ela anunciou via Snapchat. No curto vídeo, explicava as razões de ter pausado por um tempo as publicações no seu canal do YouTube, o **5incoMinutos**; não demorou um mês, porém, para ela voltar à ativa. Na gravação, usava um filtro do aplicativo para esconder seu rosto sob uma máscara de esqueleto. "Meu dia não foi dos melhores", explicava.

Alguns julgaram a situação de Kéfera como preguiça ou simples desgaste. Outros associaram ao estado de saúde de uma tia próxima a ela, que enfrentava os últimos estágios de um câncer (viria a falecer alguns dias depois). Quem chegou a conversar com ela sobre o assunto tirou outras conclusões.

O cenário todo, profissional e pessoal, era fatigante para ela. Ainda mais porque, conta-se, a curitibana Kéfera sempre combateu a depressão ao longo de sua vida. Um dos motivos seria o afastamento do pai, com quem teve pouco contato. Nos bastidores, fala-se que, após uma entrevista com o apresentador Jô Soares, na TV Globo, ela chorou muito por ter falado de seu pai durante a conversa.

O histórico, portanto, era delicado. Kéfera, relata-se, tomava remédios para controlar a situação. E em nada servia para melhorar a observação feita por pessoas próximas a ela que dizem que a youtuber não se ligava muito em dinheiro. Ou seja, nessa versão, a fortuna não colaborava para mudar seu estado mental.

"Ainda vive no mesmo apartamento, mínimo, bagunçado, para o qual se mudou em São Paulo pela primeira vez, no mesmo bairro onde vivia o seu namorado da época. E é do tipo que arrota na mesa, não liga para luxos e tal", contou uma pessoa que a encontrava frequentemente.

Por que isso pesava? Falava-se que, com 23 anos em 2016, Kéfera chegava a um momento no qual ela não se via mais como aquela youtuber que, aos 17, começou a fazer sucesso na internet. Num papo, comentou **Fábio Porchat**, ator, criador e sócio do Porta dos Fundos, e que já a entrevistou:

"Como fica ela agora? Antes, era uma menina de 17 anos falando sobre sua vida no YouTube. Agora, aos 23, não se identifica mais com os mesmos assuntos, com os mesmos objetivos."

É quase esperado que ela se sinta um pouco perdida. Tanto que, após seus momentos de tristeza compartilhados pelo Snapchat, Kéfera chegou a faltar em entrevistas (incluindo no populadíssimo programa do Faustão, dizem pessoas próximas a ela). Até aquela data, não havia comparecido a nenhum evento para divulgar seu segundo livro (que, mesmo assim, vendia dezenas de milhares de cópias por semana). Também apresentava descontentamento com o 5incoMinutos e falta de empolgação com a vida de famosa, que então viria a incluir até uma participação como jurada em uma versão infantil da "Dança dos Famosos", do mesmo Faustão ao qual ela faltou.

Kéfera não gostava de falar desses temas que levavam as emoções para baixo. Ao menos não em entrevistas. No Snapchat, compartilhava as dores da mesma forma que depois faria Whindersson via Twitter. Kéfera não está sozinha no grupo dos youtubers que enfrentam a depressão. Pelo contrário, é um clube já lotado.

Nos bastidores do YouTube, corre-se um sentimento de algo como "estamos para ver o primeiro youtuber a virar uma Janis Joplin, no sentido de surtar com a loucura dessa vida, cair nas drogas, morrer de overdose". Já virou praxe youtubers, de todos os tipos dessa fauna virtual, abordarem até funcionários do YouTube, mais maduros em idade e que são próximos a eles ("próximos" de conversar e trocar mensagens no WhatsApp diariamente, muitas vezes), para perguntar algo como:

"Vocês têm suporte psicológico pra nós, youtubers? A vida não tá fácil." ❚❚

PARTE 2
Viralizou

A entrada é pelos fundos

COM: Porta dos Fundos

▶ "AÍ, QUE CÊ TÁ OLHANDO? Oh, que cê tá tirando foto?"

"Tô conferindo pra ver se a bola é azul mesmo", respondeu o completo desconhecido ao lado, enquanto tentava mirar a câmera do celular na tal "bola azul".

"Como não se irritar com esse caralho?", pensou Antonio Tabet, o **Kibe**, enquanto o cara, mais alto, se esticava para observar sua bola azul do mictório ao lado. Ambos estavam no banheiro. Mijando.

Kibe tinha descido do voo da ponte aérea Rio-São Paulo, do qual era frequentador assíduo, com a bexiga estourando. Correu para o banheiro do saguão do aeroporto de Congonhas, direto para o mictório. Arrependeu-se. Devia ter esperado por uma das cabines fechadas. Assim ao menos não haveria o risco de um zé mané qualquer colar ao seu lado para tentar observar suas bolas azuis. Pior: quase fotografar as tais bolas. Isso antes de Kibe desviar o celular com a mão, xingar o cara de alguma palavra vulgar da qual ele não se lembraria depois e sair rosnando do banheiro.

Claro que as bolas de Kibe não eram azuis. De onde o fulano tirou isso? A piada da bola azul era a que mais perseguia Kibe desde 25 de março de 2013 – o dia em que o canal **Porta dos Fundos**, então o maior, disparado, do YouTube (trono que segurou até 2016, quando foi ultrapassado por Whindersson Nunes), postou "QUEM MANDA". No vídeo, Marcelo, o genro de 18 anos, encontra pela primeira vez o sogro (um tipo "ogro"), papel interpretado por Kibe. Ao que, no meio da conversa tensa:

Sogro: Afofa o teu peru, Marcelo.

Marcelo, o genro (olhando estranho): É que... porque... seu saco, sua bola, o saco saiu pro lado do shorts.

Sogro: É, minha bola saiu.

Genro: Ela tá azul.

Sogro: Pintei minha bola de azul.

Genro: Por que você fez isso?

Sogro: Discovery Channel. Macaco com bola azul manda na porra toda. E quem é o macho dominante aqui dessa casa? Fala pra mim.

Genro: O senhor.

Sogro: É. Sou o gorilão da bola azul e você é o macaquinho que quer entrar na tribo e comer a filha do gorilão. Não é isso que quer, Marcelo? Tô vendo que a bola azul tá precisando de uma demão. Tá descascando. Então vai lá e pega a tinta azul para passar na bola do macaco rei.

Na vida real, o gorilão da bola azul Kibe é abordado frequentemente na rua por fãs da esquete do Porta dos Fundos. Não são poucos os fãs. No fim de 2016, já somavam quase 13 milhões no canal[43] (mais de 5% de toda a população brasileira; se contar apenas os conectados à internet, aí se aproxima de 20%).

"Olha o gorilão da bola azul passando."

A frase é ouvida quase que diariamente por Kibe. Ele não se incomodava, atendia à maioria dos fãs. A calma vinha, ele acreditava, por seu rosto ter ficado famoso quando ele já chegava próximo dos 40 anos de idade. Com maturidade, não deixou subir à cabeça. Não perdeu para a arrogância, nem se sentia irritado, enraivecido, com vontade de responder. Isso porque, mesmo que na maioria das vezes os comentários fossem positivos, havia um mundaréu de *haters* no pé do pessoal do Porta dos Fundos. A esses, Kibe nem respondia, fosse no mundo virtual ou no físico. Seria como alimentar os leões, ele acreditava. No fim do dia, o que mais queriam os que destilavam ódio, e que em raras vezes tinham coragem de levar o comportamento para fora da rede?

---

[43] Em 2019, próximo de 16 milhões.

Atenção. Principalmente de um bambambá como Kibe. E o Kibe não era de ficar dando moral para idiotas.

Alguns, contudo, passavam do limite. Caso do explorador de bolas azuis de mictórios de aeroportos. Mas também de um gorilão real que encarou Kibe num bar na Gávea, no Rio de Janeiro. Com pinta de lutador de jiu-jitsu – um "cara grande", como pensou Kibe ao ver seu adversário pela primeira vez –, o tal gorilão estava com um grupo de amigos no botequim. Kibe já havia reparado o quanto os "caras grandões" não paravam de olhá-lo. E riam. Tinha alguma piada ali. Kibe descobriu qual era assim que levantou de sua mesa e passou próximo ao grupo numa calçada estreita.

"Aí, tu não é o gorilão da bola azul? Passa por mim agora, gorilão", falou, impositivo, forçando os músculos dos bíceps, o tal "cara grande". Isso no momento em que estacionou na frente do Kibe, impedindo sua passagem, encarando-o em tom um tanto de escárnio, um tanto de machão. Nisso, Kibe tirou os óculos e encarou de volta. Olhando de baixo para cima, visto que o desafiante era alto. Mas com um olhar de psicopata – o mesmo que caracterizou tantos personagens policiais e bandidos que interpretou nas esquetes do Porta dos Fundos.

"Se eu brigar, você vai me enfiar a porrada", disse ele ao "cara grande", de forma calma e pausada. "Mas eu vou deixar uma marca na tua cara. Vou arrancar teu olho fora."

O carioca folgadão que atrapalhava a passagem parecia não esperar um Kibe louco à sua frente. Na hora, ficou sem palavras. Simplesmente saiu do caminho e voltou ao seu grupo de amigos, enquanto Kibe seguiu seu rumo.

Se havia algum culpado pela perseguição à sua bola azul, era o próprio Kibe. A ideia da piada partiu dele.

Regressemos a 2013. Algumas semanas antes da publicação do vídeo, ele estava no escritório do Kibe Loco, blog de humor que criou em 2002 – seu primeiro sucesso na internet, dez anos antes do Porta dos Fundos (em 2016, ainda era sócio de ambos) –, com outros roteiristas que contratou para o site. Um desses roteiristas tinha uma mania que o ajudava a se inspirar na hora de escrever: deixar a TV ligada no Discovery Channel. Não incomodava ninguém. Para Kibe, os sons de animais fazendo amor, brigando, mergulhando, e todas aquelas outras coisas típicas do Discovery Channel, soavam como uma daquelas musiquinhas de elevador ao fundo. Por isso, todos aceitaram liberar a TV do escritório ligada no canal preferido do roteirista dono daquele hábito estranho.

Num belo dia, Kibe, fatigado, parou diante do televisor para ver o que estava passando. O Discovery Channel transmitia um programa sobre macacos. Uma das espécies de nossas primos primatas, Kibe viria a descobrir, possuía uma característica curiosa. O macho alfa tinha a bola mais azul de todo o grupo. A razão: o excesso de testosterona deixava os testículos dessa cor. Orgulhoso, o boludo se exibia, deixando o rabo em riste para evidenciar ao restante do grupo o quão azul eram seus membros íntimos. Isso lhe dava vantagens com as fêmeas e nas brigas com rivais que queriam o trono do alfa azulão.

Kibe não conseguia parar de rir daquilo. O documentário era um festival de piadas prontas. Mas não foi naquele momento que surgiu a ideia de aproveitar o fato hilário na cena do Porta dos Fundos. A inspiração viria alguns minutos depois.

Na hora do almoço, o humorista foi num restaurante próximo com um amigo que o conhecia do canal pago Multishow, onde trabalharam juntos. O colega estava indignado, e Kibe perguntou qual seria o motivo.

"Como estão as coisas?"

"Tá foda. Carol, minha filha mais velha, tá medindo 1,80 metro. Ela joga vôlei, tá linda. Mas também começou a chamar atenção por aí."

"Como assim?"

"Dos homens. Caralho, um amigo meu, outro dia, cantou uma menina na rua. 'Olha aquela gostosa.' Quando se virou para ver, era a Carol. Ele não tinha se tocado que era minha filha. Fiquei puto."

Naquele segundo veio o estalo na cabeça: pai puto somado a bolas azuis; está aí uma boa esquete para o Porta dos Fundos. Kibe sentou e escreveu "QUEM MANDA", inspirado pela conversa com o velho amigo e pelo programa dos macacos no Discovery Channel.

Quando o canal publicou o post, foi um sucesso tremendo. O vídeo ultrapassou os 17 milhões de views.[44] Não necessariamente isso representa 17 milhões de pessoas – alguns podem ter assistido repetidas

---

[44] Em 2019, quase 20 milhões.

vezes; outros veem com mais amigos, com outras pessoas ao lado. De qualquer forma, mesmo que tenham sido 10 milhões de indivíduos que assistiram ao vídeo, é gente "pra caralho" (abusando de palavra de destaque do vocabulário do Kibe) para se encontrar pela rua. Era inevitável, incontornável, que passados três anos ainda tenham vários que gritam "aí, gorilão da bola azul" quando notam o Kibe caminhando por aí.

Kibe não é culpado só pelo vídeo da bola azul. Na real, se tivesse um culpado por todo o Porta dos Fundos, seria ele. A ideia de criar o canal partiu de sua cabeça, junto ao amigo **Ian SBF**. Na época, Kibe trabalhava na TV Globo. Tinha passado pelo *Caldeirão do Huck*, programa do apresentador (e que viraria seu amigo) Luciano Huck. Depois foi para o Laboratório de Humor, um grupo de humoristas encarregado de criar novas ideias para a emissora. Entretanto, não estava feliz com seu trabalho.

Para entender a frustração é preciso voltar no tempo. Bastante. Nascido no Rio de Janeiro dos anos 1970, Antonio Tabet nunca foi de arregar diante dos gorilões que o encararam pela vida. Só que jamais teve porte para enfrentar os "caras grandes" fisicamente. Sua arma: o humor.

A primeira vez em que descobriu o poder do humor foi no colégio. Tabet frequentava uma escola católica cujas aulas eram com professores-padres. Algo muito tradicional. Para ele, assustador. Ainda mais na infância. Num ambiente tão rigoroso, Tabet acreditava que era de suma importância ser bom em esportes. Ou era zoeira na certa. O *bullying* corria solto.

O problema: ele não era bom em esportes. Nas aulas de Educação Física, a turma era separada pelo professor em duas categorias: as cobras e os lagartos. Na primeira categoria se encaixavam os bons de bola. Na segunda, os zero à esquerda. O menino Tabet, então com seus 10 anos de idade e usando óculos fundo de garrafa, ficava com os segundos. Nunca era escolhido entre os primeiros naquelas típicas peneiras de futebol entre a criançada.

Só que a separação na Educação Física acabava se estendendo por toda a escola. Com isso, ele não conseguia ser um cara de destaque. Nem entre os garotos, nem entre as garotas. Pelo contrário. Havia, em especial, um garoto bem maior que ele, um gorilão, cujo passatempo era zoá-lo nos intervalos. Contudo, numa bela manhã, a zoeira teve retorno.

Lá vinha o valentão percorrendo os corredores em direção ao pequeno Tabet. "O que vou fazer? Fujo? Não adianta", pensava o alvo do grandão. Não teve jeito. Logo que se aproximou, o valentão tentou lhe dar uma coça. Só que dessa vez foi diferente. Antes do tapa, Tabet mandou um "seu bunda de jacaré". Xingamento bobo, mas a galera ao redor soltou gargalhadas. Nisso, o garoto ficou envergonhado, agora ele a vítima da zoeira. E todo mundo começou a fazer piadas com a situação. Tabet descobriu assim sua arma. Ele não só se esquivou da porrada daquele dia, como aquele projeto de gorilão nunca mais surgiu para incomodá-lo.

Foi assim que passou a viver do humor. Acabou com a desinibição e soltava piadas quando pensava nelas. Fazia as pessoas rirem. E aprendia com os mestres.

Aos poucos, passou a admirar o trabalho de grandes nomes do humor brasileiro, em especial as colunas em jornais de Tutty Vasques e Millôr Fernandes, dos quais foi emprestando o estilo. Junto a isso, também adotou o hábito de desenhar. Desenhar muito, onde quer que estivesse. Seu lado criativo aflorou. E o garotinho que era reprimido logo virou um gorilão do humor.

Entretanto, na hora de escolher o velho "o que quero ser quando crescer", Tabet se viu desviando do humor. Achava que naqueles anos seria dificílimo conseguir algum espaço com suas piadas; afinal, para conquistar uma coluna no jornal, um programa de TV ou ser ouvido de qualquer forma, era preciso ter a ajuda de um pistolão de algum canto. Assim acreditava. Só que ele também não queria deixar de lado sua veia artística. Achou lógica a escolha pela faculdade de Publicidade.

Foi durante a faculdade que ele criou o Kibe Loco. Não o blog, mas uma coluna no jornalzinho estudantil. O nome "Kibe" veio do óbvio: ele, com sua descendência libanesa, tinha cara de quibe. O "Loco" surgiu por ter decidido escrever seus textos não em português, mas em portunhol, naquela mescla de sua língua com espanhol, daquele jeito que brasileiro faz para se virar na Argentina. Ali estava, sem ele saber, o precursor do que viria a ser sua vida: fazer piada.

Ao entrar na faculdade, o agora já Kibe sonhava: "Caralho, vou trabalhar no setor criativo de uma agência, vai ser foda, vou desenhar, escrever". Ao sair... foi parar num banco de investimentos onde fazia peças de divulgação e afins. Chato. Por isso, entre uma tarefa e outra, resolveu adotar outro hobby, no mesmo estilo dos que tinha na escola e na faculdade. Passou a encher a caixa de e-mails dos colegas com piadas, montagens que fazia com imagens que via na internet, comentários hilários sobre vídeos que pescava na web. Era o Kibe Loco na intranet do banco. Os amigos gostavam e pediam mais. Porém, não agradou ao patrão.

"O pessoal da TI tem acompanhado seus e-mails. Eles descobriram que o senhor tem enviado mensagens muito inoportunas para o ambiente de trabalho. É melhor parar com isso."

A bronca veio via RH. Kibe achou aquilo ridículo, mas não podia perder o emprego; ao mesmo tempo, sentia-se impulsionado a continuar com as piadas. A solução veio ali mesmo, no escritório. Lá no computador de sua mesa, logo acessou o site do Blogger, popular ferramenta de criação de blogs, e começou a desenhar a sua página. De início, acreditava que aquilo ia demorar um monte para acontecer. Teria de preencher uma cacetada de coisas, arranjar um servidor. Estava acostumado com a burocracia bancária. Não foi assim. Em poucos minutos, deixando tudo "no automático", lançou o Kibe Loco.

A proposta inicial era compartilhar o site apenas com amigos. O Kibe gostava de fazer rir, como tinha feito com seus colegas no colégio, com aquele "seu bunda de jacaré" que mandou para constranger o valentão. Uma graça que já começava, de forma sutil, nos descritivos de seu blog. Nos textos, em vez de um "eu", ele usava "nós", pois queria fingir que se tratava de uma equipe grande, de no mínimo uns três caras, realizando aquilo. Não só um bancário/publicitário entediado. Via graça. E não foi só ele que viu.

A esperança era que o Kibe Loco não ficasse famoso. Ele tinha medo disso. Como gostava de fazer piadas com políticos, por exemplo, guardava temor de ser processado ou perseguido. Ainda receava desagradar religiosos ou personalidades de poder. Ele nunca fora, e nunca seria, do tipo que fugia dos gorilões. Entretanto, naquela época, não sabia até onde ia sua força para retrucar.

Só que não deu para segurar. O que era planejado para crescer bem paulatinamente, sendo passado de amigo para amigo, logo estourou. Sem o Kibe saber, pois nem a audiência do site ele acompanhava. Na real, levou um baita susto quando descobriu que o seu Kibe Loco começava a virar uma coisa. Uma coisa enorme.

A primeira pista de que o Kibe estava crescendo apareceu durante uma conversa com um colega do banco de investimentos. Do nada, um funcionário chegou na mesa dele e comentou: "Cara, minha tia tá adorando as piadas do Kibe Loco".

"Pô, legal, você mostrou para ela?", questionou, todo feliz com o reconhecimento.

"Nada. Ela descobriu sozinha. Alguém indicou pra ela."

"Do caralho. Ela mora no Rio? Será que foi alguém que conheço que mandou o site pra ela?"

"Não, Tabet, ela mora no Espírito Santo e é professora. Inclusive, tem mostrado teu site para todos os alunos dela."

Naquela hora bateu um frio na barriga. Ele não tinha a menor ideia da dimensão que o Kibe Loco havia tomado. Logo que chegou em casa, resolveu instalar um contador de cliques no blog. O assombro aumentou: naquele instante, havia 12 mil pessoas conectadas ao site. Ele esperava, no máximo, algumas centenas de leitores. Não mais de uma dezena de milhar.

Alguns dias depois, Kibe foi resolver um problema burocrático com sua carteira de motorista no Detran do Rio de Janeiro. Ao chegar no local, reparou que um dos funcionários, em vez de atender ao público, estava rindo de algo engraçado que via na internet. Com o que ele se divertia? Com o Kibe Loco. Então o humorista resolveu observar todas as telas de PC que podia lá no Detran. Conseguiu ver o que se passava em oito delas, das quais três estavam logadas no seu site. Nisso o criador da página começou a sentir o que depois veio a definir como um "prazer secreto". Todo mundo começou a conhecer sua invenção. Todo mundo estava rindo de suas piadas. Mas ninguém sabia quem estava por trás daquilo. O site era famoso. Ele, ainda um anônimo.

Não era exagero afirmar que o Kibe Loco, sem seu criador saber, já estava transformando a forma de se fazer humor na internet. Foi esse site, por exemplo, que popularizou o formato dos memes no Brasil. Sabe aquelas imagens associadas a algum comentário engraçadinho que circulam pelas redes sociais? O hábito, ao menos por aqui, teve início com o Kibe Loco. Uma das provas desse pioneirismo veio de uma percepção sutil. Logo o Kibe passou a adotar em seus memes a fonte Impact, em letras maiúsculas. A piada normalmente ia acompanhada de alguma imagem retirada da internet. Em pouco tempo o estilo passou a ser imitado por outros sites nacionais. Depois, por internacionais. O Kibe Loco teria fundado um padrão de memes.

Um exemplo dessa fábrica de memes: lá em 2005, ACM Neto, então deputado federal, foi eleito por um site dedicado ao público gay como o político mais gato do país. Piada pronta, refletiu Kibe. Nisso o humorista fez uma montagem com retratos do ACM em uma imagem falsa de um outdoor da *G Magazine*, revista de nu masculino. Pronto o meme, publicou no site. A brincadeira viralizou.

Foi com base na comédia política que o Kibe Loco mais cresceu. As piadas desse teor faziam especial sucesso em momentos de crise política no país. Principalmente durante o escândalo do Mensalão, no qual parlamentares eram acusados de receber propina no Congresso. O caso foi protagonizado pelo então presidente Lula e membros de seu alto escalão, como o ministro da Casa Civil, Zé Dirceu, apontado como mentor do esquema de corrupção.

No Kibe Loco, tudo isso era caldo para boas piadas. Uma das que mais viralizou foi a que Zé Dirceu, Lula e cia. eram retratados como bonequinhos da linha dos Comandos em Ação. Ou melhor, na versão cômica, eram os Companheiros em Ação. No "bonequinho" de Lula, por exemplo, vinham as especificações: "Ponta de estoque: não para em pé. Já veio sem o Mindinho e acabou de perder o braço direito" (no caso, o "braço direito" era o Zé Dirceu).

Nesse período quente da política brasileira, o Kibe Loco chegou à marca do meio milhão de acessos diários. Em 2005, o sucesso era tanto que Kibe largou seu emprego e foi viver só do blog. Isso após muitas ofertas de compras e de parcerias, a começar por umas que julgou ultrajantes. Como uma do portal Uol, em 2003, que quis lhe oferecer em troca somente uma assinatura do serviço e uns bonés da marca para dar início a uma *joint venture* – além de uma parcela do lucro com anúncios que entrariam no site.

"Caralho, e isso sem eles nem saberem que só tem eu trabalhando nesse site", pensou Kibe, indignado. Na época, ele vendia a página como se ela fosse um trabalho em equipe. Ao acessar o site, em todos os descritivos ainda se falava em "nós fazemos", não "eu faço". "Porra, eles querem oferecer uns bonés pelo trabalho de um time", bufava o dono do negócio.

Nesse início, enquanto o site crescia, Kibe recusava todas as ofertas. Até aparecer uma que lhe permitiu abandonar todo o resto para se dedicar ao humor. A proposta surgiu do portal iBest. Pela nova negociata, Kibe levaria um salário de 3.500 reais. Era pouco, menos do que ele ganhava na agência de publicidade na qual trabalhava naquela época. Mas resolveu aceitar para poder focar no que realmente queria: a comédia.

Só que nem sempre o Kibe Loco lhe proporcionava apenas bom humor. O que passou a se tornar praxe na rotina de Kibe eram os processos judiciais. A marca Estrela, dona do Comandos em Ação no Brasil, logo lhe processou pela brincadeira com os bonecos de Lula e Zé Dirceu. Mas ações vindas de políticos revoltados eram as mais comuns. A dor de cabeça era enorme, mas tudo era driblado com facilidade. Frente a um juiz, a liberdade de expressão vencia e Kibe não tinha de pagar indenizações. Ao menos na maioria das vezes. Aquela piada inocente com o ACM Neto lhe comprovaria que nem tudo eram flores.

O deputado federal não gostou da brincadeira com o fato dele ter sido eleito por internautas gays como o político brasileiro mais gato. Para Kibe, isso devia ter soado como elogio. Mas o político aparentemente não recebeu assim. Tanto que, logo que saiu o meme na página do Kibe Loco, ACM Neto enviou uma notificação judicial ao escritório do site, ameaçando-o de processo.

"Esses filhos da mãe acham que isso aqui é feito por uns moleques de 13 anos", reclamava Kibe enquanto observava o documento de ameaça. "Não é bem assim. Isso é profissional."

Sempre que chegava esse tipo de ameaça, ele reagia de forma parecida. Ligava para o gorilão que o prensava, em tom de conciliação, mas sem arregar. Normalmente dizia algo na linha:

"Olha, fiz essa piada, baseado nisso, naquilo, e cheguei ao post que você viu. É engraçado, minha meta é fazer as pessoas rirem. Agora, se você tentar fazer com que eu tire a publicação, adianto que essa emenda será muito pior que o soneto. Pois aí terei de informar ao meu público o motivo de eu ter deletado o conteúdo. Aposto que, com isso, o assunto vai viralizar dez vezes mais. E será pior pra você."

A abordagem costumava dar certo. Logo, ele tentou o mesmo com ACM Neto. Na mente de Kibe, tanto fazia o tamanho do gorilão. Era preciso encarar.

"Olha, entenda que o deputado é muito visado. Normal ter brincadeiras com ele. Imagina o que vai acontecer se ele virar presidente. Irá começar a processar todo mundo? Vai tentar, sei lá, processar o Chico Caruso *(famoso cartunista)*?", questionou durante uma ligação telefônica ao advogado de ACM Neto.

"Rapaz, tu tá falando de jeito bonito. Não consigo falar desse jeito não. Liga para o assessor dele", teria respondido o advogado.

Foi o que Kibe fez.

"Cara, entendi tudo. Mas olha, liga pro chefe de gabinete", retrucou o assessor.

Foi o que Kibe fez.

"Cara, é melhor ligar para explicar tudo isso para o deputado", foi o que disse o chefe de gabinete.

E foi o que Kibe fez.

"Deputado, foi uma brincadeira. O senhor é uma figura pública muito visada. É comum ter esse tipo de piada em torno de algo que venha a ocorrer contigo. Imagina se o senhor virar presidente."

"Tá bom", aceitou, finalmente, ACM Neto, mas sem aparentar estar feliz com a resolução. "Quanto tempo essa brincadeira ficará no ar?"

"Demora cerca de uma semana para sair da parte principal do site. Depois fica na internet, mas a poeira baixa."

O deputado parecia ter engolido, mesmo que a seco. Só parecia.

Alguns dias depois, oito agentes da polícia federal bateram na porta do apartamento de dois quartos, no bairro de Botafogo, no qual Kibe vivia com sua esposa e dois filhos (um, recém-nascido). Eram 6 da manhã. O humorista, na hora sem qualquer bom humor, levantou da cama e foi atender a porta, de pijama, sem saber o que o esperava.

"Temos um mandato de busca e apreensão, expedido por um juiz, que nos permite apreender qualquer tipo de mídia eletrônica que o senhor possui em sua casa", explicou o delegado que comandava a missão.

Os policiais estavam fortemente armados, com fuzis do tipo AR-15. Alguns vestiam até máscara para cobrir a face. "Caralho, o que eu fiz? Parece até operação do Mensalão", pensou Kibe. Os agentes vasculharam toda a casa. "Ainda bem que não sou maconheiro, ou iam encontrar uma ponta caída embaixo da cama", refletiu o comediante, com a mente ainda atordoada, enquanto uma das autoridades abria as gavetas de seu quarto. No fim da operação, que levou horas, os policiais pegaram computadores, DVDs, HDs, disquetes arcaicos. Até mesmo uma agenda eletrônica.

Ao Kibe, restou apenas uma reação: oferecer xícaras de café. O delegado aceitou e se sentou com ele na mesa de café da manhã, na cozinha. Quando conseguiu observar, de fato, o rosto do chefe da operação, Kibe notou que ele estava com um olhar constrangido. Aproveitou a deixa:

"Desculpe, mas o senhor poderia me explicar qual é a acusação contra mim?"

O delegado lhe mostrou o inquérito. Estava escrito que se tratava de uma operação contra a pedofilia. A partir de uma denúncia anônima, feita no site do Ministério Público, um juiz expediu o mandado de apreensão. O que saltou aos olhos foi que a denúncia havia sido registrada naquela mesma semana. Todo o processo, da acusação à invasão da residência, tinha levado em torno de quatro dias.

"Nunca vi a Justiça brasileira funcionar tão rápido assim", comentou Kibe.

O delegado só pôde dar de ombros. Mas, em uma careta, evidenciou que aquilo devia ser uma baita duma sacanagem que fizeram com Kibe.

No fim daquela operação, Kibe começou a se atentar para qual seria a alegação que levou à desconfiança de pedofilia. O motivo não podia ser mais hilário. No Kibe Loco, ele havia publicado uma notícia bombástica: um ator anão, integrante do elenco do programa *Pânico na TV*, havia feito um filme pornô com outra anã. A nota da página havia repercutido muito. Inclusive no próprio *Pânico*, que brincou com a revelação.

No inquérito, o juiz se perguntava se aqueles anões não seriam, na verdade... crianças. Quem denunciou, e também o magistrado, pareciam ter dificuldade em diferenciar um menino e uma menina de 13 anos de um adulto, anão, de mesmo tamanho, mas idade distinta. "Impossível terem confundido", logo concluiu Kibe.

Imediatamente o humorista começou a formular uma teoria. Ele admite que não tem provas concretas de sua tese. Contudo, ela faz sentido, aposta. A denúncia foi feita logo após o rolo que protagonizou com ACM Neto; antes disso, também teve brigas com políticos aliados do deputado. Para a denúncia ter sido aceita e analisada tão rápido pelo juiz (e ainda a ação dos policiais ter acontecido da noite para o dia), alguém com muito poder certamente interferiu na história. A aposta de Kibe: teria sido o próprio ACM Neto, ou alguém ligado a ele, ou no mínimo um político graúdo, com a meta de lhe dar um susto. "É a única explicação plausível", pensou. Ou haveria outra?

No fim, pelo motivo óbvio, o inquérito foi arquivado. Mas essa foi a vez em que Kibe se sentiu mais constrangido pelo humor que faz. Mesmo assim, em nenhum momento pensou em desistir. Pelo contrário. Ainda mais porque, uns dias depois, um amigo lhe enviou uma mensagem. Nela, contava que o Kibe Loco estava virando a maior febre em Brasília. Políticos, jornalistas, assessores, todos os envolvidos com a politicagem, acessavam o site diariamente. Riam de si, dos rivais, dos aliados, do Brasil.

"Amigão, sabe onde fica o estacionamento?", perguntava o homem, branco, ao lado da esposa, branca, a um homem de terno, negro, que estava em frente a uma loja do shopping.

"Não sei."

"Tu é segurança do shopping e não sabe?"

Nisso, a esposa do homem de terno, negra, saiu da loja, cheia de sacolas. E o casal de brancos ficou com cara de bosta.

"Caralho, essa esquete tá redonda", pensou Kibe, após escrevê-la. "É engraçada, tem *timing*, tem significado, joga luz numa questão importante, provoca, instiga, mexe com nossos preconceitos." Ele então pegou o roteiro e foi apresentá-lo a seu chefe do Laboratório de Humor da TV Globo.

"Isso não é humor, Tabet", foi como reagiu o chefe, então um dos roteiristas de programas como *A Turma do Didi* e *Zorra Total*, ao explicar por que não filmariam a cena proposta.

"O que é humor pra esse cara? Um fulano jogando um extintor na cabeça de um nordestino?", Kibe questionou, internamente. Aquilo era o que faltava para ele se decidir: tinha de sair daquele lugar. Não combinava com a comédia antiga que se fazia na Globo ainda em 2011. O povo parecia só querer rir de piadas que ofendiam nordestinos, com pessoas negras ou algo no estilo Três Patetas. Isso na avaliação do próprio Kibe. Era uma forma de humor com a qual ele não se identificava.

"Tua comédia é de nicho. A audiência não quer ver isso", seus superiores frequentemente o criticavam.

"Nicho o caralho. Vou mostrar pra eles que o mundo não é mais o mesmo", refletia Kibe. Ele não estava sozinho na revolta. Era frequente, após esses momentos de frustração, ele se reunir com outros globais que não estavam nada felizes com o trabalho.

"Às vezes sinto que a maioria dos meus superiores entende bem menos de humor do que eu", reclamava Kibe num desses encontros.

Ele estava, na época, no bar Diagonal, no bairro do Leblon, com Ian SBF e **Fábio Porchat**, ambos globais que trabalhavam – o primeiro, como roteirista; o segundo, como roteirista e ator – no programa *Junto & Misturado*, uma tentativa da Globo de renovar seu próprio humor com piadas do tipo que Kibe gostava. Mas o projeto havia sido cancelado após a primeira temporada.

"Já gravamos até as cenas da segunda temporada. O roteiro estava ótimo. Cancelaram sem nem ver", protestava Fábio Porchat na mesa do Diagonal.

"Na internet não é assim. Lá temos liberdade, podemos trabalhar com a comédia que gostamos", comentava Ian, que naquele tempo também estava à frente do Anões em Chamas, um canal de comédia no YouTube que contava com participações de atores como Fábio Porchat e **Gregório Duvivier**, outro que havia trabalhado com eles no *Junto & Misturado* (e que não estava feliz com a suspensão do programa).

Kibe começou a conhecer essa turma quando entrou na Globo, em 2005. O convite veio de uma ligação de Luciano Huck. O humorista estava de férias com a família em Natal, no nordeste brasileiro, terra da família de sua esposa. Havia decidido tirar uma folga após sair do emprego na agência de publicidade e passar a se dedicar somente ao seu blog. Antes disso, havia comentado com um amigo que queria muito falar com Luciano Huck. Não em busca de um novo trabalho, mas, sim, para tentar conquistar apoio da celebridade para uma ideia maluca que ele tinha.

Kibe queria lançar um candidato falso para concorrer às próximas eleições para vereador. Seria um tipo de Macaco Tião (animal do zoológico carioca no qual, nos anos 1980, as pessoas votavam nas urnas como forma de protesto), mas agora para valer. O próprio Kibe interpretaria o papel do candidato de mentirinha. A ideia era fazer rir com a piada, mas também tecer uma crítica à política brasileira.

"Olha, dessa ideia de Macaco Tião, esquece", falou Luciano Huck, no celular, enquanto Kibe descansava no Nordeste. "Mas quero te propor outra coisa. Gostaria muito que você viesse trabalhar comigo, no *Caldeirão do Huck*. Vem aqui para o Rio que quero ter uma reunião com você."

"Só que agora estou de férias, sem data para voltar. Você espera?"

Kibe apostava que tinha sido a única pessoa do Brasil a deixar Luciano Huck esperando dois meses. Depois que acabou o descanso e de volta para o seu apartamento em Botafogo, foi ao encontro do apresentador. Ele tinha a impressão de que Huck era um tipo de rei dos mauricinhos paulistanos. Um coxinha. Na reunião, o preconceito foi por água abaixo.

Kibe se identificou com Huck de primeira. Julgou-o como um cara correto, simpático, inteligente, de visão. Além de tudo isso, alguém que certamente sabia qual era o caminho das pedras para dar certo na TV. Era uma baita oportunidade, Kibe sabia. Por isso, aceitou. Não só isso, como também colou em Huck, tentando aproveitar ao máximo o conhecimento do colega. Um colega que, com o tempo, virou amigo.

Foram seis anos dedicados ao *Caldeirão*. Nos primeiros quatro, como roteirista. Nos outros dois, como consultor artístico. Durante quase todo esse período, Kibe pensava em pedir demissão. Ele se emputecia na Globo. A empresa, em si, era ótima, do tipo que concedia muitos benefícios e permitia manter uma carreira estável. Só que a dimensão da emissora também a deixava muito burocrática e refratária.

No *Caldeirão*, Kibe escrevia quadros de humor, incluindo um que se propunha a levar a fórmula de seu blog para a TV. Só que as piadas pensadas por Kibe eram frequentemente reprimidas por seus superiores. Para ele, uns caras das antigas que nada entendiam do humor moderno.

Sempre que ameaçava pedir demissão, Huck intervia. Ele adorava o Kibe. Por isso, oferecia, em contrapartida, aumento de salário. Após os primeiros quatro anos, o humorista também passou a apresentar como razão para sair o fato de que morava a duas horas de carro (de trânsito) da sede da TV Globo. Huck achou uma solução: deixou que ele trabalhasse de sua residência em Botafogo.

Até o ponto em que ele decidiu que não aguentaria mais. Mesmo assim, veio da Globo a primeira solução: convidaram-no para integrar o Laboratório de Humor. Ele topou, achando que seria uma forma de conquistar independência, de apresentar suas ideias originais. Não funcionou.

"Concordo. Aposto que conseguimos fazer um bom programa de humor, de qualidade profissional, com roteiro de primeira e moderno, na internet", completou Kibe, em resposta a seu amigo Ian naquele bar Diagonal, no Leblon, numa das noites de revolta de ambos com a Globo.

Os dois não tinham tanto medo de perder o emprego global. O motivo era que possuíam trabalhos paralelos que poderiam sustentá-los. O Ian com sua produtora Fondo Filmes, com a qual fazia o canal Anões em Chamas. Isso em um período no qual o YouTube ainda era uma terra desconhecida, repleta, principalmente, de garotada gravando vídeos de games ou vlogs – mas raramente ganhando mais que uns 500 reais por mês com isso. Já Kibe tinha seu blog, com o qual faturava cada vez mais.

Dessas conversas de bar surgiu a ideia de fundar um novo canal. Inicialmente, sem muita direção. Sabiam que fariam esquetes de comédia ácida, inspirada por grupos que admiravam, a exemplo do inglês Monty Python. E que publicariam na internet, usando o Anões em Chamas e o Kibe Loco como armas para viralizar e ganhar público. Mas isso era tudo que sabiam. Nem o nome do canal tinham.

Ambos resolveram pedir demissão da Globo para se dedicar ao novo projeto. De início, concordaram que precisariam de bons atores e roteiristas, que estivessem no mesmo espírito de revolta que eles, para fazer vingar a iniciativa. Recorreram a amigos. Primeiro, convidaram Fábio Porchat, que havia trabalhado com Ian no *Junto & Misturado* e também estava frustrado na Globo.

Porchat era um contador de histórias nato e um ator com os dois pés na comédia. Na infância, sua família se divertia com a forma como ele narrava acontecimentos do dia a dia. Marcou a vez em que ele e um primo, o Pedrinho, voltaram para casa contando piadas sobre a peneira para o exército que, como todos os garotos de 18 anos, tiveram de enfrentar.

"Aquela coisa de ficar pelado na frente de todo mundo para verem se teu corpo é apto para virar um soldado é uma piada pronta", falava quando se recordava da situação. "Minha avó dá risadas até hoje ao se lembrar da cena."

Ele julga que sempre foi bom em colocar uma lente de aumento sobre situações cotidianas. De uma conversa de casal capaz de provocar gargalhadas à forma como políticos parecem debochar de eleitores. O tipo de humor que tanto Kibe, quanto Ian, aprovavam.

Porchat topou o convite da dupla. Ele também não aguentava mais os limites da TV aberta. Não que não concordasse com eles. Apenas tinha a noção de que, num negócio na internet, talvez pudesse criar os próprios limites. Principalmente se o negócio fosse dele. Como era no teatro ou nos shows de *stand-up comedy* que já fazia. Carreira pela qual optou já após a maioridade. Quando criança, não queria ser comediante. Na real, nem sabia direito para onde seguiria, por isso escolheu cursar Administração em São Paulo. Isso até uma oportunidade que apareceu, por acaso, durante as gravações do *Programa do Jô*, em 2002. Ele havia ido, com colegas de faculdade, assistir às entrevistas de Jô Soares na plateia. Só que, numa ousadia, enviou um bilhete à equipe do Jô, dizendo que queria ser comediante e que gostaria de apresentar uma cena ao longo das filmagens. Jô o convidou a ficar na frente das câmeras. Porchat, então com 18 anos de idade, apresentou um texto de sua autoria, baseado no seriado *Os Normais*, então um sucesso da Globo. Foi aplaudido.

As risadas da plateia, incluindo do Jô, motivaram-no. Naquele momento, decidiu o que queria ser quando crescer: ator. Largou o curso de Administração, apoiado pela família, e se mudou para o Rio. Lá, estudou na Casa das Artes de Laranjeiras por quatro anos, até se formar em Artes Cênicas. O sucesso veio a passos curtos. Primeiro, no teatro, com a peça *Infraturas*, na qual atuava o ator e amigo Paulo Gustavo (outro que viraria um sucesso global). Ao ver essa apresentação, o experiente diretor de TV Maurício Sherman o convidou para trabalhar na TV Globo. Porchat começou escrevendo para o programa *Zorra Total*. Depois, fez roteiros para o dominical *Esquenta!*, de Regina Casé. Até ganhar mais espaço com o *Junto & Misturado*, onde se aproximou de Ian e de Gregório Duvivier.

"Entro nessa. Mas junto com vocês. Como sócio", ponderou Porchat a Ian quando este e Kibe o instigaram a pedir demissão da Globo (ou melhor, pedir para ser demitido) para participar do projeto, ainda sem rumo, de vídeos na internet.

Assim Porchat ingressou no grupo. Ainda forneceu seu apartamento para realizar uma primeira seleção de atores para trabalhar com eles nas esquetes. Um dos que foram chamados para o teste foi Gregório Duvivier. Nessas preliminares, os atores liam textos aleatórios de humor. A ideia era observar se eles tinham a pegada que precisavam para fazer sucesso no YouTube.

"Tô dentro, Fábio. Aposto muito que dará certo. Só que quero me arriscar junto com vocês, como sócio", foi o que disse Gregório logo após esse teste, em ligação por celular, feita minutos depois de deixar a casa do amigo.

Assim a equipe em formação ganhou seu quarto sócio. O quinto viria por proposta de Kibe e Ian. Apesar da pouca idade, então com 28 anos de idade, **João Vicente de Castro** era um cara muito influente na cena artística brasileira. Isso desde o berço. Carioca, João Vicente era filho do renomado jornalista Tarso de Castro, um dos criadores da celebrada revista, meio jornalística, meio de humor, *O Pasquim*. Naquele ano de 2011 ele trabalhava, assim como todos os outros futuros sócios, na Globo, como roteirista. Só que ele também não estava se sentindo realizado.

"O João Vicente pode ser um puta cara pra gente", justificou Kibe ao ponderar o nome com Ian. "Ele é esperto e conhece todo mundo. O cara é casado com a Cléo Pires."

João Vicente aceitou entrar no bonde. Assim se formou a sociedade do canal de vídeos de internet que ainda nem nome tinha.

A parceria começou a ser testada em esquetes para o Anões em Chamas e para o Kibe Loco. Era o CSI Nova Iguaçu. Nela, tirava-se sarro com a polícia fluminense. Nas cenas havia sempre um crime, com um morto (interpretado por **Gabriel Totoro**, outro que viria a ser figura comum nas esquetes do Porta dos Fundos). Quando chegavam os policiais – um deles, papel de Kibe, que sabia como ninguém fazer cara de mal; seria de praxe colocá-lo na função sempre que haviam policiais ou bandidos em cena –, eles olhavam o cenário do delito e avaliavam, de forma superficial, a causa da morte. Exemplo: se viam que Totoro estava na cama, morto, com um sanduíche na mão, definiam assim o motivo: "É comida". Se o falecido tinha uma bala de revólver na testa, solucionam o caso com uma palavra: "Foi arma".

"Aposto que a gente consegue ao menos uns 30 mil cliques com essas histórias", apostava Kibe.

A turma foi muito além. Publicados pelo Anões em Chamas e reproduzidos no Kibe Loco, os vídeos chegavam próximos do 1 milhão. Uma marca raríssima para aquela época na qual o YouTube ainda era terreno desconhecido pela maioria do povo.

"A gente vai ganhar muito dinheiro. Vamos ficar milionários", empolgava-se Ian.

Nem todos tinham tanta esperança. Porchat era um dos que jogavam água fria nas ambições de riqueza.

"Isso vai demorar. Sei que teremos sucesso. Só que muita calma nessa hora. Vai levar uns tantos anos."

Em paralelo ao CSI Nova Iguaçu – que, por influência do João Vicente, contou até com participação de Cléo Pires em um dos episódios –, os cinco sócios continuavam a discutir sobre o canal de vídeos que iriam fundar.

"Vamos na linha do CSI Nova Iguaçu?", refletia Kibe. "Ou fazemos outra coisa?"

O "outra coisa" foi o escolhido. A princípio, os sócios concordaram que a meta seria formular um programa de esquetes.

"Cada vídeo com uns 15 minutos e umas sete esquetes. Vamos mostrar que é possível fazer algo de primeira qualidade, do nível de

TV, na internet. Melhor, vamos vender isso também para a TV. E se conseguíssemos que o programa fosse exibido por uma emissora e também publicado no YouTube, na íntegra, ao mesmo tempo?"

Teve início o trabalho. Nas primeiras reuniões – feitas no bar Diagonal ou nos apartamentos de Fábio Porchat ou do ator **Marcos Veras** (outro que integraria o elenco do Porta dos Fundos, assim como sua então esposa **Júlia Rabello**), também amigo do grupo –, Ian já decidiu que o canal precisaria ter uma periodicidade bem definida.

"Terças e quintas, 11 da manhã, é quando o Kibe Loco atinge o pico de audiência. São dias que a galera deve estar de saco cheio no trabalho, na hora em que se preparam para sair para o almoço. Devem acessar o blog para dar umas risadas e relaxar antes de continuar a vida", pontuou Kibe ao convencer os sócios a postar os vídeos sempre nesses horários, já de início com a regularidade de duas vezes por semana.

"Mas qual será o nome?", questionou Ian.

"Que tal 'Diagonal'?", sugeriu Kibe.

Ao mesmo tempo em que queria homenagear o bar do Leblon onde se reuniam e bebiam, ele acreditava que o nome representava bem o tipo de humor que fariam. Um que não seguia uma linha reta, careta, já estabelecida, tradicional. O grupo caminharia na diagonal, pegando atalhos novos.

Só que os sócios não gostaram da ideia. Nisso deram início ao debate em torno do nome. Ao que começaram a recordar – e não se lembram direito quem foi o primeiro a resgatar a história – de um momento no qual todos estavam presentes na casa de Porchat. Não era um encontro de negócios, apenas uma zoeira entre amigos.

Os sócios, além de outros convidados, que estavam virando amigos próximos, tinham o hábito de curtir noitadas no Porchat. Nesses encontros, tinham como passatempo diversos tipos de brincadeiras. Uma das preferidas era a mímica. Dividiam-se em dois grupos. Alguém da equipe rival sugeria uma palavra e um representante do outro time tinha de realizar a pantomima para que seus aliados adivinhassem do que se tratava. Os atores se saíam muito bem. Mas Ian, que era diretor e roteirista, mas não um ás das artes cênicas, ficava para trás.

"O que é isso aí, Ian? Bunda? Ânus?", perguntavam enquanto Ian tentava fazer a mímica acerca da palavra que haviam lhe dado: "porta dos fundos". A única ação que ele conseguiu fazer para tentar transmitir sua mensagem era apontar sem parar para as próprias nádegas.

"Já sei. É cu", tentava Porchat, sem a menor ideia do que o amigo queria dizer com aqueles gestos.

"Não, é 'porta dos fundos'", revelou Ian ao fim da partida.

No meio das discussões acerca do canal do YouTube, ainda sem nome, relembraram da história. Mais para darem gargalhadas juntos do que para chegar a alguma solução profissional para a questão.

"Caralho, Porta dos Fundos. Esse é o nome", sacou Kibe, quase que sem querer.

Os sócios ponderaram, mas todos concordaram. "Porta dos Fundos" era algo que tinha a ver com a história do grupo, pelo resgate de um momento no qual, juntos, eles riram de forma descontraída. "Porta dos Fundos" ainda retratava bem o motivo pelo qual decidiam por abrir um negócio online: eles estavam desprezando a suntuosa porta de entrada da TV em prol da porta dos fundos representada pela internet. Uma escolha que não vinha sem críticas. Colegas artistas, da TV e do teatro, diziam a eles que nada daquilo daria certo. "Internet é ambiente de moleque, de amadorismo, de vídeos de gatos fofinhos", era normal comentarem com os sócios quando eles compartilhavam o projeto. "Saiam dessa, amigos", simplificavam os mais próximos. Os sócios não concordavam com os conselhos. Eles tinham certeza que a web era o lugar apropriado para o novo tipo de comédia que vinha surgindo, direcionada às gerações que nasciam conectadas a smartphones, tablets, redes sociais.

Porchat talvez fosse o mais descrente com o canal. Não que ele não gostasse da ideia. Ele adorava. Contudo, acreditava que a fama demoraria a acontecer. E, principalmente, a grana não entraria na conta do dia para a noite. Uma convicção que não perduraria.

Dado o início da coisa toda, os sócios combinaram as regras do jogo. Todos escreveriam roteiros e se reuniriam às sextas à tarde para debater sobre os textos. Para uma esquete ser filmada, necessitaria de quatro aprovações dentre os cinco sócios. Se a piada não agradasse a um deles, não tinha problema. "Podia ser apenas a implicância de um de nós", ponderavam. Agora, se dois dessem o contra, tinha algo errado. "Assim evitamos que o coleguinha passe vergonha com algum roteiro que pode parecer imitação de algo já feito, ou que venha a ser espinafrado à toa na internet por alguma cagada que venhamos a cometer", refletiam os sócios.

A estratégia dava certo. Semanalmente, cada um deles pensava em dois, três textos, e apresentava nas reuniões. O objetivo era reunir sete roteiros para formar o primeiro programa do Porta dos Fundos.

Uma das ideias de Porchat era motivada por uma vingança pessoal. Há um ano ele queria dar o troco numa operadora de telefonia que havia criado uma novela em torno de um problema que ele tivera com sua linha de celular. Quando ele, irritado, finalmente ligou para o atendimento de telemarketing da empresa para cancelar sua conta, a história foi pior ainda. Ele tentava uma vez, passavam-no para outro atendente. Em outra oportunidade, idem. O lenga-lenga se prolongava. Daí veio a ideia de criar um roteiro baseado no sofrimento que é lidar com atendentes de telemarketing.

"Judite *(no caso real a atendente era Marlene, mas Porchat mudou para Judite na piada por achar este nome mais sonoro)*, é você de novo, sua puta, estou te caçando. Faz sete mulheres que tô te caçando, ô caralho. Não desligue. Judite, eu já peguei seu sobrenome. Eu vou fazer a reclamação. Judite. Judiiite, não fode comigo", Porchat, pintado de azul (em referência direta à cor do logo da operadora que o havia sacaneado), falava, no ápice da esquete.

Só que ele optou por não publicar o vídeo no que viria a ser o Porta dos Fundos.

"Não vou começar com algo que é baseado numa experiência muito pessoal, numa vingancinha contra uma empresa, e que na certa pode render um processo judicial", refletiu. Mas ele também não queria perder a ideia. Por isso sugeriu a Ian que colocassem no Anões em Chamas, sem muita esperança que aquilo fosse visto por mais do que um punhado de espectadores.

"Fábio, o 'Estaremos fazendo o cancelamento' (*título da esquete*) já bateu 1 milhão de visualizações", contou Ian a ele, por celular.

O vídeo havia sido publicado em 18 de julho de 2012. Porchat estava numa viagem de férias na Grécia e só saberia da repercussão pelos telefonemas de Ian. "1 milhão, será que isso é muito?", perguntava-se enquanto apreciava as praias gregas, sem ainda ter muita noção do que significava algo como "viralizar".

"Já chegou a dois milhões. Viralizou. Tem matéria de jornal sobre você. Tá todo mundo vendo o vídeo no celular", Ian voltou a atualizar, em mais um dia de "Judite" no ar.

"Fábio, nem sei mais o que te falar. Isso virou o assunto da semana", encerrou, no terceiro dia, Ian.

Quinze dias depois, Porchat voltaria ao Rio. No aeroporto, logo que desembarcou, no *finger*:

"Aí, Judiiite", gritou um estranho para ele.

"Legal, alguém viu o vídeo", pensou Porchat.

"Judite, Judite", falou outro na fila da alfândega para carimbar o passaporte; enquanto outros encaravam Porchat de canto de olho, passando aquela sensação de "te conheço".

"Legal, engraçado. Parece que repercutiu um pouco, até", refletiu o humorista.

"Você não é o cara daquele vídeo? Judiiite", também abordou o taxista que o levaria para casa.

"Calma aí. Tem coisa nisso", ele pensou. Já começava a perceber que aquela ideia do Ian, de ganhar milhões no YouTube, podia não ser uma fantasia inatingível.

Em paralelo, Kibe e Ian fechavam o primeiro vídeo do Porta. Era uma filmagem de 15 minutos e 23 segundos com sete esquetes. Nas cenas, tocavam em assuntos polêmicos, abordagem que se tornou característica do grupo. Em uma, mostravam um homem que se vestia de travesti para se prostituir, pois o salário regular em seu trabalho não era mais o suficiente para pagar as contas. Noutra, abordavam um tema delicado, o câncer. Em mais uma, criticavam a polícia fluminense, em novo episódio da série CSI Foz Iguaçu. Como se não bastasse de polêmica, em outra teciam críticas aos evangélicos. Já no início do vídeo, o ator Totoro (o "morto gordo" de CSI Foz Iguaçu) preconizava qual seria a linha da trupe:

"E hoje vou apresentar para vocês um mundo repleto de diversão, fantasia e aventura. E possíveis processos civis ou criminais."

Kibe exibiu a três emissoras a ideia de lançar o Porta na TV, simultaneamente com o YouTube: a Fox, a Sony e a MTV. A Fox avisou que não toparia por ter orçamento comprometido com um programa do comediante Rafinha Bastos. A Sony respondeu com um tom de "não investimos nosso dinheiro nisso". Já a MTV nem deu bola. "Esses caras da TV não vão captar nosso tipo de humor. Vai ser difícil", notou Kibe.

Em agosto, após as negativas sequentes das emissoras tradicionais, o grupo resolveu estrear o Porta dos Fundos apenas no YouTube. A tática de divulgação foi colocar uma chamada no Kibe Loco e enviar o link a amigos influentes dos sócios – amigos do gabarito da cantora Preta Gil e de Luciano Huck (que também era dono de uma empresa que entrou como parceira do Porta em questões mais burocráticas, como nas quais eram necessárias acionar advogados ou contadores).

"Calma aí. Mas tem uma galera compartilhando só de feliz", Porchat observou, poucas horas depois da publicação de estreia.

O Porta dos Fundos n.º 1 se espalhava no boca a boca, até chegar a mais de 6 milhões de pessoas. No dia seguinte à publicação, revistas e jornais começaram a ligar para os sócios. O Porta já virava notícia. Críticos culturais e artistas se espantavam com a qualidade da produção. Começaram à notar que era possível fazer um trabalho de altíssima qualidade na internet.

"Se vamos ser só online, podemos desencanar dessa de vídeos de 10, 15 minutos. Estamos perdendo com isso. Por que não publicamos as esquetes separadas? Assim fica mais curto, aproveitamos melhor cada trabalho e tal", propôs Kibe.

Foi o que fizeram. A partir daquele 6 de agosto de 2015, o canal do Porta seria atualizado todas as terças e quintas, às 11 horas da manhã (e, pouco depois, ganharia uma edição aos sábados).

"Você quer me ferrar?", gritava o ator Marcos Veras, ao celular, no ouvido de Kibe.

Veras estava fulo. Ele e a esposa, Júlia Rabello, tinham visto os comentários no YouTube em um vídeo protagonizado por ela e por Kibe, o "Sobre a mesa". O Porta ainda era novo, havia estreado em agosto daquele ano de 2012, um mês antes da publicação dessa nova esquete, e os integrantes do time que ainda não possuíam experiência com internet (ou seja, todos menos Kibe e Ian) tinham contato pela primeira vez com os fãs, e também com os *haters*, do mundo conectado.

"Que tesão essa mulher." "Comia ela toda." "Odete piranha."

Para um macaco velho como Kibe, aquilo era normal. Só que as mensagens assustaram Veras e Júlia.

"Fica tranquilo. Nada vai acontecer. Internet é assim mesmo. Tem uns que falam que você é a pior pessoa do mundo, outros que é a melhor. Uns se apaixonam por você, outros te odeiam. Faz parte do jogo", tentava explicar Kibe.

"Isso para mim não é humor", retrucou Veras, puto.

"Será que exageramos?", ponderou Kibe, por um momento. Na hora de gravar "Sobre a mesa", ambos, ele e Ian, já tinham se questionado.

"Será que dá pra lançar isso?", perguntou Kibe ao finalizar a filmagem.

"Foda-se. Vamos nessa", respondeu Ian.

A gravação havia sido feita no apartamento de Veras e Júlia no Rio de Janeiro. Durante os trabalhos, ao longo da madrugada, Veras dormia em seu quarto.

"O que tem de sobremesa, Odete?", começava o vídeo, com o marido (Kibe) questionando a esposa.

"Abacaxi."

"Abacaxi?"

"Tem tangerina, também."

"Odete, do jeito que tá pra mim não dá. Saio dessa casa 6 horas da manhã todo dia e vou trabalhar como um condenado. Tudo que espero ao voltar pra jantar em casa é que tenha uma porcaria de uma sobremesa. Pode ser um pudim. Pode ser outra coisa. Pode ser um sorvete. O que você quer, Odete?"

"O que eu quero? Quero fuder. Não falei amor. Transar. Não falei nheco-nheco. Falei fuder. Agora não quero fuder só com você. Quero fuder seu chefe. Quero fuder meu *personal trainer*. Quero fuder o Malvino Salvador. Quero fuder o George Clooney. Quero fuder aquele menino que faz piadas na internet [...] Até com o Toinho, o porteiro. Quem sabe até com o seu irmão. Não quero um de cada vez. Quero todos ao mesmo tempo. Quero levar surra de piroca até semana que vem. Quero ficar com o queixo pra dentro, que nem o Noel Rosa, de tanto levar saco no queixo."

Na primeira tentativa da cena, Júlia reagia ao marido de forma enraivecida. Aos poucos, Kibe, responsável por esse roteiro, e Ian, na direção, a instruíam para que fizesse de maneira calma, fria. Assim como foi na história que havia inspirado Kibe a escrever aquele texto.

"Meu bem, queria conversar com você", intimou a mulher, em tom pacato, ao marido, que sentava próximo a Kibe e sua esposa em um restaurante no bairro da Lagoa.

"Sobre o quê?"

"Sobre a gente."

"Conversa merda, hein?"

Nisso o casal baixou a cabeça e ficou em silêncio durante o restante do jantar. Kibe ouviu toda a conversa e se perguntou: "O que será que queria essa mulher?". Depois de um tempo, com a questão lhe perseguindo, chegou a uma possibilidade: "Será que ela queria falar de fuder?". A partir disso surgiu a ideia para a esquete, que fora aprovada por unanimidade entre os sócios.

Eles receavam como seria a repercussão após a divulgação de "Sobre a mesa". O que não tinham dúvidas era de que o impacto seria grande, pelo ponto negativo ou pelo positivo. Ou aquele vídeo fecharia o Porta ou o abriria para o mundo.

No dia seguinte, milhões já haviam visto "Sobre a mesa". Só que Júlia e Veras não haviam gostado da repercussão. Eles também temiam que o vídeo pudesse se tornar um queima filme para o meio artístico. Todos os ânimos se acalmaram quando Veras chegou ao Projac, os estúdios da TV Globo no Rio, para um trabalho.

"Vi o vídeo da sua esposa na internet. Incrível. Todo mundo adorou", abordou-o, assim, a renomada atriz Glória Pires.

Veras respirou aliviado. Depois reviu o vídeo de Kibe com a esposa e notou o principal: ele era bom, engraçado, passava uma boa mensagem.

O vídeo não havia agradado apenas Glória Pires ou os atores nele envolvidos. A reação dos fãs foi monstruosa, e majoritariamente positiva. As portas se abriram para o Porta. Ainda bem, pois o fracasso representaria uma despesa e tanto. Nos primeiros meses de canal, cada sócio investia 5 mil reais na empreitada. Com o tempo, o valor aumentou para 10 mil. O retorno desse dinheiro dependia exclusivamente do sucesso dos vídeos, pois eles não tinham por trás algo como uma emissora de TV ou um grande patrocinador. O faturamento viria a depender, a princípio, de anúncios do YouTube que apareciam, automaticamente, no início e nos finais de cada vídeo (como de praxe, lucro dividido, em partes diferentes, com a Google). Quanto mais views tivessem, mais grana levantavam. Com o tempo, marcas também passaram a se interessar por anunciar diretamente no canal. Nesse ponto, o negócio passava a ser milionário.

O vídeo que impulsionou esse crescimento financeiro foi justamente um no qual o grupo criticou uma marca. Na cena, ironizava-se um péssimo atendimento numa conhecida rede de *fast-food* de massas italianas. A empresa, ao ver a crítica, em vez de revidar de forma agressiva, decidiu agir estrategicamente. Cancelou o contrato com uma agência de publicidade que uma vez lhe havia sugerido a não comprar publicidade no YouTube e, depois, o diretor de marketing entrou em contato com o Porta:

"Queremos que você faça mais vídeos desses, pagos por nós, pra vender nossa marca. Topam?"

A campanha no Porta deu certo. Aumentou a procura pelos restaurantes da marca, tanto por clientes quanto por pessoas que queriam trabalhar lá. O caso passou a ser modelo de sucesso na internet. Assim como o Porta, que com certeza se tornou o primeiro farol do YouTube brasileiro. O sucesso, em todos os sentidos, começou a motivar outros a tentar ser youtuber.

"Falavam que nós éramos a TV na internet. A real é que estamos levando a internet para a TV", refletia Kibe. Isso enquanto assistia, por exemplo, ao programa de Porchat na emissora Record, um dos *talk shows* mais famosos do país. Ou ao filme do Porta, *Contrato vitalício*. Ou aos tantos programas de comédia criados na televisão aberta justamente para concorrer com o tipo de humor do Porta.

"Agora eles nos imitam", afirmava Kibe.

A fama, contudo, não vem só com flores. Por vezes ela traz pedras gigantes, jogadas por todos os lados.

"Você não adora pobre? Vai comer no quilo do bandejão, então, com os pobres", bravejava um qualquer, enquanto cuspia no ar, em desafio a Gregório Duvivier.

Gregório não dava bola para os *haters*. Para ele, tratava-se de uma molecada de 15 anos escrevendo de uma *lan house*. E quem na vida real discutia com uma molecada de 15 anos escrevendo de uma *lan house*? Ou, principalmente no caso dos *haters* políticos, Gregório apostava que havia uma maioria de aposentados, sozinhos em casa, em frente a um computador. Em resumo, não seria uma galera com quem você trocaria ideia no mundo de verdade. No caso de um famoso, há mais um fator. Quem xinga uma celebridade a todo custo costuma querer atenção. Se a atenção for dada, o efeito seria o mesmo de espirrar água num gremlin.

Só que aquela abordagem no bar não era em nada virtual. Gregório se sentiu extremamente ofendido. Escolheu, porém, engolir a seco. Veio à sua cabeça a ideia de que não poderia alimentar aquele gremlin. E o mostrengo eventualmente se foi dali.

Gregório era o maior alvo de *haters* dentre a trupe do Porta. Isso porque ele escrevia uma coluna, no jornal *Folha de S.Paulo*, na qual expressava nitidamente suas opiniões políticas. Em um país então dividido em dois lados radicais, evidenciados ainda mais no ambiente online. Eram anos da explosão da Operação Lava Jato, a investigação da polícia federal, e até aquela data o maior escândalo de corrupção da história do país, no qual empresários e políticos, em especial os ligados ao governo petista, que ocupava a presidência, acabaram na cadeia. Em um resumo da história, como todo brasileiro sabe, muitos creem que essa investigação elevou a pressão política que culminou no impeachment da presidente Dilma Rousseff em 2016. Nesse embate político, Gregório se declarou contra o impeachment. Ficou do lado dos vencidos.

Com isso, uma parcela das pessoas passou a associar o Porta dos Fundos com a esquerda da política brasileira. Mesmo que, na verdade, só Gregório se posicionasse assim. Nenhum dos outros sócios votou em Dilma nas últimas eleições presidenciais. Ao povo, contudo, a associação entre o pensamento de Gregório, uma celebridade, com seu grupo de humoristas, parecia natural.

É comum as discordâncias do grupo se apresentarem, mesmo que sutilmente, nas reuniões de roteiro que faziam para o Porta. Gregório, por exemplo, arrependeu-se da publicação do vídeo "Travesti", que brincava em torno da piada de que um homem teria se revoltado ao descobrir que uma mulher não era uma travesti. Ele considerou que o vídeo teria sido ofensivo com as travestis. Kibe e Porchat não concordaram com ele.

Já Kibe foi voto vencido na escolha do roteiro de "Delação". Ele não concordava com o texto, que mostrava um policial federal que desprezava denúncias contra políticos do partido PSDB, associado à direita brasileira, mas aceitava qualquer uma contra a esquerda, ligada aos ex-presidentes da república, petistas, Lula e Dilma Rousseff. Como os outros quatro sócios aprovaram a filmagem, o vídeo foi publicado em abril de 2016. Bem em meio à pior crise política recente do país. O Brasil estava radicalmente dividido entre "os de direita" (coxinhas) e os "de esquerda" (para alguns, petralhas, ou mortadelas). Nas reuniões do Porta, todas as opiniões eram respeitadas. Os sócios sempre procuravam manter o rigor artístico, avaliando se a esquete era engraçada. Só que para o povo, ainda mais o ativo no Facebook e no Twitter, não era bem assim. Jogaram, os radicais sem bom-senso, Gregório Duvivier para o bolo dos "petralhas"; e, com ele, o Porta. Do outro lado, alguns dos de esquerda que foram atrás de saber a opinião política de Kibe e Porchat, acabaram, muitas vezes, os taxando como "coxinhas".

"Decidam. Sou de esquerda ou de direita?", reclamava Porchat a seus seguidores nas redes sociais; pois, num momento, o colocavam como de esquerda, noutro, de direita.

Para Kibe, Gregório é um admirável artista. Mas ele, Kibe, dizia que não conseguiria aguentar a pressão social que seu sócio "de esquerda" estava vivendo. Gregório não recuava, mas se abalava emocionalmente; como foi no episódio do vídeo "Travesti". Para ele, faltava respeito nas recentes discussões políticas. As pessoas poderiam se admirar mais. As divergências evoluíram para o radicalismo. Gregório pensava que, no Facebook, um cara radical de direita via um de esquerda, e vice-versa, da seguinte forma: "Eu não só não concordo com sua opinião. Eu acho que você não deveria ter o direito de emitir uma opinião. Eu acho que você só pode ter recebido um dinheiro por fora para ter falado isso dessa maneira. Na verdade, eu acho que você nem deveria estar vivo".

Esse radicalismo por vezes se materializava em adversários individuais. O Porta tinha rivais. Entre os que já processaram o grupo estão o pastor neopentecostal e deputado federal Marco Feliciano. Nunca venceram esses processos judiciais contra o Porta – nem mesmo uma mulher chamada Kellen, que disse ter se sentido ofendida pelo seu nome ter sido citado como se fosse um nome "de merda", "de puta", na esquete "Na lata", que brinca com "nomes merdas" que não poderiam aparecer grafados nas laterais das latinhas de Coca-Cola. Porchat chegou até a ser ameaçado de morte por um policial federal aposentado que ficou indignado com a crítica à PM feita na esquete "Dura". Após o ocorrido, o humorista questionou PMs, nas ruas do Rio, se eles se incomodaram com a piada. Alguns ficaram um pouco mordidos, mas mesmo assim viram graça na brincadeira. Porchat se perguntava porque o PM que o ameaçou não se irritou com outro alvo: aquela minoria de policiais que cede à corrupção e eventualmente pode queimar o filme de todos os demais.

No que os três mais "políticos" e em evidência do Porta – Kibe, Gregório e Porchat – concordavam é que não podiam se acovardar diante desses gorilões que volta e meia apareciam.

Atualização: em 2017, 51% do Porta dos Fundos foi vendido para a multinacional norte-americana Viacom (os outros 49% continuam com os sócios). Estima-se que cada um dos youtubers comediantes tenha levado 8 milhões de reais na negociação. ▐▐

De repente musas

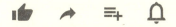

COM: Natalia Kreuser; Lully; Felipe Castanhari, do Nostalgia; Marcos Castro, do Castro Brothers; Marcela Lahaud, do Embarque Imediato; Lucas Zomer, do Zomerismo; La Fênix; Marco Túlio, do AuthenticGames

▶ A RUIVA PAULISTANA **Natalia Kreuser** não era uma menina muito confiante no colégio. Nem sua colega de quarto, a curitibana **Lully**. Mesmo que por motivos distintos. Não era só isso que elas tinham em comum. Ambas, após vencerem o colégio e ganharem a vida adulta, se depararam com uma reviravolta: transformaram-se em musas da internet. Natalia e Lully ainda dividem o mesmo endereço, em uma cidade que nenhuma delas chama de terra natal (apesar de Lully ter nascido carioca, mudou-se para Curitiba ainda pequena).

Pode-se dizer que o diminuto e bagunçado apê onde elas vivem[45] no bairro de Botafogo, no Rio, era seguido por ao menos 480 mil admiradores. A soma da quantidade de fãs que elas contabilizavam em seus canais no YouTube. Lully com 304 mil[46] e, Natalia, com 176 mil.[47] Era grande a apreensão de que os fãs mais afoitos descobrissem onde elas moravam, uma informação que guardavam com sigilo.

"Você mora aqui mesmo?", perguntou uma vez um adolescente, junto ao seu grupo de amigos, ao se deparar com Natalia próximo ao seu prédio, que nem porteiro tinha na entrada.

---

[45] Em julho de 2016.

[46] Em 2019, em torno de 370 mil.

[47] Em 2019, 290 mil.

"É", respondeu brevemente a youtuber, levantando os ombros (e, junto com eles, as compras do mercado que carregava nas mãos), sem saber muito como agir. Ao que foi cercada pelos adolescentes, em busca de selfies. "Saí na foto do Instagram deles com as compras nas mãos, toda desarrumada", refletiu depois Natalia, em preocupação típica daqueles que vivem de se exibir ao mundo pela internet. Uma foto errada muitas vezes custa dias de dor de cabeça. Youtubers como Natalia tomam cuidados distintos em suas rotinas.

Ela e Lully, por exemplo, costumavam frequentar festas, bares, casas de outros youtubers. De gente que também sabe (e segue) das mesmas regras. Dentre elas: não fotografe o coleguinha bêbado ou drogado; não poste no Instagram retratos de situações constrangedoras de qualquer tipo sem consultar antes todos os presentes; e jamais publique (principalmente fotos de outros youtubers) com a marcação geográfica de onde se está naquele momento, ou fãs podem se aglomerar na região.

Pensamentos dessa linha vinham à cabeça enquanto Natalia desviava, mais por impulso do que propriamente por raciocínio, da rota para a sua casa. Algo nela achava que assim podia confundir os fãs adolescentes, que achariam que o prédio onde ela morava com Lully poderia ser em outro endereço.

Natalia estava acostumada à situação. Já teve de lidar com pequenas doses de loucuras de fãs. Doses que ela receava que pudessem evoluir para loucura total de algum dos admiradores mais aflitos e apaixonados – seguida de uma incontornável ressaca por ter de lidar com a situação. Como a maioria dos colegas youtubers, ela alimentava mais apreensão dos desconhecidos que a amavam demais do que daqueles que diziam odiá-la, os representantes da manjada e doentia categoria de *haters*.

"Olha, tenho você em tudo quanto é lugar de meu celular", um fã afoito disse a ela uma vez durante um grande evento de videogames, um dos temas recorrentes do canal bem *geek* tocado pela ruiva. Ao que Natalia pegou o celular em mãos e realmente se viu em todos os cantos. Havia fotos dela na tela de descanso, como papel de parede, em pastas especialmente separadas na galeria de imagens, enviadas por WhatsApp.

"Que medo", era a única reação que vinha à mente da youtuber. Ao mesmo tempo, aquele fã era um representante de seu público, de certa forma o cliente direto dos vídeos nos quais falava de cinema, séries de TV e cultura pop, e também de algumas experiências pessoais, como do constrangimento de comprar um teste de gravidez na farmácia, outro de como ela perdeu a virgindade ou outro do significado de suas tatuagens – a exemplo do desenho de uma caneta tinteiro que traz o símbolo das relíquias da morte de Harry Potter. Por lhe dar cliques no YouTube, por se sentir íntimo dela por isso, o cara merecia tratamento adequado, acreditava a youtuber. Natalia foi simpática, autografou um papel e trocou meia dúzia de palavras.

No dia seguinte, foi abordada pelo mesmo fã por meio de uma mensagem privada enviada à sua página pública no Facebook.

"Preciso te encontrar de novo antes de voltar pra minha cidade. Por favor. Te amo."

Natalia ponderou um pouco sobre a resposta antes de enviá-la.

"Não acho o mais adequado", resumiu ao admirador que, para o alívio da ruiva, aceitou a negativa. Uma raridade dentre os fãs de youtubers.

Na adolescência, durante o ensino médio, Natalia não era tão assediada. "Uma anã de jardim", julgava-se ao se medir no espelho, no baixo de seus 1,53 metro de altura. Se tivesse cinco centímetros a mais, acreditava que se sentiria mais realizada. Assim como se possuísse um pouco mais de peito. Ela não se contentava com o que a natureza havia lhe dado e refletia sobre colocar silicone. Talvez fosse difícil para ela admitir para si que era bonita, ainda mais frente às tantas olhadas tortas que recebia no colégio.

Tímida, isolada, sentia-se sem coragem para falar com colegas na escola particular que frequentava em São Paulo – com bolsa de estudos, pois seus pais não tinham verba para bancar a mensalidade integral. Nem os cursos de teatro que fazia, por incentivo dos pais, a ajudavam muito naquela época. No fim, Natalia acabou ficando muito em casa. Solitária.

Foi da exclusão que surgiu seu primeiro relacionamento com a internet. Era 2005, ainda era uma menina de seus 12 anos, e a rede social que pegava no Brasil era o Orkut, da Google, assim como o YouTube passou a ser da mesma Google. Fã de cantoras norte-americanas, decidiu criar alguns perfis falsos, os *fakes*, no Orkut. Como um da Britney Spears e outro de Ashlee Simpson. Colecionava esses perfis, pelos quais se fingia de artista. Após a escola, passava suas tardes exercitando o que vinha aprendendo nas aulas de teatro: a interpretação de papéis. Só que online, fingindo ser os famosos.

Os *fakes* ganharam certa fama entre adolescentes frequentadores do Orkut, que acessavam os perfis já sabendo que eram falsos, mas curtiam as postagens. Três anos se passaram até que alguém (até hoje Natalia não sabe quem) descobriu quem era a menina, então já com seus 15 anos de idade, por trás dos já populares *fakes* de famosos. Conseguiram uma foto dela e criaram, veja só, um *fake* da própria Natalia.

Foi o impulso que parecia faltar para ela decidir sair de trás das cortinas. Abriu três perfis pessoais em redes sociais. Usou os *fakes* que tinha, já seguidos por milhares de pessoas, para divulgar as novas páginas, as verdadeiras. Bombou. Na sequência, em 2010, com 17 anos, passou a fazer vídeos num vlog no YouTube. Assim ela se tornou uma das primeiras youtubers brasileiras, ao lado de nomes como Felipe Neto e PC Siqueira (viria a conhecer ambos; pelo primeiro, não tinha muita afeição; o segundo, dizia adorar).

Quer dizer, ela se tornou youtuber numa época em que ser youtuber não era um modo de vida. Não havia anúncios no site, nenhuma marca se interessava em contratar um adolescente gritando qualquer coisa na internet. Era outro mundo. Ter sucesso no meio era superar os mil views em um vídeo. Anos depois, só se consideraria que um post vingou se rapidamente ultrapassasse os 100 mil e, logo, 1 milhão.

Natalia em muito se envolvia nessa coisa nova de vídeos na internet com o intuito de combater a solidão no quarto, dividido com a irmã mais nova, que passados uns anos também se aventuraria pelo YouTube. E por uma necessidade urgente de falar sobre a vida com alguém. Grana? Ganhar a vida com isso? Não passava por sua cabeça.

Em frente às câmeras, a timidez sumia. Natalia se via livre. Diferentemente de um ator no palco, cuja plateia está logo em frente, ela não se sentia nua diante do público. Os espectadores estavam a quilômetros de distância. Isso dava à adolescente certa confiança para falar até de temas delicados, como estupro ou morte, ou para fazer um vídeo zoando as meninas de "tutoriais de beleza" que se maquiam de forma exagerada.

"Vamos criar uma comunidade no Orkut para acabar com essa Natalia", uma vez comentou uma de suas colegas de classe, no ensino médio, com um grupo de outras colegas. Falando alto, parecendo que de propósito, para que Natalia ouvisse a agressão.

O sucesso na internet não a livrou do *bullying* na escola. Pelo contrário. Criticavam-na pelas gravações ainda não terem boa qualidade. Zoavam cada coisa que ela falava online. De sua voz, que ainda não contava com boa dicção, aos seus cabelos e à escolha dos temas dos vídeos. As meninas populares do colégio viam nela um certo desespero. Para elas, Natalia era uma esquisita que não encontrava espaço no mundo real e precisava procurar sobreviver no virtual.

A verdade é que a solidão aumentava no mundo real. Isso enquanto Natalia se sentia cada vez mais popular no outro mundo, o conectado. O virtual e o real se colidiam na vida da adolescente. Enquanto acreditava ser odiada por aqueles que a viam de fato, no colégio, e que falavam com uma voz que dava para ser realmente ouvida, vibrava com o amor dos que a idolatravam online. E idolatria não é uma forma exagerada de tratar a questão.

"Te vi e não tive coragem de falar com você. Você tava linda", começava assim um dos e-mails que a garota, agora com 17 anos, recebia com frequência – normalmente de remetentes do sexo masculino, como era o caso – em sua caixa de mensagens.

Esse fã, especificamente, a tinha observado caminhando na rua. Para provar isso, enviou para Natalia uma foto que clicou dela, de costas. "Medo, muito medo", era só o que ela conseguia pensar, e decidiu não responder.

Com medo ou não, era naquele ambiente, o da vida online, que ela se sentia confortável. Muito mais do que na vida real. E conforme fazia mais sucesso no YouTube, mais ganhava confiança. A rotina de youtuber fez com que conhecesse outras pessoas muito similares a ela, que buscavam uma forma de se expressar na web. Como youtuber, começou a frequentar eventos e festas do meio, como o popular Youpix, no qual esteve desde o início – e lá virou figura conhecida.

Trocava mensagens, conversava por Skype, marcava encontros com os colegas da nascente profissão.

Foi nessa onda que se aproximou de youtubers hoje famosos, como o PC Siqueira, a Gabbie Fadel e a Lully, com quem um dia viria a dividir quarto e que, naquela época, trabalhava na organização do evento Youpix. Tornou-se usual para ela ligar para um youtuber ou outro para marcar um bar, uma gravação de vídeo em conjunto – já fez parcerias do tipo com Paula Vilhena, Luba, sua irmã Babi Kreuser, Maicon Santini... –, ou simplesmente para uma noitada de videogame em casa. E foi em uma dessas festas de youtubers que ela encontrou um namorado. Um que marcou seu currículo na rede de fofocas da internet.

Natalia já se sentia mais confiante. Aos 18 anos, formou-se no ensino médio e decidiu ficar um ano sem estudar, dedicada a juntar dinheiro para poder bancar uma futura faculdade particular em São Paulo. Ainda indecisa, estava entre cursar Psicologia ou Rádio e TV. Para levantar a grana, virou vendedora em uma loja de camisetas na rua Augusta, em São Paulo. Certa vez, bateu boca, enfezada, com um *hater* que insinuou em seus vídeos que ela trabalharia com "outra coisa" na Augusta (rua paulistana também conhecida pelos prostíbulos). No YouTube, e quando fãs a encontravam na rua, a menina que antes se considerava "isolada", "tímida", "rejeitada", era chamada de linda, gostosa, inteligente – e a beleza chamava a atenção, ao ponto de ter feito teste (gravado, disponível online) para ser assistente de palco no programa de TV *Legendários*, da TV Record.

Foi nessa época, de confiança nascente, que Nina, outra youtuber e já sua amiga, a chamou para uma festa promovida por outros youtubers, na casa de um deles. Na balada, Nina a apresentou para **Felipe Castanhari**, então um vlogger não muito conhecido. Natalia, à época, tinha 20 mil fãs em sua página no YouTube. Já Castanhari, uns 5 mil.[48]

O papo foi bom. Ambos tinham interesses parecidos – games, cultura pop, desenhos animados e, claro, YouTube. Ao ver o canal de Castanhari, o **Nostalgia**, sobre curiosidades de assuntos nostálgicos

---

[48] Em 2019, seu Canal Nostalgia já passa dos 12 milhões.

(nostálgicos a quem tem, no máximo, 20 e poucos anos), Natalia ficou ainda mais interessada. O garoto era criativo e inovador.

"Olha que legal esse Nostalgia. Não é tipo um vlogger normal", comentava Natalia a seus vários amigos youtubers, apresentando Castanhari para a galera do meio.

Castanhari e Natalia começaram a se encontrar com frequência. Ela, mulher de iniciativa, o chamava para sair cada vez mais. E rolaram beijos. E rolou um namoro.

A dupla se jogava no meio do furacão chamado YouTube. E se tornaram protagonistas. Papel que continuou mesmo depois que se separaram – Natalia dizia adorar a próxima namorada de Castanhari, a Pathy, também youtuber. Às vezes parece que os youtubers são como um clube. Do tipo fechado para quem não tem mais de 100 mil seguidores.

A rotina entre vendedora de loja e youtuber era dura.
Quando o sol ainda iluminava São Paulo, Natalia era vendedora. Quando a lua dava as caras, era hora de virar youtuber. As gravações eram feitas em seu quarto, mas não sem problemas. Ela dividia o espaço com a irmã, que considerava bagunceira. Quando Natalia queria gravar, tentava dar um tapa no visual do quarto, mas antes enfrentava protestos da irmã. Depois de conseguir gravar, ainda ia para o computador e passava horas editando os vídeos.

Com 18 anos, a meta era sair da casa da mãe (o pai, apesar de ainda casado com a mãe, morava em Minas Gerais, onde era professor). Natalia queria espaço. Aliás, o que não faltavam eram metas. Outra era deixar a vida de vendedora e viver só de YouTube. Um objetivo que já parecia próximo.

Ela e Castanhari, ainda namorados, eram agenciados por uma das primeiras empresas a contratar e promover youtubers, a IQ, em São Paulo. O dinheiro começou a aparecer na conta. Natalia já tinha desistido da faculdade. A questão agora não era a grana. Sempre que comentava com algum amigo (em especial, youtubers) que gostaria de fazer algum curso universitário, a resposta usual era "pra quê?". E ela não sabia responder. Para ser youtuber não necessitava de diploma.

O mundo parecia convergir para a realização das metas. Era 2012 e Natalia contabilizava dois anos de canal. Ela e Castanhari, que já tinha há muito, e em muito, passado dos 5 mil fãs no Nostalgia, viraram figuras queridas no meio dos vloggers. A ruiva entraria numa maratona de eventos que pagavam cachê para ela comparecer e conversar com fãs. Para ir aos compromissos como youtuber, pedia licença do trabalho de vendedora na rua Augusta. Isso quando não inventava alguma desculpa esfarrapada.

Um desses trabalhos a levou pela primeira vez ao Rio de Janeiro, em setembro de 2012. Era o evento Nerd Rio, promovido pelo **Marcos Castro**, do canal **Castro Brothers**,[49] que mantém com o irmão, Matheus. No Nerd Rio estariam também vloggers como Felipe Neto, Cauê Moura, dentre outros do clube. Como Lully, que namorava Matheus, do Castro Brothers. E a Natalia, namorada do Castanhari. Se fosse desenhado um diagrama de relações dos youtubers brasileiros, veríamos muitas linhas se cruzando.

Natalia se encontrava no meio dessas linhas cruzadas. E elas a levavam para o Rio. Lá, começou a alimentar amizades, e praticamente todas eram com youtubers. A ruiva passou a se sentir mais em casa no Rio do que em São Paulo. Começou a viajar para terras cariocas a cada quinze dias, rotina que combinava bem com o recente término de namoro com Castanhari.

A paixão pelas terras cariocas se intensificou no Youpix, o grande encontro de youtubers, de dezembro daquele ano, que fora sediado no Rio. Enquanto Natalia se sentia solitária em São Paulo e ainda se frustrava cada vez mais por morar com a mãe e a irmã, ela se via bem no Rio.

"Queria viver aqui", comentou à então amiga **Marcela Lahaud**, que ainda não era uma youtuber (por influência de Natalia, diz esta, depois abriria o canal de viagens **Embarque Imediato**[50]).

As duas estavam na casa de Igor, que trabalhava escrevendo roteiros para o canal Nostalgia, do Castanhari, e para sites de humor como o Kibe Loco e o Jesus Manero. Igor era amigo de Natalia e namorado de Marcela.

---

[49] Em 2019, acima de 3,6 milhões de inscritos.

[50] Em 2019, 165 mil inscritos.

"Queria me mudar de casa. Não aguento mais morar longe da faculdade", retrucou Marcela. "Sabia que a Lully também queria sair de Curitiba e vir pra cá?"

Daí brotou a ideia. Por que não moravam juntas? Marcela, amiga de Lully, que já conhecia Natalia da época em que trabalhava no escritório do Youpix em São Paulo, promoveu um encontro das três. Elas alugaram um apê no Rio.

"Fui abordado por seis novinhas no ônibus", iniciava assim a mensagem, via WhatsApp, recebida por Lully. "Tô me sentindo um ídolo *teen*."

Ela tomava uma água no bar da esquina de sua casa. Estava evitando o álcool por conta do seu último porre ter rendido vários hematomas pelo corpo – e ela não lembrava de como tinha se machucado.

"Você é um ídolo *teen*", respondeu Lully. Ela explicaria que achava mesmo seu namorado com pinta de ídolo *teen*, como um membro da banda inglesa One Direction.

Lully tinha acabado, há um tempo, seu relacionamento anterior com o youtuber Matheus Castro, do Castro Brothers, que a tinha motivado a se mudar para o Rio. Nascida no Rio, mas de Curitiba, onde morou na infância e adolescência, Lully havia passado um tempo em São Paulo, trabalhando na organização do Youpix, antes de voltar à sua terra. Durante o período em São Paulo, dava até para ela, ou para Matheus, encarar as 6 horas de viagem de ônibus até o Rio – ou vice-versa. Quando voltou para Curitiba, a distância passou a incomodar mais. De ônibus, seriam 13 horas.

Eles começaram a se ver apenas uma vez ao mês, em viagens de avião. Por gostar do Rio, Lully é quem costumava enfrentar o percurso. Ela dormia na casa do namorado, que morava com a mãe. Com o tempo, a situação de ficar distante, ou ter de viajar, se tornou cada vez mais uma amolação, e Lully decidiu que iria se mudar para o Rio. Sua mãe a apoiou e, do pai, a opinião não lhe importava; não se comunicava com ele fazia cinco anos. E foi assim que Lully foi dividir apartamento com Marcela e Natalia, e, pouco depois, só com Natalia, em um segundo apê na cidade. Natalia e Marcela brigaram na casa anterior, enquanto Lully se aproximou da primeira, e acabaram por sobrar apenas as duas morando juntas. O que se configurou como uma ironia. Marcela, de início, era próxima de Lully e de Natalia, mas Lully e Natalia não eram amigas antes de morarem juntas. A proximidade surgiu por meio de duas gatas: a Pedrita, de Lully, e a Iggy (em homenagem à cantora Iggy Azalea), da Natalia.

Pedrita era traumatizada por, em Curitiba, viver apanhando de outros dois gatos de Lully. Por isso, ela decidiu levá-la para o Rio. Mas a gatinha teve de se enturmar com Iggy, de Natalia – presente de um novo namorado, pós-Castanhari. As amigas recorreram a veterinários, que falavam que demorava em média um mês para um filhote (Iggy) ser aceito, ou não, pela gata adulta (Pedrita). O esforço de aproximar as gatas também levou à intimidade de Lully e Natalia, em um relacionamento que só amadureceu com o tempo.

Só que tudo isso era confusão do passado. Naquele momento, tomando água no bar, Lully queria saber de rir com a mensagem recebida do novo namorado. **Lucas Zomer**, uns anos mais novo que Lully, havia se formado há pouco na faculdade de Jornalismo. Decepcionado com a profissão – e frente à falta de emprego no mercado –, tinha tentado se aventurar pelo YouTube com um canal no estilo nerd, o Pop Fiction TV, no qual ele e dois amigos debatiam sobre filmes, séries e outros produtos da cultura pop. Algo como faz o Jovem Nerd ou o Omelete. Não deu tão certo (conseguiu em torno de 5 mil inscritos). Depois, Lucas teve uma ideia que ele próprio julgou como mais original: o **Zomerismo**.

No novo canal, fazia vídeos no estilo de ensaios cinematográficos. Com 22 anos, acompanhava youtubers, como Felipe Neto, desde quando era ainda mais garotão, e sempre teve vontade de explorar o site. Só que essa coisa de ser vlogger não era muito a dele. Decidiu fazer outras coisas, como um filme dele na Disney falando dos motivos de o popular complexo de parques temáticos de Orlando ter marcado sua vida. Ou outro no qual assiste ao trailer do próximo filme do Power Rangers, em seu quarto, mostrando o quão ansioso estava. Na visão de Lucas, vídeos artísticos, criativos, sentimentalistas, nostálgicos, com elementos nerd – gosto herdado do avô, falecido, que era adepto de videogames, desenhos animados e afins; em homenagem a esse seu ídolo familiar, o youtuber tatuou no braço uma Triforce, o símbolo do game Zelda, que ele jogou dividindo o controle com o avô.

O Zomerismo tinha quase 7 mil inscritos.[51] Um número não muito ruim para seis meses de existência, mas bem menos que os 300 mil de Lully. Lucas tinha receio de que, se seu canal vingasse, passasse a ser conhecido só como "o namorado da Lully". Ou ainda, se um dia viessem a se separar, que ele virasse, nos comentários pela internet, o "ex da Lully".

Um receio que Lully entendia, assim como sua companheira de quarto Natalia, a "ex do Castanhari". Quando Lully namorava Matheus, do Castro Brothers, passou a ser "a namorada do Matheus". Quando se conheceram, Lully possuía 4 mil fãs em seu canal. Já os irmãos Castro contabilizavam centenas de milhares (naquele ano de 2016, acima de 1,5 milhão).

Lully e Matheus namoraram por anos. Ela saiu de sua cidade e se mudou para o Rio para ficar mais próxima a ele. Naquele tempo, Lully já era querida no meio dos youtubers. Fora eleita, numa Campus Party,[52] a musa do evento. Lully tinha carisma, sorriso simpático, cabelos multicoloridos, papo bom, inteligência, apurado conhecimento cultural e corpo de balé.

Os fãs a perseguiam ao ponto de às vezes amedrontá-la. Uma vez, do nada, um cara enviou a ela uma foto de seu dito cujo ereto. "Esse idiota esperava o quê, uma resposta?", indagou-se, antes de cair na gargalhada e deletar a imagem.

Naquela semana, Lully andava refletindo sobre como esse amor virtual por ela podia ter mexido com sua mente. Tratava-se de um período bem reflexivo. Nos últimos dias, estava ponderando sobre como, talvez, tinha se tornado um tanto egoísta. Um exemplo era que havia reparado que passou a flexibilizar certas regras sociais para, no fim, simplesmente justificar atitudes que gostaria de tomar.

---

[51] Em torno de 24 mil, em 2019 (mas então o último vídeo publicado era de 4 meses atrás).

[52] Maior evento dos *geeks* brasileiros.

Para a Lully pós-fama, parecia que algumas coisas passavam a ser permitidas. Como marcar um encontro com alguém e não aparecer. E daí? As pessoas continuariam a chamá-la para encontros, a adorá-la. Ou achar que não tinha problema trair as pessoas. Como o namorado. E daí? Não faltava gente amando-a. Não que ela fosse uma pessoa má ou traiçoeira. Longe disso, ela mesma achava. O fato de estar se criticando, refletindo, provava o contrário, acreditava. Também não se tratava de uma Lully que queria encaretar. Ela continuava com as mesmas convicções de sempre. Era superfeminista. Em momento radical, defendia que não passariam de machistas as mulheres que veem problema em outras mulheres que, por exemplo, "chegam" em seus *crushs*, com atitude firme (tema de um dos vídeos mais comentados de seu canal; isso da época na qual ela era do estilo vloggeira, não uma analista de filmes cults, como virou, apoiada em sua formação em Cinema).

Lully havia se tocado de que agia com os outros da seguinte forma: "Posso fazer tudo aquilo que eu ache que não me magoaria, mesmo que magoe outros". Era um sentimento egoísta que havia subido à cabeça. Metida? Longe disso, defendia-se. Enquanto fãs babam ovo para sua beleza, ela ainda por vezes se olha no espelho e se recorda de palavras duras que um dia ouviu de seu pai: "Você tá gorda. Se continuar assim, não vai encontrar ninguém que queira casar com você. Só se conseguir um cara que tenha um piro por gordas".

Será que veio do asco pelo pai o medo de também estar se tornando uma egoísta? Lully contava que, quando nasceu, o pai tinha ciúmes dela, o bebê, a própria filha. Pressionava a mãe, psicologicamente, humilhava-a antes de o casal se separar. Piloto de aviões, sempre esteve distante, viajando, e nunca foi próximo de Lully, ainda de acordo com a própria. Cinco anos antes, numa das últimas vezes em que falou com o pai, que ela acredita que nunca a apoiou em nada – como na escolha por cursar Cinema –, ele se restringiu a lhe fazer um pedido:

"Você precisa mudar de cidade para viver na casa dos seus avós. Eles estão doentes e necessitam de cuidado."

"Não vou parar minha vida por isso. Estou conquistando muitas coisas, vários projetos", respondeu Lully.

"Você é filha de pai rico. Não precisa trabalhar. Nem estudar. Vai se mudar para os seus avós e cuidar deles. Eu pago."

"De jeito nenhum."

A recusa de Lully acabou por afastá-la do pai, ou vice-versa. À época, ele trabalhava como piloto em missões de resgate para a ONU. Desde então, filha e pai não se falavam. Não sabia mais dele. Os avós morreram – e ela considera que teria perdido quatro anos de sua vida, de sua carreira, se tivesse abandonado tudo para cuidar deles sozinha. Do pai, conseguia deduzir, no máximo, que se aposentou, visto que passou dos 70 anos, a idade teto para se pilotar profissionalmente.

Também acredita que ele devia saber da fama ascendente da filha. Afinal, ela figurou em reportagens de revistas e jornais dos quais o pai tinha assinatura. Se ele sabia dela, Lully tinha quase certeza que não devia gostar do discurso feminista, do status de celebridade, da postura, da exposição da filha. Da sua parte, fingia que não ligava para a questão, mesmo que se importasse. Uma amiga de sua mãe até lhe perguntou, num papo: "E se um dia ele falir e vier a exigir dinheiro de você?". Lully não gostaria de ajudar. Não por não gostar de ajudar. Ela é do tipo que adora ajudar os outros, defende-se. Não por falta de dinheiro. Sua mãe se assombrava sempre que descobria quanto a filha tinha na poupança, de lucro vindo de anúncios no canal, vídeos encomendados por marcas, eventos nos quais participava, da vida de youtuber. O que lhe dava repulsa era a ideia de dar apoio ao pai.

Se dependesse de qualquer coisa de seu pai, mesmo uma palavra de auxílio, jamais teria se formado em Cinema, nem começado um canal no YouTube, ela avaliava. Já da mãe, tinha apoio. Foi inclusive num período em que a mãe estava viajando para o Canadá, onde morou, que Lully se motivou a lançar sua primeira empreitada online.

Em casa, sozinha, de férias dos estudos, estava entediada. De início, resolveu fazer vídeos baseados no que já publicava em seu blog Moda de Verdade. Na primeira publicação no YouTube, em 2011, deu dicas de como amarrar um cachecol de formas diferentes. A motivação dessa primeira onda de vídeos de moda e beleza era mostrar ao público o que ela julgava como "moda de verdade", a usada nas ruas. Nada de coisa de passarela, maquiagem em excesso e outras coisas típicas da blogueiras da área. Depois, evoluiu para um formato mais vlog e, aos poucos, esqueceu-se da moda. Passou a falar, por exemplo, de dança (ela pratica jazz e balé), de pets, de ser vegetariana, de feminismo. Aos poucos, incluiu vídeos sobre filmes e séries. Até que cinema virou o foco – a escolha pela área tem até atraído mais oportunidades de negócios, ela analisa. Teve o apoio da mãe em todo o processo. No começo, a mãe inclusive lhe deu um tempo extra, de um ano, para procurar se ajustar no Rio, com a profissão de youtuber. Os canais de YouTube amadurecem junto com os seus youtubers.

Naquela semana de julho de 2016, os pensamentos reflexivos vinham a Lully. Nos anos anteriores, sua vida havia dado uma virada. Ela tinha até feito um piloto para uma série na TV. E não a tinha incomodado o fato de o programa não ter sido aprovado. O que aprendeu é que o YouTube poderia ser maior até do que uma chance na televisão. Assim como a mais famosa colega de profissão, Kéfera, havia recusado propostas como a de apresentar o Vídeo Show, na TV Globo, Lully também começou a ver com desconfiança ideias vindas do que via como mídias tradicionais.

No YouTube, tinha seu próprio negócio, seu próprio público, seus próprios anunciantes, sua própria grana. Em todos os aspectos, os números davam gosto. Ela acreditava ainda que era mais difícil cair no esquecimento estando online, do que numa TV. Na telinha, bastaria uma emissora tradicional desencanar dela para que sumisse. Quase aconteceu isso com Rafinha Bastos, lembrou ela. Um que era youtuber, foi para a TV e, depois de jogado para escanteio, voltou a investir no YouTube. Em seus vídeos, a plateia de Lully era cultivada por ela e para ela. E era um tipo de fã que se sentia íntimo, vendo a câmera bem focada no rosto de Lully, em plano fechado.

Essa onda do sucesso repentino, contudo, podia estar transformando sua mente. Coisa que ela resolvia em sessões com uma psicóloga. No dia anterior, foi a uma festa promovida pelo YouTube para vários youtubers cariocas, incluindo seu ex, Matheus Castro. Ela, porém, era o centro da balada. Todos os youtubers, alguns seguidos por milhares, outros por centenas de milhares e alguns por milhões, vinham abordá-la, pedir dicas. Um dia antes, estava em seu quarto editando vídeos na companhia de outro famoso dos vídeos online, o Rato Borrachudo,[53] amigo já de longa data que havia estacionado sua SUV novinha na calçada em frente ao prédio do apê dela e de Natalia.

Entretanto, alimentava dentro dela um medo de estar deixando passar algumas coisas boas, mais de "gente normal", como ela própria definia. Por isso, naqueles dias havia proposto um desafio em seu perfil pessoal no Facebook, em post fechado apenas para amigos.

"Mande inbox com algo que fiz e que te marcou de forma positiva."

A proposta deu início a uma enxurrada de mensagens. Em uma delas, uma amiga de um ex de Lully (e, naquele período, ela nem o namorava mais) comentou como ficou feliz quando a youtuber a recebeu no Rio. Vinda de Curitiba para curtir um descanso nas praias da Cidade Maravilhosa, a visitante havia contatado várias pessoas próximas a ela que estavam por lá, para ver quem topava sair, um bar etc. Ninguém mudou os próprios planos. A única que se dispôs foi Lully, que nem era próxima da menina. "Quando nenhuma amiga quis me encontrar, você foi a única que se colocou, que me recebeu. E nem éramos tão íntimas", comentou a garota.

A verdade é que Lully é dura consigo. Uma vez, deu entrevista para o site de notícias de maior acesso do país. Na conversa, disse que não aderia às manifestações de rua (que ela chamava de "revolta do vinagre") que ocorriam pelo país, naquele momento, contra a corrupção, pois achava que poderia fazer mais pela mesma causa gravando seus vídeos. Na edição da pauta, só saiu essa constatação, sem outros detalhes do que ela falou. Lully acredita que o tom ficou arrogante. Ela não gosta de ser vista como se estivesse acima dos outros. Por isso, publicou em seu blog o conteúdo completo da entrevista, feita via e-mail. Nele estava mais clara a sua opinião. Ela não ia para a rua pela falta de certeza de que os outros manifestantes defendiam o mesmo que ela. Afinal, alguns dos que protestavam chegavam a pedir coisas que Lully julgava como absurdas, a exemplo da volta de uma ditadura militar ao país. Por não querer se ver associada à parcela que clama pelas coisas absurdas, optou por ficar em casa. Até porque, neta de um

---

[53] Em 2019, com mais de 3 milhões de inscritos.

ex-vereador fluminense, aprendeu desde cedo a desconfiar de políticos. Nem gostava muito de se meter nesse assunto.

Lully era crítica com suas atitudes. Muitas vezes parecia se olhar no espelho e admirar uma figura mais diminuta do que era. A exigência com si acabava por ser enorme. O oposto do que costuma ocorrer com boa parcela dos youtubers. Alguns com mil ou pouco mais de inscritos em seus canais já começam a ter ego inflado. Para evitar ser contaminada, Lully evitava se misturar apenas com aqueles que a idolatram. Uma atitude que também era adotada por sua colega de quarto, Natalia. Mais um ponto de concordância das duas. Natalia também andava reflexiva naquele período. Gostava de seus amigos youtubers, mas ultimamente tentava andar mais com os offline – como alguns youtubers chamam quem não é (ou está tentando ser) celebridade online.

E isso começava pela sua cama. Natalia havia conhecido seu namorado, um técnico de computação de 25 anos (dois a mais que ela), andando de patins. Igor, também adepto dos patins – o mesmo amigo que namorou a youtuber Marcela; então seu desafeto, mas com quem dividiu apartamento quando chegou ao Rio – foi quem a apresentou para o guri. E ela, que havia passado os últimos anos quase que somente entre youtubers, estava adorando essa de namorar alguém que era totalmente de fora do meio. As conversas iam além de fofocas sobre outros youtubers, dicas de como melhorar o próprio canal, como foi gravar o vídeo XYZ, do último evento do YouTube, de assuntos levantados no popularesco Treta News. Uma hora, papo de youtuber pode cansar. Mesmo os próprios youtubers.

Os clubinhos dos youtubers são bem fechados. Uma festa promovida pelo próprio YouTube no Rio, naquele julho de 2016, mostrava isso. Lully e Natalia passeavam com o porte de donas do pedaço, como eram. O regabofe ocorria em um salão de um hotel de alto luxo de Copacabana, de frente para a praia.

"Olha, aqueles lá são o La Fênix", apontava Lully.

"Quem?"

"Os que estão com as camisetas pretas. Tá escrito 'La Fênix' no peito. Eles estão há um baita tempo no YouTube. Tipo da época do Cauê Moura, do PC Siqueira."

"Ah. O que fazem?"

"Pegadinha. Trolagem. São bem grandes."

O **La Fênix** tinha quase 3 milhões de inscritos.[54] Ganharam popularidade com vídeos em que faziam pegadinhas uns com os outros, a exemplo de uma na qual um deles, no escritório do La Fênix, passava Kiss of the Devil, um tipo de pimenta em spray, no papel higiênico do banheiro. E outro deles, Gabriel, acabava por usar o papel higiênico. Resultado: mais de 3 milhões de views. Ou em outros vídeos de zoeiras, como numa série na qual reproduziam desafios de internet. Exemplo: num, misturaram Coca com Mentos, imitando o conhecido mito urbano. Nada de mais aconteceu quando um deles bebeu. Resultado: 5,5 milhões de views.

"E os Castro Brothers estão lá. Canal do Matheus, que namorei", indicava Lully, um pouco sem graça, antes de chegar perto deles, ajudando a puxar papo.

La Fênix, Castro, a própria Lully. Todos são ídolos naquele salão. Um pré-adolescente que passa a tarde em frente ao computador ou celular, vendo YouTube, pode ter a impressão de que todos os donos de canais de internet são famosos e cheios da grana. Dinheiro, nem muitos dos famosos conseguem tanto assim. Fama, são poucos que chegam a ela. O trio, assim como a colega de quarto de Lully, a Natalia, são referências do nicho.

"Quanta gente famosa tem aqui. Tirei uma selfie com a Lully e com a Natalia", dizia uma aprendiz de youtuber, então com em torno de mil seguidores em seu vlog, ao que mostrava a foto tirada do celular e já postada no Instagram.

Alguns se aproximavam por serem fãs. Mas a maioria queria é tentar subir alguma escada postando uma foto com um youtuber maior, ou, quem sabe – o que seria a glória para eles –, até convencer o colega bem-sucedido a gravar algo para o canal deles. Há ainda os que estavam

---

[54] Em 2019, 3,6 milhões.

começando a pisar nesse mundo dos vídeos e chegavam embasbacados ao local. Um deles gravou todo o trajeto de sua casa, em uma área pobre do Rio, até o hotel em Copacabana, vangloriando-se por estar indo ao seu primeiro evento como youtuber. Já outro ficou encostando ao lado de Bruno, do vlog e canal de games Platina (mais de 400 mil seguidores[55]), e depois de Eduardo, do canal de pegadinhas Os Primitivos (quase 1 milhão de fãs[56]), para filmar qualquer coisa para o próprio canal do YouTube, ainda com pouco menos de 100 mil fãs.

A lógica de uma festa usual de youtubers é essa. Tem os que deram muito certo. Há os que não deram tão certo assim, mas ainda tentam levar seus canais. Outros estão em um cenário nebuloso, no qual já conseguem viver com o que ganham na internet, mas sem saber até quando dura o sonho. Há a grande maioria que não apareceu ainda, mas está fazendo de tudo um pouco para vingar.

"Certamente não conheço 80% de quem tá aqui", observava Natalia Kreuser, enquanto passava o olho pelo hall do hotel.

A dinâmica dessas festas reflete o mundo real. Costuma-se conhecer o próprio grupo ao qual se pertence, além daqueles que estão nos grupos mais seletos, em quesito de fama. Natalia sabia bem quem era Ed Gama, advogado que virou comediante (especializado em imitações como de Caetano Veloso e Faustão), montou um canal em 2013 e acabou por ganhar, um ano depois, o quadro Quem Chega Lá, justamente no *Domingão do Faustão*. Ou o vlogger Chico Rezende. Mas não tinha noção de quem eram os novatos por lá.

Os clubinhos de youtubers se espalham pelo Brasil. Em especial em São Paulo, onde se concentra a maior parte dessas celebridades online – e para onde vão muitos youtubers de outras partes do país para tentar a fama. Na metrópole, os grupos ainda contam com subdivisões. Por exemplo, em uma festa típica do YouTube, os mais famosos se dividem entre os gamers, os humoristas, os vloggers, os que falam de beleza, os LGBTQ+, os funkeiros e por aí vai. Novamente, numa lógica social que replica a dinâmica do mundo fora da internet.

---

[55] Em 2019, com muito apoio do amigo Felipe Neto, ultrapassa os 5 milhões.

[56] Em torno de 2,4 milhões em 2019.

Tome **Marco Túlio**, o **AuthenticGames** (acima de 8 milhões de fás[57]), como exemplo. Seu canal, no qual conta histórias ambientadas no game Minecraft, era um dos maiores do Brasil. Dentre as festas para as quais era chamado em São Paulo, gostava de aparecer em todas do seu nicho, o dos games. Nelas, era figura principal de um grupo de gamers que incluía nomes como Mike e Pac, do TazerCraft (mais de 7 milhões de fás[58]). Junto ao grupo, sempre estão também Spok e Stux, que, além de também serem gamers e youtubers, compartilhavam com Marco o comando do UmApMuitoLouco (quase 700 mil inscritos[59]). O trio contava, neste último canal, como é o dia a dia no apartamento que dividiam na zona oeste de São Paulo. Eles tentavam, ao máximo (muitas vezes, sem sucesso), esconder o endereço para fás não se aglomerarem por lá. Medida exagerada? De forma alguma. E justificam: juntos, eles somavam mais de 10 milhões de fás. Gente pra caramba para se acumular em frente ao prédio onde viviam.

"Caros condôminos, temos agora moradores famosos no prédio. Por isso, o movimento no condomínio pode às vezes se tornar maior do que o usual."

Era mais ou menos essa a mensagem que Marco lembrava que o síndico de seu condomínio havia colocado nos elevadores do prédio uns meses depois do trio se mudar para lá. E o movimento às vezes realmente se tornava mais turbulento do que o comum.

"Às vezes é foda", comentava Marco. "Por exemplo, teve um dia em que eu precisava sair rápido, estava atrasado para um compromisso profissional. Pedi o Uber e, quando desci, fui parado por uma mãe, com várias crianças, entre o filho dela e amigos do filho. Pararam pra conversar, pedir autógrafo. Não sei ser grosseiro, dei atenção. Mas perdi vários minutos, por pouco não perdi o Uber e cheguei ainda mais atrasado ao evento que tinha de ir", completava, tomando um gole de cerveja em uma balada dedicada aos youtubers de games.

---

[57] Quase 17 milhões em 2019.

[58] Passa dos 11 milhões em 2019.

[59] Em 2019, 820 mil.

Marco era mesmo simpático. No linguajar popular, mais simples do que talvez se imaginasse que seria. Não gostava de ostentar roupas de grife, carrões ou mulheres. No máximo gastava com viagens, como quando foi para o Canadá com outros amigos gamers, onde encontrou o casal Nilce e Leon, do Coisa de Nerd, que moravam lá. E sobre morar no Canadá, uma das vantagens que eles costumavam destacar era a de que por lá era bem raro pararem eles na rua para pedir uma selfie. Se bem que já teve caso de fã brasileiro procurando lugares onde eles costumavam frequentar para poder abordá-los.

Porém, deve ter vezes em que não é tão fácil manter a simpatia. Imagine a cena. Várias crianças – dentre os 10 milhões de seguidores dos moradores do apê, a maioria era de crianças – te cercando, com um monte de perguntas, pedindo autógrafos, assim que você saiu de casa, bem de manhã, logo depois de uma noite mal dormida. Era algo que ocorria com frequência na rotina de Marco, Spok e Stux. A criançada que morava no prédio se gabava na escola que seus youtubers favoritos moravam no mesmo prédio que eles. Alguns coleguinhas duvidavam, outros se empolgavam. Resultado: para responder a quem duvidava, ou agradar quem se empolgava, o fã resolvia juntar a molecada e levar para casa. Para flagrar as celebridades do prédio, esperavam por eles no hall de entrada ou na garagem. Quando os avistavam, já faziam o cerco, numa perseguição tamanha que, Spok contava, várias vezes era até difícil dar uma passada rápida no posto para pegar algo na loja de conveniência, ou ir a alguma padoca próxima. Se, para uma pessoa normal, a tarefa de comprar um pãozinho podia demorar 10 minutinhos, para ele ou Marco levava bem mais. Na conta do tempo tinha de entrar também uma estimativa de quantas crianças iriam abordá-los no meio do caminho.

Os gamers são um dos subgrupos mais unidos dentre os youtubers. Contudo, conforme o YouTube foi ganhando corpo no Brasil,[60] mesmo os subgrupos foram tendo suas divisões. Não mais ditadas pela dimensão

---

[60] O Brasil chegou a segundo país que consome mais vídeos do site, atrás apenas dos EUA. Os youtubers daqui frequentemente estão em listas dentre os mais influentes do planeta, sendo que o Porta dos Fundos já chegou a liderar um ranking divulgado pela Google.

do canal de cada um ou mesmo pela proximidade geográfica, mas por divergências de estilo e de opinião.

Marco Túlio e cia., por exemplo, não se davam bem com Pedro Rezende, do RezendeEvil (e vice-versa). As separações ocorriam em praticamente todos os subgrupos. No dos humoristas, vloggers e provocadores da internet, por exemplo, um trio de youtubers das antigas, Cauê Moura, Rafinha Bastos e PC Siqueira, tinha então rixa com outro youtuber das antigas, Felipe Neto – que, naquele ano, recebia apoio de poucos, como o pessoal do canal de cultura pop Pipocando (que acreditava que exageravam nas críticas a ele), e seu irmão, também youtuber, Luccas Neto. Naqueles tempos, Felipe parecia ter talento para atrair o ódio alheio. Era um dos poucos que era alfinetado por todos os lados, não só pelos concorrentes de seu subgrupo. Exemplo: Castanhari, do Nostalgia, tinha ojeriza a ele.

Em volta de todos esses nomes, como abelhas em torno do mel, voavam ainda uma penca de youtubers menores. Gente querendo tirar foto, postar vídeo, fazer-se de íntimo no Instagram, sendo que logo depois o alvo do assédio costumava comentar algo como "Não tenho ideia de quem era aquele".

O desejo de virar youtuber é guiado por mais do que a ambição por grana ou fama. Muitos dos aspirantes só querem ser como seus ídolos e frequentar os mesmos grupos, subgrupos, festinhas, que eles. Os youtubers viraram rockstars. ▌▌

A má influência (ao menos aos olhos dos pais)

COM: Cauê Moura; Freezion; Léo Stronda; Fábrica de Monstros; Doutor Maromba; GordoFit; Kleber Bambam; Júlio Cocielo, do Canal Canalha; Igão Underground

▶ "UM SALVE PRO CAUE BJOS PRO GIRO DE QUINTA."

Dizia a carta, nessa grafia, escrita a caneta Bic azul em papel arrancado de caderno escolar. A mensagem tinha sido achada pela polícia curitibana dentro de uma mochila preta largada em frente ao Jardim Botânico de Curitiba. Horas antes, o 190 da cidade havia recebido uma chamada de emergência, dizendo algo como:

"Vi um cara barbudo, vestido de preto, deixando uma mochila estranha em frente ao Jardim Botânico."

Isso era à tarde. Poucos minutos depois, viaturas chegariam ao local. Com aquelas fitas amarelas de "não ultrapasse", isolariam o lugar, um movimentado ponto turístico. Mais alguns minutos e curiosos, policiais e jornalistas se acotovelariam para tentar ver o que acontecia. A desconfiança era das maiores. Ao abrir a mochila estranha, policiais haviam encontrado um embrulho igualmente estranho, pesado, envolto em alumínio e com cabos à mostra. Seria uma bomba? De algum radical do Estado Islâmico?

Já era noite quando o esquadrão antibomba da polícia curitibana chegou ao Jardim Botânico. A primeira medida foi utilizar uma máquina de raio X para verificar se haviam produtos explosivos. Para alívio geral, não havia. Contudo, ainda não estava 100% seguro. Os agentes especializados tiveram de se arriscar, abrindo o embrulho para ver o que tinha dentro. Pois dentro havia tábuas de madeira, entrelaçadas com fios de HDMI, envoltas em alumínio. Por fora, parecia uma bomba caseira. Por dentro, um embuste.

"Atacar o Brasil. Suspeitei que fosse isso. Um cara de roupa preta, barbudo, deixou a mala lá", a testemunha que havia ligado para o 190 explicou-se à policial à sua frente.

"Só tem louco nesse mundo", respondeu a policial.

"Mas era explosivo?", voltou a questionar a testemunha.

"Verificamos que não era material explosivo. Só tinha madeiras. E uma mensagem. Nela, era citado um Cauê. Parece que é de um programa. De TV?"

A policial não tinha como adivinhar que à sua frente estava um dos caras "loucos desse mundo". A testemunha, Jonathan, era quem, algumas horas antes, tinha dado origem ao caos daquele dia.

"Fiz esse vídeo, cara, pra tentar provar o quanto sou louco. Faz 9 anos que eu tô tentando o YouTube e já tentei várias coisas. E nunca consegui. Se é pra ser, vou fazer agora. A maior loucura de minha vida. Vai dá muita merda isso. Foda-se. Eu quero mostrar que tenho potencial pra tá lá em cima", Jonathan, um menino com piercings e tatuagens, trajando uma jaqueta cinza com gorro igualmente cinza, falava para sua própria câmera, dentro de um carro popular.

"Porque eu sempre amei isso. Sempre quis isso. Sempre quis a câmera na minha face, me filmando. Não é que eu quero ficar rico. Eu quero viver disso. Não aguento mais trabalhar com o que eu trabalho. Porque não dá. Decidi fazer a maior loucura da minha vida."

Nisso a gravação corta para a imagem de uns tijolos de madeira, papel alumínio e cabos, como alguns de HDMI, sob um piso de azulejo branco com cara de sujo. A seguir, a cena da bomba pronta – os tijolos de madeira, envoltos em alumínio, amarrados com os fios. E disso para o clímax, quando, vestido de boné, óculos escuros, camiseta, jaqueta, tênis e carregando uma mochila, tudo de cor preta, ele caminha calmamente nos esverdeados campos do Jardim Botânico. Até chegar à lateral direita da estufa envidraçada que é cartão-postal da cidade. Lá abandona a mochila preta. Pouco antes de tirar um celular do bolso da jaqueta e ligar para o 190.

Cauê Moura soube do ocorrido um pouco atrasado. Quando foi checar as mensagens de seu WhatsApp e se deparou com uma penca de amigos lhe avisando do "ISIS" de Curitiba.

"Um Salve PRO CAUE BJOS PRO GIRO DE QUINTA."

O "CAUE" da mensagem era ele. O "GIRO DE QUINTA", o programa fixo de seu canal, o Desce a Letra, que ia ao ar às quintas. Nele, Cauê comentava notícias quentes da semana. O objetivo do "ISIS" de Curitiba era que sua peça saísse no Giro de Quinta. Isso para promover o seu canal no YouTube, o **Freezion**. O plano era mencionar o nome do youtuber famoso para aparecer no canal do youtuber famoso.

No *Giro de Quinta*, assim como em outros programas do Desce a Letra, Cauê comentava de bizarrices a casos mais sérios. Dentre as bizarrices, coisas como a história de uma mulher que matou acidentalmente seu filho com uma facada na virilha, no interior do Mato Grosso do Sul.

"Arrepiou os pelos do meu cu", analisou Cauê.

Ou de quando vazou um nude com a "trozoba" do também youtuber **Léo Stronda**, o que fez Cauê emendar, em outra notícia, sobre se masturbar no banheiro do trabalho. Tudo pontuado com algum tipo de porrete, cassetete, ou outro tipo de objeto de aparência agressiva e contundente, com o qual ele batia na tela ou esmurrava a parede atrás de si.

Já entre as coisas sérias, Cauê deu para comentar no Desce a Letra a tentativa das empresas de telefonia brasileira (junto ao governo federal) de limitar a navegação na internet.

"Tendência mundial, bando de cu do caralho", comentou, posicionando-se contra.

Em outro, de 2014, arriscou-se a analisar as eleições presidenciais daquele ano, na qual a disputa intensa era entre Aécio Neves e a vitoriosa Dilma Rousseff. Entrar nos assuntos sérios gerava uma dor de cabeça em Cauê. Por seu estilo gritante e agressivo nos vídeos, havia conquistado um público de direita, até mesmo extrema direita. Gente que planejava votar em Jair Bolsonaro para a presidência em 2018. Ou que adorava inserir, em qualquer conversa, expressões como "esquerdopata" ou "petralhas". O problema: Cauê não era desses. Ele podia aparentar isso para alguns, mas a real é que se tratava de um cara mais liberal, que levantava a bandeira LGBTQ+, que tinha uma veia de apoio às feministas. Para seu público de direita, ele por vezes seria chamado de "esquerdopata". Quando resolveu falar das eleições de 2014, não foi diferente. Em um momento, quis passar ao público que a alternativa à então presidente Dilma, o Aécio Neves, não era melhor que ela. Que este tinha seus pecados. Porém, parte da plateia não o recebeu bem, xingando-o.

Em outro momento, em 2016, Cauê escolheu discursar no Desce a Letra sobre uma notícia trágica que fez o Brasil passar vergonha mundial: o estupro coletivo de uma jovem em uma favela no Rio de Janeiro.

"Por que, quando uma mina é estuprada por mais de trinta homens, alguns querem passar pano pros caras, inocentá-los, colocando a culpa na mina? O que você ganha querendo passar pano pra bandido, mano?", pontuou.

Fazia referência a uma parcela significativa de seu público. A composta por aqueles que tentavam defender que a tal "mina" havia sido estuprada por ter frequentado bailes funks, por ter trajado roupas curtas, por se enturmar com traficantes, por consumir drogas. Cauê tem asco desse tipo de lógica.

"Se um dia sua mãe for estuprada, vai doer na sua consciência. Saiba que você tem culpa por disseminar esse tipo de discurso", concluía ele.

Nem toda a sua plateia aprovou a opinião.

Não tenho nada contra o Cauê Moura, mas ele é um retardado! Kkk [...] a guria é uma ignorante que poe (sic) filho no mundo sem consciência, marmitinha de traficante além de ser usuária, provavelmente queria drogas e ofereceu a buceta em troca, a única coisa que me surpreende nessa história é ela ter saído viva, isso é inédito, quem se mistura com porcos do farelo come, nesse caso quem se misturou com porcos e foi devorada por eles.

Comentou um dos espectadores, em texto aqui reproduzido *ipsis litteris*, tal qual foi escrito. E outro:

Em que mundo que vivemos... Típico pensamento esquerdista e atrazado (sic): "se não concorda comigo, não dê a sua opinião". E depois esses esquerdinhas falam que não querem a censura [...] Mas isso não foi estupro! E o que ganhamos com isso? Simples.

Nós corrigimos a mídia que assim como o Caue fala de notícias sem nem se dar ao trabalho de pesquisar sobre o assunto. É isso que ganhamos. Ganhamos tmb (sic) *o sossego que essas notícias sem fundamentos trouxeram ao Brasil. Agora o mundo ve* (sic) *o Brasil como o país de machistas e estupradores porque uma menina quis liberar geral.*

Em mais de seis anos de YouTube – o que o torna veterano dentro de uma plataforma que nasceu outro dia, apesar de ter se popularizado rápida e magnificamente –, Cauê se acostumou com os *haters*. Só que começou a cansar daqueles que acham que ele deveria representar visões extremas de direita só por ser um cara tatuado, grande, falar grosso e gritado, e normalmente usar um bastão ou algo do tipo para bater em tudo ao redor enquanto desce a letra.

Alguns youtubers, como sua amiga Lully, o definem, por essa atitude, como uma "putinha dos cliques". Ele gritava para chamar atenção e, com isso, aumentar seus views e números de inscritos. "Putinha dos cliques" ou não, Cauê acabou sendo caracterizado por isso. No fim da história, virou um ícone da extrema direita brasileira sem nem ser de direita, pelo que se conhece como direita no Brasil, muito menos de extrema. Por isso, ao menos por um tempo, Cauê optou por falar cada vez menos dos assuntos polêmicos e começou a investir também em outras propostas de vídeos.

Um exemplo é a série Lapada, na qual ele, acompanhado de um ou mais youtubers, fazia um jogo no qual o objetivo final era encher a cara de cachaça e bater com um chinelo no outro. Dentre os que já participaram, nomes conhecidos da juventude, como Júlio Cocielo, Poladoful, Pyong e até o apresentador de TV e youtuber Celso Portiolli.

Nada adiantou para fugir do público que ele formou e que integra uma boa parcela de seus então quase 5 milhões de seguidores no YouTube. A fama acabou por fazer de Cauê um para-raios de loucos. Um deles foi o tal "ISIS" de Curitiba. Um desses que parece fazer de tudo um pouco para tentar aparecer na internet. Inclusive plantar a bomba falsa para chamar atenção do ídolo.

Cauê ficou um pouco abalado pelo caso. Quando criou seu Desce a Letra, era uma forma de fazer algo divertido e desabafar. Era, inicialmente, um projeto de verão que tocou durante as férias da faculdade de Publicidade. De Jundiaí, interior de São Paulo, onde ainda morava, pelo menos naquele 2016 não havia muito o que fazer na cidade durante as férias, e ele não tinha grana para viajar. O início foi amador. Pegou uma câmera filmadora do pai e gravou em seu quarto, ainda na casa dos pais. De início, tudo em preto e branco para facilitar a edição. No primeiro, falou de uma "ideia genial pra um *flashmob*": "A galera começa a se reunir na Avenida Paulista, todo mundo louco, 5 mil jovens, e começa a contagem regressiva, 5, 4, 3, 2, 1... e daí todo mundo morre".

Mesmo que amadores, os vídeos já exibiam talento. Tanto para falar, quanto para pesquisar, quanto na edição, que variava em ritmo e já contava com uma apresentação do canal no início. Reflexo de seu envolvimento com publicidade, visto que, além de estudar, estagiava numa agência do ramo em Jundiaí.

Era 2010, e naquela época ninguém pensava em ganhar rios de dinheiro com o YouTube. O site nem tinha uma forma eficiente de dar lucro para os youtubers – que nem eram assim tão conhecidos. Os vídeos que faziam sucesso eram os de gatinhos fazendo artimanhas, de bebês engraçadinhos, de acidentes e afins. De youtubers nascentes, eram poucas as referências. No Brasil, antes de Cauê, se resumia basicamente a Rafinha Bastos – que depois virou seu amigo – e Felipe Neto – com quem viria a ter desafeto.

Cauê entrou no YouTube no *timing* certo. Desde 2007 a Google, empresa por trás do site, tentava emplacar uma forma do que ficou conhecido depois como monetização dos vídeos. Nos três primeiros anos, não estava dando tanto dinheiro assim para os criadores dos vídeos. Entretanto, aquele 2010 marcava a virada do jogo.

Cauê percebeu isso na pele. Em pouco tempo, seu jeitão direto e polemista acabou por atrair inscritos ao canal. Quanto mais desses inscritos, mais views tinham os vídeos e mais anúncios começavam a aparecer, colocados lá pela Google. Quando chegou aos 100 mil fãs, uma marca que pouquíssimos tinham no Brasil (cerca de meia dúzia), e já em 2011, apenas um ano depois de fundar o Desce a Letra, ganhou uma ajudinha extra. Como prêmio, a própria Google lhe deu uma câmera para filmar, e ele pôde devolver a do pai.

Foi aí que começou a cair a ficha em Cauê: ele poderia viver disso. A meta inicial era conseguir lucrar o mesmo que tirava como estagiário na agência de publicidade. Já tinha se formado na faculdade, mas, em Jundiaí, não o contratavam. Continuava como estagiário, mesmo que trabalhando como um profissional em esquema que considerava precário. Não era a vida que queria. Logo conseguiu empatar os ganhos de YouTube com os de estagiário. Não era meta difícil: uns três salários mínimos. Num momento em que, mais uma vez, se provou o *timing* perfeito.

Era 2012 e estourava no YouTube o clipe do hit "Gangnam Style", do rapper sul-coreano Psy. Foi o primeiro vídeo a ultrapassar a marca de 1 bilhão de visualizações. Cinco anos depois, contabilizaria quase 3 bilhões de cliques,[61] ainda liderando o ranking de filmagens mais vistas no site, ao menos por um tempo. E o que não é só por um tempo no mundo da internet?

No Brasil, o cantor carioca Latino resolveu aproveitar a onda para criar uma versão abrasileirada do hit sul-coreano. Na mesma batida, o "Despedida de solteiro" de Latino tinha na letra frases como "Caçar, puxar, beijar / Pra galopar [...] É despedida de solteiro / Amanhã talvez eu vá casar / Eu tô chapado / Tô muito louco / E a ressaca vai me matar / Eu ligo um dane-se / Eu quero só beijar, brincar de te laçar, laçar". Ao ouvir a versão de Latino, que ganhou uma penca de dislikes no YouTube e foi duramente criticada em outras redes sociais, Cauê ficou enojado.

"Deu vontade de vomitar", comentaria.

Seguindo sua veia de youtuber, resolveu parodiar a versão do Latino. Era 17 de setembro de 2012 quando Cauê publicou sua investida. O vídeo era simples, com uma caricatura de Cauê imitando o rapper Psy, em meio a um cenário amarelado, inspirado num similar que aparecia por vezes no clipe original do sul-coreano. A caricatura de Cauê mostrava o dedo do meio para a tela, como se fosse em direção ao Latino. Na imagem, as letras do nome da canção de Psy, "Gangnam Style", eram trocadas pelo título da paródia do youtuber, "VTNC" (abreviação de Vá Tomar no Cu).

---

[61] Em 2019, 3,3 bilhões.

Vai tomar no cu/ Tomar no cu/ Mais um som legal bombando que o Latino estraga/ Com letras escrotas e copiando a voz do Mr. Catra/ Você é tão criativo que devia cantar funk/ A sua nova letra é tão legal que me deu câncer/ Ah, vai se fudê (sic)/ *Latino, na moral, que bosta, véi* (sic)/ *Vai se fudê/ Pra que estragar um som da hora assim?/ Vai se fudê/ Sua paródia me enoja e eu quero morrer/ Se eu tiver que ver mais uma vez [...]/ Heeeeey, seu escroto/ Vai, vai, tomar no cu.*

Em uma época na qual as pessoas não sabiam o que era um youtuber, Cauê não aguardava grande repercussão. Muito menos achava que Latino iria se importar. Mas ele se importou. Principalmente porque o vídeo logo ultrapassou os dois milhões de visualizações, o dobro do que atingiu o vídeo da música do Latino durante aqueles meses. No fim, Cauê superou os quatro milhões, mesmo sua paródia tendo sido, por ordem judicial, derrubada do YouTube brasileiro.

"Eu acho que ele tá querendo aparecer com isso", queixou-se Latino no programa *Pânico na TV*, em quadro no qual os humoristas do programa televisivo foram ouvir os dois lados da briga que se formou entre o cantor carioca e o youtuber paulista.

"Quem é ele, um blogueiro, pra dizer o que vai ser sucesso? Tira esse rei da barriga", completou. "O que você não podia era denegrir minha imagem. Pois aí você está passando dos limites. E terá que lidar com outro tipo de pessoa. Eu pago os advogado *(sic)* pra isso."

"Não tenho medo de quem me processe *(sic)*, porque eu não falei nada de mais. Só falei o que a galera queria falar. Vai me processar porque o negócio foi ofensivo? O conteúdo das músicas do Latino são *(sic)* bem mais ofensivos. O cara *(na versão do Latino)* tava indo na despedida de solteiro, fala de trair a mulher, de cavalgar", retrucou Cauê Moura, também no programa.

Na semana seguinte, o *Pânico* promoveu um encontro entre os dois.

"Não sou um cara agressivo. Sou um cara da paz", disse Latino.

"Tudo bom, senhor?", cumprimentou Cauê, com leve risadinha de canto de boca.

"E aí, cara? Sou um cara da paz", insistiu Latino. "Não tenho nada contra ele. Como ser humano, ele tá perdoado."

O vídeo terminou com um abraço entre os dois. Mas essa paz se deu só na TV. Offline, a história foi outra. Cauê já tinha por volta de 1 milhão de fãs só no YouTube.[62] No Twitter, eram cerca de 200 mil.[63] Quando ele publicou sua paródia "VTNC", essa multidão foi pra cima de Latino. O cantor retrucou, também na internet, com tuítes como:

@cauemoura Fico feliz pela sua homenagem! Pq além de estourar a música ainda vou ganhar indenização. Já rastreamos vc! Nas mãos do advogado.

Latino passou a ser xingado online. Além de ser alvo dos fãs de Cauê, outros youtubers começaram a dar apoio ao colega, levando seus seguidores a fazer o mesmo.

"Hey @LatinoFesta Engraçado, você pode pegar uma música e es-crotizar ela e o Cauê Moura não pode? O senhor é um fanfarrão!", tuitou Felipe Castanhari, do Canal Nostalgia.

A onda de críticas chegou ao ponto de levar Latino a se afastar, por um tempo curto, das redes sociais. Enquanto ele e Cauê se abraçavam ao vivo, no *Pânico*, continuavam a alimentar o clima de peleja na internet. E a coisa só esquentou quando o "VTNC" de Cauê foi tirado do YouTube brasileiro. Ele, Cauê, até hoje não sabe ao certo o motivo da retirada de seu trabalho. Seu chute é que houve reclamação de Latino ao próprio YouTube, que derrubou o vídeo. Ou pode ser que a Justiça brasileira, aceitando um processo do cantor, tomou a atitude e acionou o escritório do YouTube para que se tomasse tal medida. O que não impediu que o "VTNC" se multiplicasse pelas redes de forma pirateada.

---

[62] Em 2019, o número de inscritos não é mais público no YouTube.

[63] Em torno de 2,5 milhões em 2019. Ele então havia se transformado em crítico do governo de Jair Bolsonaro, presidente de extrema direita no Brasil. Em um rap que lançou naquele ano, entoava frases como: "Ah, desgraça, eu vejo desgraça/ Na humanidade por onde ela passa/ Gente boa tá de mordaça/ Meu primo era bom, mas virou reaça" e "Pega a ironia desse arrombado/ Que xinga criança e mulher de vadia/ Me dá até uma dó quando eu lembro/ Que o filha da puta também tem uma filha".

Hoje, Cauê tem como certo que esse seria o vídeo mais visto de seu canal se não tivesse sido censurado no site. Entretanto, a briga não foi ruim para ele. Antes de entrar em conflito com Latino, o youtuber tinha por volta de um milhão de seguidores. Após a briga, o número dobrou. E não parou de crescer. Pelo ponto de vista comercial, foi ótimo ter feito a paródia. Contudo, ainda há medo de que no âmbito judicial o fim não seja tão promissor.

Latino processou Cauê alegando que sua imagem tinha sido arranhada pela farra online. Cauê chegou a comparecer a uma audiência para testemunhar. Entretanto, a história parou aí.

"Se eu tivesse perdido, saberia", brincou ele, anos depois, em 2016. "Mas, se tivesse ganho, também. Essa Justiça brasileira é muito lerda."

O impulso que a polêmica deu ao seu canal foi bem-vindo. Três anos depois, Cauê teria verba para montar um estúdio próprio e contratar uma equipe pequena para ajudá-lo na produção. Em 2016, além de estar entre os mais veteranos, também figurava entre os mais famosos e comercialmente bem-sucedidos do Brasil.

"Isso mesmo com os anunciantes não se agradando muito com meu estilo", costuma pontuar, enquanto alisa a longa e característica barba preta. "Sei que perco várias oportunidades de negócios por continuar fiel a quem sou. Mas isso é a internet. Tem de ser original e sincero."

Buscar autenticidade e honestidade é um mantra comum entre os youtubers. São poucos que conseguem atingir a meta. A maioria, principalmente os que não vingam, traduzem essa máxima de forma errada e acabam por achar que ser original é fazer como os outros youtubers fazem. Já outros veem essas dicas como justificativa para fazer de tudo um pouco (ou qualquer coisa) para aparecer. Caso do "ISIS" de Curitiba. Uma bomba que Cauê escolheu desprezar. "Para não bater palma pra palhaço dançar. Não vou dar cartaz. É o que ele quis com essa de se filmar cometendo um crime", respondeu aos que o questionaram.

Cumpriu a promessa e, com isso, abafou o show do "ISIS" de Curitiba. Um garoto, então com uns 2 mil seguidores, que ele via como infeliz e frustrado. Mas que Cauê não hesitou em cumprimentar, abraçar e tirar sarro quando se encontraram, ele e o terrorista de mentirinha, em um evento em Curitiba. Pois é assim que continua a girar a roda da fama na internet. No online, é uma coisa. No offline, é outra.

"Agora você pega a batata-doce e enfia no cu do frango", gritou Léo Stronda no palco em formato de ringue de um evento formal do YouTube para anunciantes, enquanto cumpria com o prometido, enfiando uma batata-doce crua, roxa e roliça na entrada de trás de uma galinha de borracha.

A frase estava fora do roteiro e Stronda até pediria, não se sabe ao certo se só pelas aparências, desculpas por ter mandado ver no vocabulário cheio de palavrões, de improviso, sem terem feito o pedido – e sendo que pagaram cachê para ele estar lá. A real, porém, é que ele não se importava tanto em incomodar os outros.

"Tá no ar, meu puto, vem comigo", é como ele começava seus vídeos no **Fábrica de Monstros**, então o maior canal de malhação do Brasil e segundo maior de *bodybuilding* do planeta.

Há, dentre os mais de dois milhões de fãs, quem recorre ao Fábrica de Monstros para pegar as dicas de treino de *bodybuilding*, ter respostas a perguntas como "posso fazer sexo antes de malhar?" e, principalmente, anotar receitas de cozinha "para monstros" de Stronda. Contudo, mesmo os produtores da Royale, que gravavam e divulgavam seus vídeos, admitiam que a maioria acessa o Fábrica para rir. Das piadas de humor ácido, do jeitão meio agressivo, meio simpático, às vezes até fofo, do apresentador, das respostas (na falta de definição melhor) irreverentes a perguntas curiosas (também na falta de definição melhor) do público.

"O cara com antebraço de pernil vai responder suas perguntas", convidou Léo em um dos vídeos, exibindo seu antebraço definido e repleto de veias.

Baixinho, ainda mais na comparação com sua envergadura, com 1,78 metro de altura (o que ele diz; há quem defenda que é menos), Stronda lembra que no início da adolescência era zoado por colegas que o apelidavam de Frodo – referência ao hobbit do Senhor dos Anéis. Resolveu malhar. Encontrou-se na academia.

Passou a ter, em seu corpo de 1,78 metro, quase 100 quilos de massa. Pura massa inflada por whey protein e anabolizante. O braço, com mais de 48 centímetros de diâmetro. O antebraço, 41 centímetros. De coxa, 66 centímetros. Mesmo que não seja um atleta profissional, tinha a aparência de um *bodybuilder* de competições. Um "monstro", como gostava de se definir, em separação aos "frangos", que é como designava os magrelos. No canal de YouTube Fábrica de Monstros, a proposta era justamente transformar frangos em monstros, seguindo o pilar que ele sempre destacou: treino, dieta e descanso.

"Não entendi a analogia", respondeu ele ao espectador que perguntava se era recomendado fazer sexo antes de malhar. "Pode transar à vontade. Inclusive, eu faço muito. Dá aquela acordada antes de treinar. Não sei você, mas eu me mexo muito, quero rodar, plantar bananeira, molhar o chazinho, fazer a indiana, a corda trançada, dá aquela ligada. Quando goza, dá aquela morgada *(comenta enquanto olha para o cameraman, dando risada)*. Mas depois fica sagaz. Quando volta *(da academia)*, toma aquele whey, janta e broca de novo. Dá aquela brocada pra aliviar o estresse, o cortisol."

Stronda não tinha papas na língua. Mesmo ao responder os fãs. Em parte, por ter criado um personagem de si. Um cara bombado, com braço gigante, um monstro, com comportamento que faz jus ao apelido que dá a si próprio e, também, àqueles que chegam a seu gabarito em questão de massa muscular. Pessoalmente, numa conversa fora das câmeras, era simpático e até um tanto tímido. Bem mais na dele do que exibia no YouTube.

"Léo, se eu comer o Shrek eu vou virar ogro?", perguntou outro fã.

"O Shrek é homem. Então você vira gay. Homossexual. Agora, se alguém quiser comer você, será só um dia normal pra quem come frango. Que shape de merda", respondeu, mostrando a foto do frango.

As dicas costumavam seguir nessa linha. Outras:

Quantos quilos de anilha devo comer por dia?

Qual é? Vai comer ferro? Oh, cuzinho de ferrugem. Vai peidar ferrugem, seu bosta?

O que você faz para evitar estrias?

Faço porra nenhuma.

Como faço um bom treino de glúteos?

Pâmela, quer treinar glúteos? Me chama para eu ver.

Léo, quais são suas medidas?

Quer saber minha medida, né? Vou te falar. Calço 45, meu irmão. Divide por 2. 22,5. 22,5 é o tamanho da minha caceta. Vai perguntar medida pra bodybuilding? Bodybuilding não mede. Bodybuilding olha no espelho e vê se tá bom.

"Vou falar a real, meu filho já vai nascer tomando whey na mamadeira. Vai ser peitão, whey, peitão, whey", também indicou Stronda em um dos vídeos. Pelo menos uma vez por programa ele dava dicas mais técnicas do assunto.

"Água com BCA é bom pra tomar de manhã. Mistura na água, geladinha, e vai pra esteira, piscina. No jejum, de manhã, o corpo procura energia e, se não tiver os ingredientes necessários, não vai achar em lugar nenhum. Toma o BCA, aminoácidos que cortam o metabolismo, na questão de não deixar o corpo usar fibras musculares como energia. Aí o corpo vai procurar quebrar células de gordura. Cortando com o BCA, o corpo vai procurar as células onde tem estoque. A gordura é o estoque de energia do corpo."

As dicas de Stronda costumavam envolver altas doses de whey protein e BCA (aminoácido cuja função defendida pelos marombeiros, vale avisar, não é provada pela ciência). Isso porque era patrocinado por uma marca de suplementos alimentares. No início de seu canal, costumava escolher as sugestões de acordo com o que pesquisava com colegas na academia ou pela apuração (normalmente no Google) de sua equipe de produção.

Com o tempo, começou a consultar médicos para evitar falar besteira. Até porque uma associação de educadores físicos uma vez chegou a ameaçá-lo de processo por ele passar dicas de treinos de academia, algo que apenas profissionais do ramo poderiam realizar, pela força da lei. O que ainda ajudava na produção é que a Royale, a produtora do Fábrica de Monstros, também passou a tocar outro canal, o Doutor Maromba, na qual dois médicos davam dicas mais profissionais aos marombeiros.

Mas como um marombado se tornou um youtuber famoso?

Stronda já tinha certa fama antes de iniciar seu canal em 2014. Ele começou a aparecer nos holofotes em 2006, num ramo bem diferente, o da música. Foi quando ele formou com o amigo Diego, o Mr. Thug, e outros dois colegas que logo saíram da banda, o Bonde da Stronda. Uma dupla que se autodenominava como do gênero "stronda", que seria uma batida que mescla hip hop com funk.

Stronda – não o gênero, o homem (cujo sobrenome verdadeiro é Schulz) – tinha então apenas 14 anos, e seu parceiro era somente dois anos mais velho, quando deram início ao projeto. A intenção, de partida, não era necessariamente se profissionalizar ou fazer um som de altíssima qualidade. O que queriam era ser famosos, estar no centro das festas cariocas e pegar muita mulher (Stronda gosta das marombadas, mais no estilo "panicat", de acordo com o próprio). O que combinava com os temas das músicas que lançariam: sexo, dinheiro, mulheres, bebidas e noitadas. O "stronda" do bonde seria como uma versão carioca, e carregada no sotaque, do norte-americano gangsta rap.

E é assim que foi e sempre será/ A vida de playsson que não espera se casar/ Aí, cocota, não adianta dá um veto/ Vem cá comigo que eu vô te jogar no teto/ Encharcar as mulé só pra tirar onda/ Esse é o meu estilo, o estilo da stronda.

Cantava Léo Stronda na primeira música do grupo, "Vida de playsson", que ele apresentou a Mr. Thug, seu amigo de infância, quando propôs que ambos começassem a se apresentar em festas de adolescentes cariocas. O estilo deles – Mr. Thug viria a se tornar um amante de tatuagens, fazendo uma música sobre sua paixão, a "Tem espaço? Faz tatuagem"; e Stronda também teria a sua acerca da vida de marombeiro, a "Bonde da Maromba" –, na onda de rappers esbanjadores, conquistou parte da garotada. Principalmente na internet e em baladas de playboys do Rio de Janeiro.

Em 2009, já conhecidos pelo público adolescente, o Bonde foi convidado para fazer uma versão da música "Tic tic nervoso" para a novela juvenil *Malhação*, da Globo. Foi outro pulo em direção à fama. No clipe, Stronda já mostrava o físico malhado. Só que ainda um pouco de magrelo, de frango. Um ano depois, já com um corpanzil mais digno de um "monstro", Stronda lançou, com o Bonde, o primeiro grande sucesso deles.

Várias idades, cidades, sotaques/ Variedades sempre tem e as namoradas dão ataque/ Banheira de hidromassagem com as mina passando nua/ E os parceiros só de toalha chamando as mulher na rua/ As loucuras rolando direto dia após dia/ Homem com mulher, mulher com mulher, sem pederastia/ Aqui o ritmo é insano e os péla entra em desespero/ É tipo vinte mulher linda pra cinco parceiro (sic).

Cantavam, exibindo-se na piscina da varanda de um apartamento no Rio, em meio a dúzias de mulheres. Isso enquanto o funkeiro Mr. Catra,[64] aquele que ficou conhecido por se orgulhar de sua própria coleção de mulheres (três esposas oficiais) e filhos (mais de trinta), mandava o refrão com sua característica voz rouca:

Mansão Thug Stronda formou, sem caô/ Gata vem fazer amor.

A fórmula de "Mansão Thug Stronda" se provou no gosto do povo da internet. A letra provocativa; a dupla de rappers cariocas fanfarrões e politicamente incorretos; a presença de um famoso já "de TV" para dar uma força. A música se tornou um hit do YouTube, com mais de 50 milhões de visualizações,[65] e alçou o Bonde ao status de celebridade. Em especial, no mundo online.

Para Léo Stronda o clipe também foi uma ótima oportunidade de exibir seu estilo e corpão. Já sarado, quase com o *shape* de fisiculturista que passou a ser sua marca, pôde tirar a camiseta e deixar à mostra o abdômen trincado e o peitoral avantajado. Assim se fez por um tempo no ramo da música – a dupla viria, em 2011, a concorrer a um prêmio

---

[64] Faleceu em 2018, aos 49 anos, por complicações de um câncer.

[65] Em 2019, 75 milhões.

de um canal da TV paga – e, em paralelo, começou a trilhar o caminho para ser referência entre marombeiros.

O Bonde continuou com os shows, lançou discos, fez outras parcerias, como uma com o sambista Dudu Nobre, e repetecos com Mr. Catra. Vários de seus clipes passaram dos 10, 20, até 30 milhões de views no YouTube. A carreira ia bem, atraía a mulherada, e Stronda tinha tempo para malhar e badalar. Não estava em seus planos virar youtuber. A ideia nem veio dele.

Era 2013 e fazia três anos que o Bonde surfava na fama. Há duas versões da história de como surgiu o canal Fábrica de Monstros. Primeiro, a de Stronda. Segundo ele, era uma tarde de um dia qualquer da semana e ele havia chamado uns amigos para almoçar em casa. O monstro sabia cozinhar pois teve de aprender justamente pela vida de malhação.

"Se eu fosse comer fora de casa ou comprar pronto tudo o que preciso pra ficar monstro, iria gastar uma fortuna que não tinha", comentava. "Daria uns 4 mil reais por mês. Então tive de aprender a me virar na cozinha. Faço um bom frango com batata-doce."

Naquele dia, ele recorda de ter cozinhado, sem camisa, o prato favorito dos marombeiros. Em sua casa, dentre os visitantes estavam os publicitários Paulo Nardi e Ralph Richter, que se formaram juntos na faculdade. O segundo era amigo de infância de Stronda, ambos cresceram na mesma vizinhança de Cabo Frio, no estado do Rio de Janeiro. Quando o Bonde começou a fazer sucesso, Ralph ajudou na produção dos clipes. Foi a semente que levou ele, Paulo e mais dois sócios a fundar a produtora Royale, que seria inicialmente especializada em gravar clipes musicais para a internet. Só que esse negócio não dava tanto dinheiro e, antes de se formarem, os sócios resolveram mudar a direção da empresa, que passou a fazer filmes publicitários e institucionais em formato tradicional. E assim seguiria até aquele dia na casa de Stronda.

"Porra, imagina colocar um avental no Stronda, sem camisa, cozinhando esse frango e falando merda. Ia ficar hilário", comentou Paulo ao ver o monstro no fogão.

Na hora, Ralph teria olhado para Paulo, como quem concorda com a ideia. Ambos convidaram Stronda para gravar um piloto para o YouTube. Mas como já tinham uma produtora com um pouco de estrada, o vídeo não saiu com aquela cara amadora típica de quem começa na internet. O investimento foi pesado desde o início, sendo que já lançaram, com o piloto, uma propaganda do canal na qual Stronda apresentava sua rotina de malhação, além de um *teaser* explicando o que os espectadores veriam.

"Atenção, rapaziada, se vocês acharam que vieram aqui pra ver comidinha gostosa, gourmezinha, menininha mexendo e fazendo coisinha gostosinha, porque você tá cansadinho de comer a mesma coisa todo dia... você tá muito enganado. Você veio no lugar errado. Aqui é Fábrica de Monstros. E eu vou te transformar em um", anunciava o apresentador no *teaser*.

No primeiro vídeo oficial, gravado na cozinha da casa de Stronda, o agora youtuber ensinava a cozinhar frango com batata-doce e panqueca com whey. Whey protein viraria ingrediente essencial de praticamente todas as receitas do canal. Isso quando a equipe não ia além na ousadia.

"Vamo *(sic)* dá uma anabolizada no nosso pão de queijo *(que já tinha batata-doce na composição)*. Vai ser inédito *(ressaltava Stronda, enquanto pegava uma seringa escondida atrás de um saco de farinha na bancada)*. Olha a destreza, nem olho para a seringa, sei tudo como se faz", completou o apresentador, enquanto injetava 3 mililitros de anabolizante no pão de queijo.

Stronda jurava de pés juntos que a ousadia foi pra valer. Era anabolizante. "Nada fora da minha rotina", pontuou ele, que admitia tomar "bomba" com frequência. Paulo e Ralph, os sócios da Royale, também confirmaram que o youtuber é anabolizado. Só que defendiam que, no dia da gravação, não foi usado anabolizante na seringa. "Era só um show pra aparecer mais no YouTube", falaria Paulo.

As divergências entre a equipe se tornariam frequentes. Só se intensificariam com o crescimento do Fábrica de Monstros. Reflete-se em como haviam duas versões para a história da criação do canal. Enquanto Stronda contava que tudo se deu de forma espontânea, quando ele chamou os amigos em casa para um almoço, Paulo e Ralph diziam que foi muito mais planejado do que isso.

"Porra, imagina colocar um avental no Stronda, sem camisa, cozinhando esse frango e falando merda. Ia ficar hilário", teria comentado, mesmo, Paulo para Ralph. Porém, em outra situação, sem ter o futuro youtuber por perto. A sacada teria vindo quando ambos estudavam, com seus outros dois sócios, novos caminhos para a produtora. Daí teriam se recordado da época em que faziam clipes para o Bonde. Ralph comentou que o Stronda cozinhava. A ideia surgiu. Depois a dupla apresentaria a proposta a Stronda. Aí, sim, em um almoço na casa dele.

O convite para o canal ocorreu em 2013. Levaram alguns meses para ajustar a produção. O lançamento, de fato, se deu em abril de 2014. Os sócios da Royale acreditavam que o Fábrica de Monstros vingaria. Contudo, não apostavam que isso se daria muito rápido; planejavam levar a empreitada no YouTube em paralelo com outros trabalhos publicitários – estes, sim, pagariam as contas no fim do mês. Mas o sucesso veio rápido.

Em poucos meses, o Fábrica de Monstros se tornou o maior canal de *bodybuilding* do Brasil. Depois, o maior do gênero fitness. Ainda em 2014, chegou a terceiro maior do mundo com foco em fisiculturismo. Em 2016, era o segundo, com metade dos inscritos do primeiro, o Six Pack Shortcuts.

"Mas no gringo eles falam em inglês, chegando com isso a um público maior. Além disso, criamos o Fábrica em 2014. O Six Pack existe desde 2009. Quer saber, logo mais seremos os primeiros do mundo", garantia Paulo, em debate sobre o futuro do canal.

O crescimento exponencial permitiu que, em somente dois meses de canal, a produtora pensasse em se dedicar somente à produção no YouTube. Até dezembro daquele mesmo ano, a pequena empresa finalizou contratos publicitários que tinha fechado. Stronda, Paulo e Ralph saíram de férias e, quando retornaram, já estavam 100% focados no Fábrica de Monstros e pensando em novos projetos para a internet. Além do Fábrica, criaram, em 2015, o **Doutor Maromba**, o dos médicos que compartilhavam dicas ligadas à malhação, e o **GordoFit**, no qual Paulo, apelidado de Boleta (pelo corpo redondo), dava dicas de fitness para gordinhos.

"Porra, não aguento mais isso, esse cu do caralho", reclamava, dois anos depois, Paulo Nardi, o Boleta.

Na cadeira ao lado, Ralph respondia a e-mails de negócios em seu notebook Mac. Olhava de canto de olho para Paulo, também mostrando indignação. Era uma segunda-feira de julho e estava marcado que, naquela semana, Stronda gravaria com eles uma série de ao menos quatro vídeos para o canal, em três dias de trabalho. A ideia era até fazer mais. Só que nada de Stronda aparecer no estúdio.

"Tô tentando ligar pra ele desde de manhã. Mandei e-mail pra mãe dele, que não responde. Cadê o Léo?", continuava a se queixar Paulo.

Em dois anos de canal, o Fábrica já superava os 100 milhões de views. Além de Stronda e dos quatro sócios da produtora, outros quatro funcionários trabalhavam no estúdio, localizado em um pequeno prédio de um amplo shopping aberto na Barra da Tijuca, no Rio. Os números eram suntuosos, inclusive os de faturamento.

A estrela principal do canal havia se mudado para São Paulo naquele ano para, segundo ele, ficar mais próximo de oportunidades de trabalho, como shows de seu Bonde e aparições pagas em eventos. Em períodos de gravação, voltava ao Rio, onde mantinha um apartamento próximo ao estúdio da Royale. Usualmente, passava a semana em terras cariocas para gravar o máximo possível. Isso ocorria uma vez ao mês. Nas outras três semanas, os sócios da Royale se encarregavam de editar e publicar os vídeos, responder a comentários, trocar e-mails comerciais, fechar patrocínios, pesquisar temas e apurar para escrever os roteiros dos próximos vídeos. Antes das gravações, a equipe testava receitas que seriam preparadas por Stronda, ia ao mercado comprar os ingredientes, preparava o cenário – uma cozinha pré-montada no estúdio –, ajeitava a agenda com possíveis convidados dos quadros – naquela semana, Felipe Neto prometia comparecer (mas faltaria, avisando na manhã do mesmo dia da gravação) –, selecionava perguntas de fãs para serem respondidas, preparavam piadas. Armavam todo o barraco. A Stronda, cabia aparecer no horário marcado e emprestar seu carisma e corpanzil ao Fábrica de Monstros. Todavia, os sócios da produtora não estavam felizes com sua estrela. Em especial pela falta de pontualidade.

Estava marcado para Stronda comparecer ao estúdio às 11 da manhã daquela segunda-feira. Já eram 15 horas e nem sinal do monstro. Finalmente, por volta de 17 horas, a mãe de Stronda, que ainda cuidava de agendar os compromissos do filho, respondeu a um dos e-mails. Ela alegava que havia confundido os dias de gravação e marcado o voo para terça-feira, no dia seguinte. Nisso a equipe teve de desarmar todo o barraco, guardando ingredientes, desinstalando a iluminação feita para os vídeos, comendo os pratos que já haviam aprontado. Os oito que se dedicavam à tarefa e, em especial, Paulo, o Boleta, exibiam clara indignação com o que avaliavam como pouco caso de Stronda, que nem ligou para se desculpar pela falta.

"Ele sempre faz isso. Combinação de cabeça de vento com estar nem aí", bufava Paulo. "Pra piorar, a mãe dele queria desmarcar as próximas gravações pois o filho tá dodói. De jeito nenhum. Ele vai vir gravar de qualquer forma."

Stronda era um cara que levava a vida numa boa. Em muito similar a grande parte dos youtubers brasileiros de sucesso. Ele acordava sempre tarde, lá pelas 13 horas. Quando cedo, 11 da manhã. O pessoal da Royale costumava marcar as gravações com ele às 14 horas, já esperando que ele atrasaria e chegaria lá pelas 16 horas e com vontade de ir almoçar. Usualmente, depois de filmar, trabalhar em alguma música do Bonde ou qualquer outro compromisso, ia malhar à noite. Na academia, tanto no Rio quanto em São Paulo, costumava levar horas para concluir os exercícios. Isso por serem muitos os exercícios – da forma tradicional do *bodybuilding*, revezava a parte do corpo que malhava a cada dia. Mas também demorava na academia por gostar de trocar ideia com outros monstros, por ser parado para fazer selfies e dar autógrafos. Como todo youtuber famoso, ainda mais em seu nicho, levava mais tempo para fazer qualquer coisa do que um anônimo. E ia dormir tarde, fosse jogando algum game de tiro no videogame, divertindo-se com a namorada ou outra coisa. Para acordar tarde no dia seguinte e repetir o ciclo.

Já o time de oito pessoas da Royale costumava levantar mais cedo nas semanas de gravação para esperar o monstro dar as caras. Naquela segunda, independentemente das reclamações de Paulo, o Boleta, Stronda realmente não apareceu. E no dia seguinte, terça-feira, só foi chegar no estúdio às 19 horas, sendo que o esperavam desde o meio-dia. E repetiu o expediente ao longo da semana.

"Vou te falar. Se pudesse largar isso, poderia até largar. Mas, uma vez no YouTube, difícil sair pra fazer outra coisa", reclamava Paulo.

A irritação era ainda maior porque já fazia um tempo que Stronda estava enrolando para se dispor a gravar. Tinha marcado para a semana anterior. E faltou. A desculpa era o tal "dodói" apontado pela mãe do monstro. Em uma história que havia começado algumas semanas antes e contava com a participação de outros dois youtubers de peso.

O primeiro episódio da saga começou quando Júlio Cocielo, youtuber e humorista que em 2016 passou dos 10 milhões de seguidores,[66] convidou Stronda para o quadro Bate ou Regaça, que ele havia criado para o programa televisivo *Pânico na TV*. No quadro, famosos – principalmente youtubers, como Felipe Castanhari (do Nostalgia) e Whindersson Nunes – disputavam numa gincana de perguntas e respostas. Com um elemento apelativo, quem perdia tinha de tomar um soco na cara.

Desde que o quadro surgiu, naquele mesmo ano, fãs nas redes sociais pediam pela participação de Stronda. O motivo era óbvio. Queriam ver o monstro socando alguém com seu muque de veias saltadas. O que veio a acontecer.

A primeira participação foi com Lapela, um funcionário magrelo e alto da produção do *Pânico* que havia aparecido ao público justamente por ter começado a participar do Bate ou Regaça. No dia, Stronda acabou por dar um murro forte no queixo de Lapela, que caiu desacordado. A internet pirou. As pessoas começaram a dizer que Lapela merecia ser vingado, colocando alguém do tamanho de Stronda para desafiá-lo. Quem seria o elegido? **Kleber Bambam**, que viria a ser o autor do dodói.

Bambam, que sonhava em ser paquito da Xuxa quando mais novo, havia ficado famoso em 2002, quando ainda tentava a vida como

---

[66] 18 milhões em 2019.

dançarino de axé. O status de celebridade veio por ter vencido a primeira edição do reality show Big Brother Brasil, o BBB, na Globo. Depois, aventurou-se em alguns programas de comédia na TV, mas acabou caindo no ostracismo por um tempo. Voltou a figurar na mídia ao postar fotos nas redes sociais mostrando um físico remodelado. Se na época de BBB ele já ostentava um *shape* em dia, agora tinha o corpo do que passou a denominar de "mutante". Seu físico combinava com o visual do boneco do Hulk que ele passaria a destacar em gravações que começaria a fazer no YouTube.

Bambam virou youtuber em 2015. Numa ironia, sua estreia se deu justamente ao lado de Stronda.

"Se ele chegar, já sabe quem tá chegando só de olhar", dizia Stronda apresentando o convidado da vez. Mesmo sem olhar na cara dele. "É um convidado pra lá de especial."

O quadro do Fábrica de Monstros colocava o monstro de frente com o mutante. Em clima amistoso, o primeiro entrevistava o segundo, querendo saber como ele havia se interessado pela malhação. Bambam malhava há duas décadas, bem antes de Stronda começar nisso. Na real, já puxava ferro quando Stronda ainda saía das fraldas, visto que tinha também quase 20 anos de idade a mais que o entrevistador. No programa, Bambam aproveitava a audiência superior a 1 milhão de fãs do colega para contar que daria início ao próprio canal no YouTube. Uma estreia que viria a ocorrer pouco tempo depois.

No primeiro episódio do canal do Bambam, o convidado seria Stronda. Depois do "dodói" que viria a ocorrer, a equipe do Fábrica se arrependeria de ter deixado seu astro ter servido de escada virtual para o ex-BBB se dar bem na internet. Internet que, após Bambam ter sumido da TV, se tornaria seu principal ganha-pão.

"Meu brother. Meu irmão", fazia sala Bambam ao abrir a porta para o monstro em seu incipiente Canal do Bambam.

No vídeo, Bambam fazia cara de enfezado, destacando os músculos. Stronda dava uma de monstro, com careta que representava a atitude. E ambos malhavam juntos, levantando 100, 150 quilos, em aparelhos em um galpão de musculação.

No ano que se seguiria, um continuaria a dar cartaz para o outro. Isso até Júlio Cocielo jogar lenha na fogueira. A história começou quando Bambam topou o convite para vingar Lapela no Bate ou Regaça.

O primeiro encontro na TV de Bambam e Stronda já acenderia o confronto. A ideia era criar uma encenação de uma briga entre os dois. Nos bastidores estava tudo combinado. Um xingaria o outro, poderia ter algum contato físico de leve. Tanto a produção do *Pânico na TV*, quanto Cocielo, daria dicas aos dois, mutante e monstro, de como espetacularizar o encontro.

"Braço fino aí. Tá achando que tá grande", provocava Bambam enquanto pressionava a testa e o nariz na testa e nariz do rival.

"Mutante de merda. Sem poder. É qual mutante? Xavier? O velhaco", retrucava Stronda, com a certeza de que assim superava o colega nas provocações.

A troca de olhares se intensificava até Bambam exagerar um tanto e improvisar. Deu um forte empurrão no rival, quase derrubando-o.

"Tá maluco, rapá", gritou Stronda, sem querer recuar.

O monstro partiu para cima, segurado por Lapela, Cocielo e outros membros da produção. Tirando os dois gigantes da briga, todos acreditavam que tudo não passava de encenação. Ambos, contudo, pareceram não engolir as provocações, meio combinadas, meio não compreendidas. Os espectadores aguardavam pela briga. Ou ao menos a usual troca de sopapos, justificada pela derrota ou vitória na briga de perguntas e respostas do Bate ou Regaça.

"O duelo agora é virtual", cortava Cocielo, jogando um balde de água fria nos ânimos.

Aquele episódio acabaria assim. Mas seria apenas o início de um desentendimento maior entre o monstro e o mutante. No Twitter, o *Pânico na TV* promoveria uma batalha de hashtags entre os fãs mutantes de Bambam e os monstrinhos de Stronda. O que era para ser apenas um show ganhava contornos mais reais também fora das telas da TV e da internet.

"Ele levou a sério demais", comentaria Paulo, o Boleta. "Saiu do controle."

Na TV, ambos participariam, ao longo de um mês, de uma série de disputas de força. Meio no estilo daquelas competições de o homem mais forte do mundo, puxando caminhões. Stronda permaneceria na frente no conflito físico, com a vantagem de sua idade e, ainda, pela desculpa de Bambam de que ele tinha se machucado durante treinos. O ponto alto se daria naquele julho de 2016, pouco antes de Stronda faltar às gravações no Rio e de sua mãe se preocupar com o "dodói" do filho.

"O Chico Bento faz parte de qual turma?", era a pergunta enviada aos dois no Bate ou Regaça. Agora era pra valer. Quem batesse primeiro no botão vermelho da mesa teria direito a responder. Bambam saiu na frente.

"Chico Bento?", perguntou-se Bambam, com cara de quem não sabia direito do que se tratava. "É do, do Cebolinha. Turma do Cebolinha."

"Meu Deus!", berrou Cocielo, levando as mãos à cabeça. "É Turma da Mônica. Mauricio de Sousa, desculpa. A culpa não é nossa. Perdão."

O erro concedeu a primeira chance de soco a Stronda. Para a equipe do monstro, estava combinado que a porrada seria de leve.

"Brasil, está preparado, Brasil?", questionou antes o monstro, encarando a câmera como quem tem certeza que o Brasil todo estaria vendo o programa.

O sopapo, depois de uma primeira tentativa falha, foi de leve. Stronda não queria machucar. Sabia que a força deveria ser medida pelo espetáculo, não pela briga. Em reação, Bambam, o mutante, uivou como um lobo.

"O grito da dor", brincou Stronda.

"Vai virar lobisomem", tirou sarro Cocielo. "Agora acerta a próxima lá."

"Pegou, pegou. Agora ele é meu. O Brasil quer ver", prometeu Bambam, dando brecha para a próxima pergunta.

"No desenho *Bob Esponja*, qual é a cor do Patrick Estrela?"

O ex-BBB mais uma vez foi rápido na munheca e apertou o botão vermelho.

"Quero só ver, hein?", questionou-se o próprio Bambam. "Rosa", afirmou, acertando, após um tempo de profunda reflexão. "Bora, 'cumpadre'. Bota a cabeça. Brasil! É aí no Parque Ibirapuera. Cheguei. É a hora."

"Vamo lá", reagiu Stronda, fazendo o sinal da cruz na testa e nos peitos.

"Vem pro papai, vem", Bambam preparou o soco. "Brasil, *I love you. I love this game*. Um, dois, três. Cabeça no Parque do Ibirapuera. É agora."

Depois de um leve ensaio, o direto de direita, vindo lá de trás, pegou em cheio no queixo de Stronda. O monstro cambaleou, levou as mãos à cabeça, agachou-se. Parecia até encenado. Mas não era.

"Ahhhhh", gritou, num urro, ao se levantar. "Vem com o monstro", acrescentou, com o rosto avermelhado e os olhos um pouco perdidos.

Em nada adiantou Stronda ter ganho na pergunta seguinte (que não incluiu soco; ou ele provavelmente se vingaria à altura).

"Quem é o atual presidente do UFC?", foi a pergunta. Bambam, mais uma vez, bateu antes no botão vermelho.

"É o Cebolinha", zooou Cocielo. "O Cascão", acrescentou Stronda. "Família Fertitta", respondeu Bambam em mais um erro. O que levou Stronda à vitória na disputa de meses do Bate ou Regaça. O que lhe concedeu um troféu quebrado, umas horas de exposição na TV e o "dodói" que preocupou a mãe.

"Esse é o poder do monstro. Pode vir qualquer um, filha da puta. Não pode falar palavrão, foi mal", comemorou o youtuber bolado.

"Acabou o Bate ou Regaça pra sempre", encerrou Cocielo já avisando que não faria mais o programa. A associação de sua imagem, como youtuber, com o *Pânico na TV* não havia rendido tanto quanto ele esperava.

No dia seguinte, o monstro foi parar no hospital. Segundo denunciaria Paulo, o Boleta, uma semana depois, o murro de Bambam havia deslocado o maxilar de Stronda. O estrago tinha sido feio e o monstro estava à base de remédios. Sua mãe, que cuidava da agenda, tinha cancelado uma série de compromissos do filho. Inclusive pediu para atrasar em uma semana as gravações do Fábrica de Monstros. Na semana remarcada, Stronda viria a se esquecer do primeiro dia de filmagens e chegaria atrasado a todos os outros. Ao menos o astro do canal já tinha se recuperado da dor. Ou assim alegava.

A rixa entre Bambam e Stronda continuou depois de encerrada a versão televisiva da mesma. Ambos pararam de se falar. Sendo que Bambam tentava a reconciliação, enquanto o monstro e sua equipe do Fábrica tinham o rival como um idiota. Não havia pegado bem o ex-BBB ter levado o show tão à sério. Entre os fãs de ambos também se continuou a discussão na internet. Nessa era de youtubers e outras celebridades online, parece que qualquer faísca vira motivo para o povo se empolgar nas redes. Nesse caso, gente que não tinha muito mais a fazer do que ficar espalhando palavras de ordem, hashtags de "team-mutante" e "teammonstro", xingamentos e afins.

Cerca de um semestre depois, já em 2017, Bambam conseguiu voltar a falar com Stronda. Ele alegava que ficou uma hora e meia, de madrugada, trocando ideia com o ex-colega em um telefonema. Os dois teriam conversado e deixado a história pra lá. Os fãs, mutantes e monstros, contudo, pareciam ainda não ter superado a história e continuavam a se provocar pelas redes.[67]

"Você não é aquele menino da internet?", perguntou uma senhora, de uns 50 e tantos anos, a **Júlio Cocielo**, na saída de uma farmácia no bairro de Jardim Bonfiglioli, em São Paulo.

"Sim, acho que sim. Devo ser", respondeu, rindo, Cocielo.

"Eu durmo com você."

"Oi?"

"É que meu filho vê seus vídeos à noite, às vezes de madrugada. Muitas vezes acordo de meu sono ouvindo você falando. Sabe? Tenho de pedir pro meu filho desligar o computador", explicou-se a senhora. "Você tira uma selfie comigo? Meu filho adoraria."

"Claro", Cocielo abraçou a senhora, olhando para a câmera e fazendo uma típica careta de selfie, com a língua para a fora e apontando os indicadores para o celular.

"Mas você podia falar menos palavrão nos teus vídeos, né?", sugeriu a mãe do fã. "Cê xinga muito."

"É. É meu jeito. Mas tenho certeza que teu filho não vai começar a falar palavrão por isso." Cocielo saiu andando de costas em direção

---

[67] Em 2017, Stronda saiu do Fábrica de Monstros após muita briga com os sócios da Royale. Outro apresentador entrou em seu lugar no canal e ele lançou sua própria página no YouTube.

ao seu carro, um Honda Civic. Modelo modesto visto sua fama no YouTube. Mais ou menos um mês antes, Cocielo comemorou a marca de 10 milhões de inscritos no vlog **Canal Canalha**. Tratava-se do terceiro youtuber brasileiro a superar a simbólica marca, atrás de Whindersson Nunes e do Porta dos Fundos.

Em pouco mais de um mês, Cocielo já estava quase superando os 11 milhões.[68] Youtubers brasileiros com essa quantidade de fãs tiram, em média, 100 mil reais mensais só com o site (como o valor real depende do número de views de cada vídeo postado e também dos anúncios atrelados a essas visualizações, o lucro pode variar muito a cada mês). Isso sem contar extras, como o protagonismo em comerciais – ele era garoto-propaganda, por exemplo, da Coca-Cola e da Renault –, participações em eventos e aparições em programas de TV, como o que ganhou por criar e apresentar o Bate ou Regaça, no *Pânico na TV*, e por disputar e fazer sala no *Legends of Gaming Brasil*, da MTV, no qual youtubers, como ele, a dupla do Casal Nerd, Malena e o Rato Borrachudo competiam em jogos variados de videogame. Em outras palavras, Cocielo poderia até ter um Audi, uma BMW, em vez de seu Civic. Entretanto, não combinaria com seu estilo, ele acreditava.

Diferentemente de boa parte dos youtubers, Cocielo gostava de manter hábitos modestos. Não demonstrava vontade nem de sair do bairro de classe média baixa de Osasco onde morava.

"Aqui não me tratam como celebridade. Só sou o Júlio, o vizinho, o amigo de infância, o cara que às vezes passa pela rua."

Ele era dono de dois carros – o outro era um Citroën C3 que deixava mais aos cuidados da mãe – e um apartamento. Mas preferia continuar a maior parte do tempo dormindo em seu quarto na casa da mãe, que finalmente estava em reforma, num reparo bancado pelos seus ganhos como youtuber e que visava, por exemplo, dar um tapa nas paredes desgastadas da residência. E bebendo nos mesmos botecos em que sempre gostou de beber.

---

[68] 18 milhões em 2019.

De amigos, fez alguns novos. Como Felipe Castanhari e Christian Figueiredo, que o haviam ajudado no início da vida de youtuber, quando ambos eram maiores que ele no babado. E Rafinha Bastos e Cauê Moura, estes mais colegas próximos de profissão do que propriamente íntimos.

Só que quando perguntado sobre quem seria seu melhor amigo, responde que é Igão. Este auxiliado por ele para virar youtuber, com o canal **Igão Underground** (então uns 2,5 milhões de fãs,[69] a maioria por conta da influência de Cocielo em captar seguidores). Só que esse amigo não era próximo por ser celebridade, por ser youtuber. Mas por ambos terem crescido juntos em Osasco. A maior parte da turma de Cocielo é de garotos de Osasco que sempre estiveram com ele e que, na esteira do sucesso do amigo mais famoso, resolveram abrir canais no YouTube para tentar ganhar uma graninha com vídeos nos quais não são nada além de eles mesmos.

Naquela segunda-feira, Cocielo estava um pouco aborrecido por ter tido que desmarcar um importante compromisso fixo com esses seus amigos: jogar futebol à noite. Magrelo, alto, de físico desengonçado, Cocielo nunca foi um ás dos esportes. Só que sempre gostou de bater uma bolinha semanal. Naquela semana, teria de desmarcar o passatempo para gravar um comercial para a Coca em uma mansão alugada no Morumbi, ao lado de uma penca de youtubers, como seu amigo Castanhari.

Ele e Castanhari chegaram praticamente no mesmo minuto ao local de gravação. O amigo se juntou a Cocielo para ajudar uma turma da produção a carregar alguns equipamentos para dentro da casa, antes de anunciar ao vento que odiava Felipe Neto, com quem alimentava uma conhecida rivalidade no YouTube.

Na cena de quando ele entrou em seu Honda Civic, no mesmo dia, depois de se desvencilhar da senhora da farmácia que o considerava "xingador" demais, Cocielo deu fim ao rosto quase sempre feliz e sorridente e soltou uma bufada.

"Não entendo esses pais que acham que eu ferro com a vida dos filhos deles. Quem sou eu para ter alguma responsabilidade com essas crianças? Será que sou realmente mais influente que os pais ou professores

---

[69] Uns 3,6 milhões em 2019.

dos meus fás? Pensa comigo, eu xingo lá no meu canal, bebo cachaça até cair, mostrando que ficar bêbado não é uma coisa muito legal, e os pais vem colocar a culpa em mim pelos seus filhos terem o mesmo comportamento. Até parece. Esse tipo de crítica burra costuma vir de pais que num fim de semana qualquer enchem a cara, se empanturram de comida *trash*, soltam palavrões a torto, brigam com os outros. Eles que são a má influência. Teve uma vez que esse tipo de pai me irritou. Era um gordo, com dois copos de cerveja, um em cada mão, ambos pra ele, que me abordou na final da Olimpíada do Rio, na que o Brasil ganhou da Alemanha."

Cocielo havia sido convidado por uma marca esportiva para comparecer ao evento. Ele não rejeitou. Não pela marca, mas para ver o futebol, do qual é fá. Justificaria que não tinha como ele, paulista de origem humilde e vidrado na paixão nacional, recusar uma viagem ao Rio de Janeiro para ver a seleção masculina levar a medalha de ouro pela primeira vez na história. Com amigos youtubers, Cocielo pulava, gritava, torcia e bebia. Maior de idade, já com seus 23 anos, e com dinheiro no bolso para comprar a própria cerveja, nada devia a ninguém. Podia encher a cara o quanto quisesse.

"Que exemplo feio esse, menino. Você virando todas aí. Tá vendo meu filho, aquele ali *(dizia o pai gordo, enquanto apontava um garoto de seus 10 anos de idade, igualmente gordo)*? Ele te admira muito. Aí vê você bebendo aqui e vai fazer o mesmo em casa. Essa geração tá perdida por isso."

"Pera lá. Mas você tá com duas cervejas na mão. Você tá bêbado. Você tá bebendo. Quem influencia mais a vida do teu filho? Eu ou você? Será que ele vai encher a cara por ter me visto fazendo isso? Ou por ter visto o pai bebendo até cair? Na boa, se toca."

Normalmente Cocielo não responderia com equivalente grosseria. Ele era do tipo educado com os fãs. Por exemplo, se pensava em ir ao shopping para comprar uns shorts, já calculava que necessitaria de umas duas horas para a tarefa. Uma que, quando ele era "gente normal", levaria 20 minutos. No cálculo, incluía o tempo dedicado a tirar selfies para o Instagram dos fãs, gravar vídeos gritando "e aí, seus putos" pro Facebook alheio etc.

Teve uma vez em que foi ainda mais turbulento, quando aceitou um convite do apresentador de TV (e youtuber de oportunidade) Celso Portiolli para um almoço em um shopping. Enquanto fãs os cercavam, sem ter por onde sair, Cocielo só pensava "Caraca, há um ano eu assistia esse cara aos domingos na TV. Reconheceria a cara dele em qualquer lugar. E agora, do nada, tô comendo com ele. Almoçando com o Portiolli. E estão me reconhecendo".

Não se trata apenas de deslumbramento. Era mais uma constatação mental do que uma coisa na linha "nossa, eu ando com famosos!". Tratava-se do garoto magrelo de 23 anos que ia mal paca na escola e era apontado por professores como um fracasso, se tocando que tinha dado certo na vida. Com Portiolli, tirando selfies com a garotada em um shopping.

Sim, às vezes o assédio incomodava. Não por ter de dedicar tempo a ele. Mas simplesmente por ele vir, em várias situações, em momentos inoportunos.

"Cocielo? Cocielo! É você? Pô, tira uma selfie aqui?"

Um adolescente, numa ocasião, o abordou enquanto ele sacava dinheiro no caixa eletrônico. Bem no momento em que precisava digitar a senha da conta na tela. Cocielo cancelou a operação bancária, virou-se constrangido, tirou a selfie com o fã sem falar palavra alguma, desviou-se de uma fila de outros jovens que se formava atrás dele, correu para o carro, respirou fundo e ficou sem dinheiro vivo na carteira.

Já teve outra vez, no mesmo dia em que foi tachado de boca suja pela senhora mãe do fã, em frente à farmácia, que uma penca de estudantes do ensino médio, uniformizados, esperaram ele sair da agência do banco, onde conversava com o gerente de sua conta sobre o financiamento da reforma da casa de sua mãe. Tinha começado com um só jovem na porta da agência bancária, que havia visto Cocielo adentrar o recinto, tentou alcançá-lo, sem sucesso, e optou por aguardar na parte de fora pela saída do youtuber. Só que aí esse jovem começou a enviar mensagens de WhatsApp a amigos. Em cerca de 20 minutos eram quase vinte adolescentes na porta do banco, na expectativa de trocar umas palavras com o ídolo.

"Aposto que ele vai sair pela porta dos fundos", opinou um deles.

Cocielo deixou o banco pela frente. Foi agarrado de imediato. Acabou por dedicar uns 15 minutos para atender os fãs, antes de correr para a farmácia vizinha à agência.

Lá a atendente pediu um autógrafo, outros o fitavam com o canto do olho e a senhora mãe do fã pediu pela selfie e lhe deu bronca.

A rotina normal de um cara seguido por mais de 5% de toda a população brasileira. Porcentagem que se torna ainda maior e mais relevante quando se leva em conta que, via de regra, apenas os mais jovens querem segui-lo. Dentre a juventude, aí já é quase certo que todos o conhecem ou ao menos ouviram falar dele.

Prova disso era o cuidado que Cocielo precisava tomar ao marcar seus compromissos. Teve uma segunda na qual ele precisava ir à IQ, a agência (*network*, como se chama no meio, no qual se abusa dos termos em inglês) que negociava contratos em seu nome. A reunião estava marcada para meio-dia. Um erro estratégico. Motivo: no mesmo momento acabava o horário de aulas numa escola próxima ao endereço. A saída do colégio, repleta de crianças, representou um baita empecilho para Cocielo. Ao chegar ao local, sozinho em seu Civic, experiências anteriores – levemente traumáticas – levaram-no a estacionar o veículo nas proximidades e avisar, via mensagem no WhatsApp, que precisaria de mais uns 30 minutos para chegar ao local. Era o tempo que acreditava que levaria para esvaziar a frente da escola. No ínterim, ficou dentro do automóvel, de vidros fechados, escutando música. Funk carioca, como inspiração para um vídeo que faria em seu canal. Ele deixava a barba crescer para ficar com o visual que esperava para se passar por funkeiro no clipe que gravaria. Não deu muito certo. Em vez de uma barba robusta, acabou por ficar com um bigodinho ralo, estilo "motoboy", como denominava.

Tá ligado, moleque (ou, melhor, "moleke", com o sotaque de periferia paulista), nosso fígado tá como? [...] Pode falar o que for. O seu preconceito nem me espanta. O álcool que você limpa as mãos eu uso pra limpar a garganta [...] Aceito a sua opinião se ela vier em formato de doses [...] Alcoólico anônimo é o caralho. Sou é alcoólatra assumido.

Cantava em seu funk "Bebo pra ficar ruim" (de quase 13 milhões de views[70]), que escreveu ao lado de MC Rozi e lançou em seu Canal Canalha. No clipe, resumia bem quem ele era, ou como se imaginava. Bebia com os amigos. Era gente boa com o barman, dividindo com ele uma birita. Mostrava o dedo do meio e pegava nas bolas, em sinal de desafio, frente a quem o contesta.

Numa típica piada de seu estilo, tirava a camisa e, com a câmera focando apenas suas caretas e seu torso nu e magrelão (um "boneco de posto", chegava a se definir), simulava se masturbar ao ar livre. Cocielo sabia que provocava o público e acreditava que estava aí o segredo de seu sucesso. Ele, o homem comum, não o youtuber, era piadista, provocador, adepto do humor ácido. Não deveria ser diferente em seu canal. Se fosse, iria naufragar, pensava ele. Danem-se as mães caretas dos fãs. O que lhe importava era a risada (e o clique no play) desses fãs. Para quem não gostava, já começava a abrir alguns (poucos) de seus vídeos com uma mensagem no estilo: "Vou falar palavrão mesmo. Se não quer ouvir sobre cu, buceta e caralho, pare aqui". Além de funcionar como alerta, tem outro motivo. Tinha se tornado comum alguns espectadores denunciarem seus vídeos mais apimentados ao YouTube. O que podia acabar por culminar na proibição, em alguma suspensão, em penas, consideradas por ele como injustas, mas que afetariam o desempenho de seu canal – em efeito contínuo, os lucros.

"Não quer ouvir xingamento? Não tem bom humor? Então, vai pra outro canal. Veja algum troço sem graça por aí, tipo Rezende ou Felipe Neto." *(Numa ironia, o algoritmo do próprio YouTube colocava Felipe Neto como um dos "canais relacionados" ao Canalha de Cocielo.)*

Não dava para negar que a autenticidade era o que garantia a fama de Cocielo. E não era fácil atingir tamanho nível de originalidade e de honestidade consigo. Quando Cocielo começou no YouTube, ele admitia que faltava a ele essa autenticidade.

"Tentava imitar os caras que já eram meus ídolos, tipo o Cauê Moura."

O incentivo indireto para se aventurar pelo YouTube veio dos colegas de escola. Desde pequeno, Cocielo queria ser comediante de TV e fazia jus à graça da escolha.

---

[70] 21 milhões em 2019.

"Mãe, quero ser aquele cara ali", dizia, ainda criança, apontando com o indicador para Bussunda, astro do *Casseta & Planeta*. "O ator."

O humor corria nas suas veias. E de um tipo fora do comum. Lá pelos 10 anos de idade, Cocielo acreditava que todos achariam engraçado o pinto que ele pintou na fachada da igreja de seu bairro, frequentada por ele e por sua mãe. Nem todos riram. Ele acabou de castigo.

"Aquela árvore ali não parece um, um, um pinto?", comentava, enquanto dirigia seu carro e segurava o riso.

O tom de humor de Cocielo não havia mudado tanto com a fama no YouTube. A qualidade, contudo, aumentou. Assim como o número dos que gargalhavam com as piadas.

"Esse bigode aqui? Nada, nem de motoboy digo que é. De motoboy é bem mais firmeza que esse. O meu é de menino de 12 anos. Parece uma sobrancelha que caiu e colou bem aqui." *(Apontava a área de seu bigode.)* "Falência."

Quando estava no colégio, era péssimo aluno. "Os professores só me passam de ano por não me aturarem mais", pensava o Cocielo adolescente, com o ego lá embaixo. Ele não queria ser um fracassado, como esperavam muitos desses professores.

Nos corredores, suas imitações do Faustão e do Luciano Huck faziam sucesso. A garotada mijava de rir.

"Aí, Canalha, você devia abrir um canal no YouTube", sugeriam os amigos. "Tipo o Rafinha Bastos."

Cocielo suava frio só de cogitar essa possibilidade. Mesmo querendo ser ator e já sendo um piadista, tinha um medo tremendo de ser zoado pelos outros quando começasse a fazer isso pra valer. "O que vão pensar? Vão tirar sarro de mim pelas costas." No último ano do ensino médio, já trabalhando como um cara que carregava caminhões numa empresa de logística (carreira que cogitava seguir), decidiu que atenderia à demanda e faria o canal. A ideia veio em abril de 2011, quando registrou sua conta no YouTube. A proposta inicial seria pegar temas gerais, como já fazia, por exemplo, Cauê Moura, e zoar em cima do assunto.

"Me diz pra que um comercial de cerveja precisa ter piada. Comercial de cerveja não tinha que ter piadinha. Tinha que ter realidade.

Sabe, mostrar o jovem bêbado na balada. O jovem explodindo o carro no poste. Matando pessoas."

Essa foi uma das tiradas de sua primeira gravação, feita com a câmera do celular (mas que já contaria com uma vinheta do Canal Canalha, o CC), no seu quarto, e que girava em torno do tema "comerciais". Apesar de ter aberto o canal em abril, só fez essa primeira filmagem em novembro. E só viria a publicá-la no fim de outubro. Não por acaso, quase fim do ano letivo. Isso porque queria evitar ser zoado na escola.

Os primeiros vídeos não atraíram muito público. Umas dezenas, depois umas centenas. Em um ano, Cocielo conquistou seguidores, mas eram poucos, por volta de 4 mil. O que depois ele ganharia em minutos, chegaria a se gabar. A fama não vinha e ele começava a apostar em um motivo. Faltava a tal autenticidade. Reparou que vinha fazendo piadas com notícias, assuntos cotidianos (de "transporte público" a "Natal"), assim como vários outros youtubers da linha dos vloggers. E, também como outros vloggers, criou um programa em que respondia a perguntas do público. Nada muito diferente dos outros.

Não era esse o tipo de humor que fazia seus amigos rirem na escola. Esse não era o humor dele. Ele tinha de ousar mais. Para ousar, era só ser ele mesmo. E o que ele gostava era de zoar geral.

Foi dessa busca pela originalidade que veio o clipe de um funk, irônico, sobre a vida de youtuber, o "Passinho do YouTube" (Camaro Amarelo e uísque importado, isso é pouco pra gente/ O que importa de verdade é a grana do AdSense/ Mas pra ter tudo isso, falta visualização/ Por isso eu mendigo o seu joinha), e uma paródia da canção brega "Não se vá". Neste último encarnou tanto o papel de Jane Moraes, vestindo uma peruca loira que usualmente usava nos vídeos, quanto o de Herondy Bueno, da dupla Jane e Herondy, dos idos da década de 1970. Só que o sucesso, pra valer, apareceu com "10 mandamentos do baile funk".

"Eu sou Marcolino Pereira. Tenho 20 ano *(sic)*/ Sou empacotador no mercadinho/ E hoje eu vou pro baile."

Cocielo zoava o personagem principal do viral (então, o "do momento") "10 mandamentos do Rei do Camarote", fruto de uma reportagem da popular revista *Veja São Paulo*: um playboy paulistano que gastava de "5 mil até o infinito, de 50, 60, 70 mil" em baladas. O vídeo original ultrapassou os 8 milhões de views só no YouTube.[71] O de Cocielo, passou dos 3 milhões,[72] numa época na qual ele nem tinha um número de seguidores sequer perto desse patamar.

Tamanha repercussão de sua paródia foi o estopim que o levou ao clube dos youtubers com milhões de seguidores. Era 2013, fazia cerca de um ano que Cocielo havia abandonado o emprego como carregador de caminhões de transporte, no qual ganhava em torno de um salário mínimo, pela dedicação integral ao vlog. Ele já tirava lucro na internet, mas coisa pouca, não muito mais do que ganhava antes. Faltava algo que lhe provasse que essa coisa de YouTube não seria passageira, uma modinha, ou um fracasso. Acordar e, de um dia para o outro, ver fãs e mais fãs se inscrevendo no Canalha, multiplicando sua fama, era o empurrão que precisava.

A dedicação à vida de vlogger não representava a ele apenas uma profissão. Também cumpria com sua meta de infância, a de virar comediante. Ainda lhe garantia uma conta bancária gorda fazendo aquilo que ele sabia fazer melhor: ser ele mesmo; e, pra isso, não se exigiam notas altas na escola ou um diploma universitário. Agora, o mais importante: o YouTube o tirou de uma depressão.

Cocielo avalia, sem o aval de psicólogos, que em 2011, quando ingressou nessa onda, ele enfrentava uma depressão aguda. Estava triste pela morte de seu segundo cachorro, que havia herdado do pai. Pai com o qual não teve um bom relacionamento. Ao nascer, já começaram os problemas. O pai queria que sua mãe abortasse. Ela não concordou.

"Às vezes acho que ela se arrepende disso", brincava Cocielo.

Seu pai saiu de casa. Levou, com ele, o cachorro.

"Senti falta do cão, não do meu pai."

Para tirar o filho da fossa, a mãe permitiu que ele adotasse outro cachorro. Em 2007, morreu o cachorro que o pai havia levado com ele. Poucos meses depois, faleceu também seu pai.

"Pelo menos agora ele não fica mais no meu pé", é o que respondia, anos depois, a quem perguntava sobre seu pai e acabava por descobrir que o mesmo morreu.

---

[71] Em 2019, 9 milhões.

[72] Quase 4 milhões em 2019.

Claro, era uma chacota. Na verdade, a morte de ambos começou a deixar Cocielo na fossa. O que só piorou alguns anos depois, no fim de 2010, início de 2011, quando morreu seu segundo cachorro. Para entender o impacto da morte de seus pets, é preciso saber que Cocielo amava tanto cáes que pensava em um dia abrir um canil, ou um pet shop, em paralelo à dedicação ao YouTube.

Ele estava em uma das piores fases da vida quando decidiu lançar seu canal no YouTube. Era uma válvula de escape. Uma forma de sair da vida real e apostar numa virtual, na qual poderia rir e fazer rir. Os baques da vida lhe deram dois traumas. Tinha medo de fazer cirurgia, sendo que precisaria fazer uma para corrigir um problema respiratório que acabou por limitá-lo, por exemplo, em fazer imitações de Faustão e Luciano Huck, como era seu hábito no colegial. E, depois da morte de dois cachorros, não tinha mais coragem de adotar um novo cáo. Só que os baques lhe renderam o Canal Canalha, o que lhe salvou da depressão e lhe deu um rumo totalmente novo e inesperado.

Depois do estouro de "10 mandamentos do baile funk", Cocielo entrou no *looping*, que por vezes parece infinito, da glória online. Na primeira curva do *looping*, multiplicaram-se os fás. Na segunda, vieram os convites a festas, almoços com celebridades e entrevistas e mais entrevistas. Uma que concedeu ao programa de rádio *Pânico* fez crescer os olhos de Emílio Surita, comandante da atração. Daí veio o convite. Surita, um especialista em detectar pessoas capazes de alavancar a audiência *trash*, propôs a Cocielo que fizesse um quadro na versão televisiva do *Pânico*. O youtuber em ascensão aceitou, mais para satisfazer o sonho de criança de aparecer na TV do que pela grana. Naquele ponto, o dinheiro vindo da TV nem era mais tanto assim diante de seu novo status financeiro como youtuber.

Para o *Pânico*, Cocielo adaptou uma ideia que tinha para o YouTube: o Bate ou Regaça. Nele, convidados disputavam num quiz, sendo que quem perdia tomava um soco do vitorioso. O quadro durou pouco. Depois de um tempo, os participantes, como o PC Siqueira (que quase teve um dente quebrado por Cocielo) começaram a se queixar, dizendo que estavam se machucando. O ápice da aventura de Cocielo na TV se deu nos episódios finais, aqueles nos quais colocou os dois youtubers boladões, Léo Stronda e Bambam, para se bater.

Cocielo veria assim as portas da TV abertas a ele. Além do *Pânico*, faria um programa de disputa de gamers na MTV. E também participaria de muitos outros televisivos, como no canal de humor Comedy Central. Vinham oportunidades para aparecer em álbum de figurinhas, no cinema, em peças de *stand-up comedy*. Cocielo virava, quase sem ele mesmo perceber, uma celebridade reconhecida em qualquer rua brasileira.

Só que continuaria a ser o YouTube o seu grande ás. Mais do que lhe dar sucesso financeiro, o YouTube o colocava no meio de ídolos que ele já admirava antes. Só que agora ele começava a ser maior que seus ídolos. Ao menos em números.

Em típicas festas de youtubers, seus colegas o rodeavam, muitos dos quais feito formigas em torno de uma bala que caiu no chão. Querendo uma mordida, empacotada como uma selfie. Virou escada para outros youtubers. Um ano após ser rei do baile funk, Cocielo se tornou um dos protagonistas dessa febre de youtubers.

"Tá olhando porque quer me dar. Tá rindo, hã? Tá rindo é porque quer me dar", cantava, em estilo *lip sync*, o funk de Mr. Catra, em clipe gravado com outros 32 youtubers.

Era o auge de Cocielo. Fim de ano, dezembro de 2015, e a dupla do Você Sabia? o havia convidado para uma festa na mansão deles. São comuns as farras de youtubers, de outros tipos de celebridades online e de gamers na casa onde moravam Lukas Marques, Daniel Molo, Sev7n e Henry, do Henrytado. Dentre os atrativos, a piscina, a churrasqueira, uma mesa de sinuca na sala e os melhores PCs e videogames para jogar a noite inteira. Para o regabofe de fim de ano de 2015, dezenas de youtubers estavam dentre os convidados, como Rafinha Bastos, Cauê Moura, Pathy (com o então namorado Felipe Castanhari) e Gabbie Fadel. Quando Cocielo soube da lista estrelada, logo lhe veio a ideia: "Temos de tirar algum sarro disso aí".

Quando estava do outro lado da tela, quando era apenas um fã de youtubers, não um dos ídolos, Cocielo gostava de ver vídeos de fim de ano de youtubers norte-americanos. Mesmo que não entendesse muito de inglês, achava bacana como várias dessas celebridades gringas tinham o hábito de se unir num mesmo vídeo para comemorar o réveillon em grande estilo. Usualmente, tais vídeos vinham em forma de clipes musicais satíricos, nos quais se retomavam acontecimentos daquele ano. "Porra, agora que sou um desses caras, posso fazer o mesmo", refletiu ao receber o convite por e-mail.

Enviou mensagens a todos os convidados da festa para checar se topariam participar da empreitada. Todos entraram no barco. Três foram além. O humorista Rafinha Bastos, Pyong Lee – o mágico brasileiro mais famoso do YouTube – e Castanhari se ofereceram para ajudar Cocielo no roteiro do vídeo.

"Eu vou botar no seu Goku... ku... ku. Por que eu sou super sayajin, in, in. Pegue no meu kamehameha, ha, ha", cantava Castanhari no trecho que protagonizava no musical.

Ao longo de uma semana, o quarteto formulou o texto de Retrospectiva de Favela 2015, que depois se tornaria a produção mais vista do canal de Cocielo, ultrapassando 20 milhões de cliques.[73] A gravação se deu num fim de semana, pegando o sábado e o domingo, na conhecida mansão do Você Sabia?. Tudo temperado com cerveja, cachaça, maconha e churrasco. Alguns viraram a noite por lá, dormindo em algum sofá ou poltrona, para aproveitar tanto a curtição quanto o trabalho.

No clipe, o protagonismo era dos homens. Dentre os 32 youtubers participantes, apenas três eram mulheres (e nenhuma cantou na música escrita pelo quarteto). No YouTube, as mulheres não se veem tão representadas. Pense nos maiores youtubers do país. Quantos dos que vieram à cabeça são mulheres?

Dentre as ilustres representantes femininas, destacava-se Nyvi. Ela, que depois posaria nua nas páginas da Playboy, servia meio que como o símbolo sexual do clipe (mas com tudo em tom de sátira, ironia; apesar de muitos dos espectadores não a verem só por esse lado), fazendo o papel da musa de decote avantajado e, como cantava Lukas Marques, no estilo *lip sync*, de "cu lindo, que cu maravilho, que cu bonito, que cu gostoso". Ao menos no vídeo, ela daria um tapa na cara dele, em vingança ao assédio.

O resultado fez cair o queixo de todos os youtubers envolvidos. No próprio escritório brasileiro do YouTube, empolgaram-se os gerentes que trabalhavam para ajudar os canais a bombar. Um deles já cogitava

---

[73] 24 milhões em 2019.

convidar Cocielo para repetir o feito todo fim de ano. Para inaugurar uma tradição, é o que pensavam.

Aquele vídeo marcaria o Canalha. No início, nas primeiras publicações, Cocielo gravava com uma câmera que parecia ter a qualidade de um VHS dos anos 90. Não havia produção de figurino, edição de som nem nada disso que seria o diferencial do Retrospectiva de Favela 2015. Também pudera. Se lá no começo o Canalha suava muito para conseguir, vá lá, mil visualizações, agora isso era conquistado em segundos.

Um post usual do Canalha demorava então cerca de 10 minutos para ultrapassar os 100 mil views. Foi o tempo que levou para chegar a esse número, por exemplo, Penalidades Ensaboadas, outra produção feita por ele ao lado de vários outros famosos da rede – dessa vez durante uma partida de futebol de sabão. Duas horas após publicar esse, atingiu-se a marca de 500 mil cliques, enquanto Cocielo jantava na padaria com amigos. Quando foi dormir, no sábado em que publicou o vídeo, lá pelas 3 da madrugada, estava próximo do 1 milhão. Ao acordar, às 13 horas, era 1,3 milhão. Um dia depois, quase 3 milhões.

"Sou tipo da turma do fundão. Se o YouTube fosse uma escola. As mães, os pais, podem me ver como má influência pros filhos. Mas a real é que a molecada sempre quer também andar com a má influência."[74] ▌▌

---

[74] Em meados de 2018, Cocielo seria apontado por alguns como racista pelo seguinte tuíte: "Mbappé conseguiria fazer uns arrastão top na praia hein". Mbappé, craque da seleção da França, é negro. A piada seguiu uma das linhas típicas do racismo, assim como é com a homofobia, ou com a misoginia: apoiou-se de uma condição do outro para humilhá-lo e, daí, tentar tirar humor. Na esteira, resgataram outros tuítes mais antigos dele: "Porque (sic) o Kinder Ovo é preto por fora e branco por dentro?... Porque se ele fosse preto por dentro o brinquedinho seria roubado", ou ainda "O Brasil seria mais lindo se não houvesse frescura com piadas racistas. Mas já que é proibido, a única solução é exterminar os negros". O youtuber se demonstrou arrependido das piadas inconsequentes e, sim, racistas, inclusive em um depoimento em vídeo publicado no Canalha. Mesmo assim, a notícia teve repercussões, exageradas ou não, comerciais, judiciais e para sua imagem. Mas não na quantidade de fãs de seu canal. Desde o tuíte infeliz, o número de inscritos passou de cerca de 16 milhões para 18,5 milhões.

A boa influência
(ao menos aos olhos dos pais)

COM: Matemática Rio; Física Total

▶ "A MÃO DO MARADONA É MESMO A MÃO DE DEUS?"

Foi a pergunta feita, em espanhol, pelo youtuber carioca **Rafael Procópio** ao Papa Francisco, um argentino. Naquele maio de 2016, ele estava entre onze youtubers, de países como Argentina, Austrália, Estados Unidos e Israel, convidados pelo Papa para uma conversa no Vaticano. Rafael era o único representante do Brasil. E era ateu, o que parecia não incomodar a Santidade, que estava a par da escolha do companheiro de conversa.

Dias antes, tinha pego um trem, depois de um ônibus, para sair do bairro onde morava, ainda próximo à favela Fumacê, em Realengo, região pobre do Rio onde cresceu, em direção ao aeroporto. Deixou sua casa bem cedo, assim não tinha risco de perder o voo para a França, onde faria conexão para Roma. Na Itália, a situação mudaria. Nada de trem, ônibus ou perrengue. Foi recebido por um motorista da Igreja que o levou de Mercedes para o hotel. Depois de quatro dias turistando pela cidade, Rafael encarou uma noite em claro, nervoso com a ideia de que, no quinto dia, encontraria o Papa.

"Tenho outra pergunta. Cachaça é água?", brincou o Papa, também em espanhol, e em seu típico tom perene, depois de dar risadas com a primeira questão do brasileiro que sentava ao seu lado.

Sua Santidade havia promovido aquele encontro com o objetivo de instigar uma ação educacional do Vaticano. Essa, contudo, era a versão oficial. Na prática, a Igreja queria aumentar seus esforços para se aproximar do público jovem. Ali representado não só pelos onze youtubers, mas principalmente pelos milhões de fãs – usualmente, jovens – que os seguem. Desses, pouco mais de 300 mil (e menos de seis meses depois, seriam 600 mil[75]) giravam em torno do canal **Matemática Rio** de Rafael (e isso sem contar as outras centenas de milhares que o seguiam no Facebook, no Instagram, no Twitter).

"Não. Está muito longe de ser água", respondeu Rafael.

A conversa não seria temperada apenas com brincadeiras. Questionou, pouco antes, o youtuber brasileiro, dessa vez com tom sério:

"O que diria para uma pessoa nascida pobre e que queira progredir na vida? Queira crescer. Eu mesmo sou um exemplo. Nasci na favela. Toda a minha família ainda mora lá, apesar de eu ter me mudado para outro bairro, próximo da mesma região. Estudei muito, busquei conhecimento, e me encanto pelas ciências. Decidi fazer Matemática. Hoje sou um professor reconhecido no Brasil. E agora no mundo. Estou ao lado do Papa! O que falaria para quem quer crescer, mas para quem falta gana pra tal?"

"É verdade que quando se vive em uma situação de pobreza, de limitação, há uma coisa muito feia que pode se apoderar de nós, que é a resignação. Nasci assim, vou morrer assim. Tem de trabalhar pela motivação. Persuadir-se para motivar. Cercando-se de esforço. Pensar: estou vivendo aqui, mas quero chegar ali. Só que sempre é preciso ter um sentido altruísta. Assim é possível combater o problema da integração. Agora, mais uma pergunta para você", continuou o Papa. "Quem é melhor, Maradona ou Pelé?"

"Pelé", afirmou Rafael, categórico.

O carioca se considerava um exemplo dessa motivação destacada pelo Papa. Quando criança, amigos em Fumacê não acreditavam muito que teria jeito de sair de lá. Estariam fadados a trabalhos manuais e malremunerados. Ou a se render à vida do crime, ao tráfico de drogas. Rafael, contudo, não se sentia resignado. Nerd com orgulho, gostava de estudar. Apesar de estar em uma escola pública, não via isso como impedimento. Afundava-se nos livros e, o que não recebia na escola, aprendia sozinho. Inglês e espanhol, estudou por conta própria, utilizando para tal a internet, games (quando criança, era fã de Sim City, cujos menus eram em inglês),

---

[75] Em torno de 1,5 milhão em 2019.

filmes e conversando com gringos em fóruns e redes sociais. Ele queria entender o que lia nos jogos de computador. Para tal, checava as palavras em inglês no dicionário a tiracolo.

Quando adolescente, ao decidir qual curso tentaria na faculdade, optou por Matemática, sua grande paixão. Não sem contestação da família. Sua mãe considerava que a profissão não ia lhe dar boas oportunidades financeiras para crescer na vida. Tinha medo que ele se tornasse "apenas um professor de escola pública". O que acabou por acontecer. Rafael ingressou na renomada UFRJ, a universidade federal, gratuita, do Rio. Ao sair, em 2006, a única oportunidade de trabalho que apareceu foi como professor. Sua mãe tinha acertado. Todavia, Rafael não via seu destino como algo ruim.

Ainda morador do Fumacê, começou dando aulas em escolas públicas da área. Iniciou na rede estadual e depois passou à municipal, no colégio Rosa da Fonseca. Quando pisava na sala, a preocupação com o baixíssimo salário dava lugar a uma satisfação imensa de poder ensinar. Ateu, nunca acreditou em destino. Só que ali tinha a impressão de que estava fazendo algo maior.

No entanto, sempre ficava uma pulga atrás da orelha. Acreditava que podia fazer mais. Não para aumentar seu salário, mas pela promoção de algo que ele teve dificuldade em conseguir durante a infância: educação. Era mais que óbvio, para ele, como um muro separava o ensino dado aos pobres, em escolas públicas, e aos ricos, nas privadas. No segundo caso, tinha na sala tablet, impressoras 3D, sites das instituições, aulas online e em vídeo para dar suporte ao progresso do aprendizado dos jovens. Nas escolas públicas, a estrutura era péssima, faltava motivação a muitos dos professores e os alunos tinham clara desvantagem em relação aos que um dia virariam seus concorrentes em vestibulares, na disputa por emprego e na vida em geral.

"É difícil demais ensinar alguém nessa situação", refletia Rafael quando pisava na Rosa da Fonseca. Em 2009, mesmo apaixonado pela profissão, a desmotivação gerada por essa situação – e também pelo salário que considerava risível, com o qual era difícil se manter mesmo como residente da Fumacê – estava acabando com seu ânimo. Cogitava abandonar a carreira. A alternativa seria realizar um curso de agente de turismo.

O objetivo era virar guia histórico, recebendo gringos no Rio (algo que ele conseguiria fazer com eficiência, visto que falava bem inglês e espanhol).

Um dia, já decidido a mudar de situação, veio um último pensamento à mente. "Não posso abandonar tudo tão fácil. Quando quis a matemática, a maioria falava que isso não me levaria a nada. Preciso ao menos fazer uma última tentativa antes de desistir. Mereço isso." No dia seguinte, propôs uma novidade para a diretoria da Rosa da Fonseca. Ele gostaria de criar um canal da escola no YouTube, ao que seus colegas professores deram de ombros. Essa coisa de internet não era para eles, que viam qualquer elemento relacionado a isso como uma aventura sem propósito.

Rafael entendeu o "dar de ombros" como um aval para começar o projeto. Na página da Rosa da Fonseca, a ideia não era compartilhar as chamadas videoaulas, reproduzindo suas aulas de matemática. Mas, sim, expandir discussões morais e éticas que costumavam surgir no colégio. Por exemplo, com vídeos sobre racismo, *bullying* e intolerância religiosa. Todos gravados com a colaboração dos alunos.

A experiência não rendeu muitos cliques. O vídeo mais assistido do canal EMRF conquistou pouco mais de 6 mil views e normalmente as produções não superavam as mil visualizações. Mas foi isso que inspirou Rafael, dando-lhe novo gás. O professor adiou a ideia de se tornar guia turístico. "Acho que esse negócio de internet pode ir muito além dos muros da escola. Imagina que esse site, o YouTube, é visto por milhões de jovens. Será que conseguiria usar ele para educar, para espalhar a matemática para esses mesmos jovens?". Rafael pegou a câmera do telefone, foi para a praia e gravou o vídeo de boas-vindas de seu canal Matemática Rio.

"Ao estudar matemática, muitos alunos podem se sentir assim." Apontou a câmera para o mar. "Como uma ilha no meio do oceano", completou, indicando a ilha. "Em que a ilha é o aluno, o oceano é a matemática que o cerca e, no continente, estão todas as outras pessoas que entendem de matemática. Para isso que estamos aqui. Para ajudar o aluno a sair da ilha e chegar ao continente. Sem a matemática, o nome dessa praia não seria Praia do Meio. Não conseguiríamos pagar a passagem do ônibus. Aliás, nem ônibus existiria."

Em 28 de março de 2010, Rafael subiu seu primeiro vídeo do canal. Na escola, professores e diretoria faziam chacota. Achavam que não passava de uma zoeira sem propósito do professor mais novo, que entrara há pouco na profissão, ainda admirado com a possibilidade de educar o mundo. Enquanto os mais experientes apostavam que o dia a dia da carreira não era tão emocionante assim.

Seu sonho era ser engenheiro. A situação na tribo não lhe agradava. O pouco contato com a dita civilização, a falta de ambição de seus pares. Olhava ao redor e não se via mais naquela aldeia, misturando roupas modernas, como bermudas, jeans e camisetas de times de futebol e partidos políticos, com costumes antigos. O sonho daquele índio era outro.

Só que não havia escola na tribo. O jovem índio tinha de viajar para a cidade para aprender. Porém, as escolas públicas da região nunca conseguiriam lhe dar as ferramentas necessárias para passar em um vestibular, assim ele acreditava. A alternativa do jovem índio, apostou o próprio, estaria na internet. Tinha ouvido que na rede era possível encontrar aulas dos melhores professores. O problema é que não tinha computador na tribo.

Ele então resolveu encarar uma viagem de barco pelo Rio Amazonas para encontrar um computador. O mais perto que achou ficava em uma *lan house* a três horas de jornada de barco. Ao acessar a internet, o YouTube, procurou pelas aulas. Achou o Matemática Rio. Seu sonho era ser engenheiro. Na matemática, encontrou um caminho. A partir de então, passou a navegar atrás de outras aulas. Encontrou também um professor de Física. E outros, de várias disciplinas.

Todos os dias, o jovem índio continuou a realizar a peregrinação em direção ao computador. Preparava-se para o vestibular, pois seu sonho era ser engenheiro. Antes de finalmente fazer a prova, resolveu agradecer aos seus professores por todas as lições recebidas. A Rafael Procópio, enviou um e-mail. Agradeceu e contou sua história. Seu sonho de ser engenheiro.

O professor Rafael recebeu a mensagem enquanto viajava a São Paulo para realizar palestras sobre sua empreitada na internet. Emocionou-se ao ler, vendo ali um motivo para continuar empenhado. Não era fácil manter o Matemática Rio. Pelas manhãs e tardes, trabalhava como professor na escola municipal. Muitas vezes ainda lhe sobrava para corrigir provas à noite. A hora de gravar suas videoaulas era durante a madrugada.

Em alguns dias era preciso virar a noite nisso. Apesar de já falar com centenas de milhares de alunos online, o dinheiro que vinha disso era quase nada. Uns trocos que conseguia tirar com os anúncios colocados pela Google em seus vídeos. Mal daria para pagar as contas caso quisesse viver daquilo. Tentava complementar com cachês de palestras e procurava por patrocinadores que se interessassem em injetar dinheiro direto no seu canal, sem ter de passar pela Google – portanto, sem precisar dividir os ganhos com a empresa bilionária do Vale do Silício.

Só que logo descobriria que no Brasil não havia muitos interessados em apoiar canais de educação do YouTube. A maioria preferia vender um produto com uma vloggeira de moda ou um canal de "faz tudo". "Se dão uma maquiagem para uma maquiadora testar, logo depois o público dela sai correndo para comprar dezenas de milhares de unidades. O que eu teria a oferecer em comparação?", questionava-se.

Antes de embarcar na ponte-aérea de volta ao Rio, voltou a verificar a mensagem do jovem índio para se inspirar a não parar de investir seu tempo naquilo. "Tem um motivo", tentava se convencer o ateu Rafael. Quando entrou no avião, logo fez o mesmo que quase todos os outros passageiros haviam realizado naquele voo específico. Direcionou o olhar a uma poltrona logo na frente da aeronave. Lá se sentava um sujeito grisalho, de óculos de lentes quadradas, de seus mais de 50 anos, com pinta de galã e porte de intelectual. Tratava-se do jornalista e apresentador de TV Pedro Bial, então à frente do popularíssimo reality show Big Brother Brasil.

Quando Rafael olhou Bial, ocorreu algo inusitado. Bial retrucou a olhada como quem diz "te conheço também". Todos se sentaram, obedeceram ao aviso de apertar os cintos e o voo decolou. Ao chegar à altitude de cruzeiro, Bial se levantou e caminhou em direção a Rafael.

"Você não é o Rafael Procópio? Dos vídeos de matemática?"

"Eu mesmo."

"Dois dos meus filhos estão estudando com você."

Era claro que Bial não se referia à escola pública na qual Rafael lecionava. Pois era mais do que óbvio que os filhos do bem-pago apresentador de TV estavam matriculados em algum colégio particular.

"No YouTube. Eles entram lá para aprender matemática. Estão se preparando para o vestibular."

"Que honra", respondeu Rafael. "Muita honra. Espero que eles estejam aprendendo."

"Sim. Obrigado pelo seu trabalho."

Ao desembarcar do voo, Rafael saiu com uma compreensão maior de sua missão. Ele educava índios amazonenses e, também, os filhos do Bial.

Se pedissem a Rafael que olhasse para trás e definisse o momento no qual passou a realmente se definir como um influenciador digital, desses que movem multidões, e a vislumbrar a possibilidade de viver de suas aulas divertidas na internet, esse momento teria a ver com o funk "Quadradinho de 8". A música virou grude mental em 2013. Era cantada pelo Bonde das Maravilhas, um grupo de cinco meninas do Rio trajando top amarelo e jeans curto e com a habilidade única de requebrar o quadril. Elas cantavam:

As Irmãs Metralhas vêm lançando um jeito novo/ Fica de pernas pro alto, faz quadradinho de oito/ Faz quadradinho de oito, faz quadradinho de oito.

O quadradinho de oito consistia em posicionar o quadril para o alto, apoiando a nuca no chão, com as mãos na cintura. Com as pernas para cima, o maior dos desafios: rebolar de forma bem específica, desenhando um oito no ar. O que o professor de Matemática antenado tinha a ver com esse bonde?

O Bonde das Matemáticas adora uma expressão/ E pra começar chama Ka Multiplicação/ Que resolve a fração (vai)/ Com a radiciação (vai)/ E potenciação (vai)/ A pedido dos lerdinhos ela vem só explicando/ Vem Thá Trigonometria/ Um a um vai transformando/ A Key no conhecimento, ela vai te ensinando/ Vem a Key Geometria/ Calculando/ Integrando/ Derivando/ Irmãs Matemáticas vem ensinando para o povo/ O meu QI é alto/ Faz octógono de oito/ Dá esse limite aqui que agora eu vou esculachar/ Eu sou a Gi do Cálculo/ Troca o "x" por 2/ Parênteses depois/ Zero por zero é zero.

Não, não, tudo errado.

Ih, quem é você?

Eu sou professor de Matemática. (Respondia, no vídeo, Rafael Procópio, em fala ensaiadinha.) *E, para resolver esse limite, você deveria usar produtos notáveis.*

Ao que o professor ensinava, na lousa verde, a forma correta de fazer a conta que era exibida por um bando de marmanjos vestidos estilo meninas do colegial. No "Bonde das Matemáticas", o canal de humor Ixi parodiava o "Quadradinho de 8" das Maravilhas. Rafael fora convidado pela trupe para cuidar da parte matemática do vídeo. Incluindo a interferência com a bronca.

Resultado: quase 10 milhões de views. A paródia se tornou o vídeo de maior sucesso do canal de comédia. E alçou a fama de Rafael. Mesmo que o vídeo equivalente de seu canal, no qual explica as fórmulas que aparecem no clipe do "Bonde das Matemáticas", ter contabilizado bem menos cliques, em torno de 57 mil.

A brincadeira chamaria a atenção do público. Principalmente estudantes que se preparavam para vestibulares e para a temida prova do Enem. Do dia para a noite, Rafael viu se multiplicar o número de inscritos em seu Matemática Rio. Quando andava pela rua, comia em um restaurante ou pedia um suco na orla carioca, desconhecidos o observavam de canto de olho. Uns gritavam: "Olha o 'Bonde das Matemáticas'". Alguns pediam autógrafos. E havia aqueles que, como Bial e o índio amazonense, agradeciam pelas lições recebidas pela internet. Aquele ano seria o da virada, sentia Rafael. Ele estava certo. Tudo correria muito rápido. No típico ritmo do sucesso na internet.

No meio daquele mesmo ano, o YouTube o descobriria. Não o site. Isso já havia ocorrido. Era a empresa. Ele seria selecionado a participar de um tipo de acampamento de youtubers, no qual teria contato com gente do calibre do pessoal do Manual do Mundo e do Jovem Nerd.

No programa (que em 2014 seria exibido no YouTube), os treze youtubers selecionados como alunos, todos em ascensão, gravaram vídeos em dinâmica de reality show no prédio da extinta TV Tupi, no Rio. Além disso, tinham aulas com os colegas mais experientes e mais famosos, como os do grupo do Porta dos Fundos. Aprenderiam ainda marketing, formas de ganhar dinheiro com seus canais, dentre outras dicas passadas por profissionais da área. O que mais saltava aos olhos: os treze teriam de gravar, em menos de 48 horas, um vídeo para seus canais, sendo que aquele eleito o melhor ganharia um bônus em dinheiro e também uma viagem ao estúdio do YouTube em Los Angeles.

"Ainda não tô acostumado com tanta gente me filmando", dizia o professor enquanto caminhava para o seu primeiro dia de aula no Creators Camp.

Os outros doze canais que disputariam atenção com o Matemática Rio naquele momento eram mais típicos do que se esperaria da internet. Havia de comédia, como o Amada Foca, criado por ex-integrantes da MTV Brasil. Tinha um de uma torcedora do Flamengo que fazia vídeos após os jogos. E também estava no jogo um de beleza feminina, outro de curta-metragens e de esportes. Assim se apresentaria o professor, na primeira aula do acampamento:

"Meu nome é Rafael Procópio. Eu ensino matemática de uma maneira bem diferente de como é na escola."

Ao se colocar em frente aos outros youtubers, sentiu clima de estranhamento. Era o estranho no ninho. O diferentão naquele mundo de canais de adolescentes, de bobagens, de vídeos engraçadinhos. Não botavam fé que ele vingaria em um país tido como pouco interessado por educação. Pudera, pois nem ele botava muita fé em si mesmo. Muito menos acreditava que teria chance de ganhar a competição contra os canais de estilo pop.

Em meio aos workshops, Rafael se aproximou de Iberê Thenório, o apresentador do canal Manual do Mundo, já um sucesso. Dentre os mentores, Thenório era aquele que circulava pelo tema mais próximo do Matemática Rio. Sua missão seria ajudar Rafael a gravar um vídeo novo de matemática, talvez capaz de levar Rafael a Los Angeles. O tema escolhido não podia ser mais exótico para o ambiente do YouTube: Sequência Fibonacci.

"Olá, amiguinho, o que será que tem a ver uma árvore, uma abelha e esse vídeo do YouTube, com a matemática?", perguntava o professor ao câmera, naquele dia operada por Thenório (que, momentos antes, explicava a Rafael como não daria para fazer umas tomadas elaboradas, com a câmera andando e tal, pois só tinha ele próprio na equipe de filmagem). "Existe uma sequência escondida por trás dessas coisas. Que é conhecida como Sequência Fibonacci."

Assim começava a apresentação de uma das fórmulas mais conhecidas dessa disciplina, elaborada no início do século XIII pelo italiano Leonardo Fibonacci, renomado matemático europeu da Idade Média. A proposta é simples e foi ainda mais simplificada na versão youtuber. Trata-se de uma sequência de números inteiros, começando por dois "1", nas quais o próximo sempre será a soma dos dois anteriores. Fica assim: 1, 1, 2, 3, 5, 8 [...]. O professor-youtuber explicou como tal ideia pode ser usada para mostrar como evoluem os galhos de uma árvore, a genealogia de um zangão (o macho da abelha) e os vídeos do YouTube. Essa última parte seria introduzida pelo rosto do Manual do Mundo, em cena na qual ambos trocariam de papel. Aí seria Rafael que filmaria.

E como se aplica ao YouTube? Os vídeos são digitais. Como tudo que é digital, os códigos seguem as sequências de zeros e uns. No caso, o algoritmo faz os tais zeros e uns seguirem ordem similar ao Fibonacci: primeiro aparece um "1" na sequência, depois mais um "1", aí dois "1s" (a soma dos dois anteriores), e três "1s", e cinco "1s" [...]. E o mesmo ocorre com os zeros. Complicado? Não tanto assim. Ainda mais nas palavras audiovisuais de Rafael. E o YouTube adorou. Gostou tanto que deu a ele, dentre os doze selecionados do treinamento, o prêmio de melhor vídeo.

De troféu, o matemático da favela de Fumacê fez sua primeira viagem internacional. Para Los Angeles, para visitar o estúdio do YouTube em Hollywood. Foi lá que sentiu, em meio ao enorme galpão repleto de equipamentos e de histórias de youtubers gringos de sucesso, que quem sabe um dia poderia tirar um dinheiro com seu canal. Viver daquilo.

Pois naquele 2013 Rafael já tinha conquistado dois elementos essenciais para alguém que quer viver de ser um influenciador digital. Primeiro, o público, conquistando uma baita repercussão com sua versão *geek* do funk "Quadradinho de 8". Segundo, o apoio, com o treinamento dado a ele pelo próprio YouTube, o network que começaria a formar, com figuras como o Iberê Thenório, e com o dinheiro que levaria de prêmio, além da viagem a LA, por ser o vitorioso do Camp. Com a verba compraria equipamento novo, como uma câmera de boa qualidade. O que faltava?

Uma renda mensal que lhe permitisse chamar aquilo de carreira. Na internet, muitas vezes esta é a última e mais difícil meta a ser alcançada.

Tem muito famoso do YouTube, por vezes com mais de um milhão de seguidores, que não consegue transformar a celebridade em renda. É reconhecido na rua, parado no shopping, mas não paga as próprias contas (ao menos não com o trabalho online). Rafael não queria ser um desses. Nem podia. Famoso ou não, continuava a ter de bater ponto na escola pública onde lecionava e madrugar para gravar os vídeos para o Matemática Rio. Um cenário que o estava desanimando. O medo é que um dia faltasse fôlego para tocar ambas as vidas e que, apesar de preferir a sua versão de professor moderno, tivesse de abandonar o projeto ousado para se dedicar às aulas tradicionais de sempre. Afinal, era por essa segunda via que ele continuava a pagar o aluguel, seu almoço, a conta de luz. Mas aquele 2013 ainda lhe daria um terceiro presente. Um que viria a pavimentar o caminho para resolver também a questão do dinheiro. Uma solução que partiria do homem mais rico do Brasil.

A Fundação Lemann, braço solidário de Jorge Paulo Lemann, então o homem mais rico do Brasil (patrimônio de cerca de 30 bilhões de dólares), procurava por formas de incentivar a educação nacional. Em 2016, passaria a controlar a revista *Nova Escola*, maior da área no país, lida por uma boa parcela dos professores. Era 2013 quando a trilha do Matemática Rio se cruzaria com a do bilionário. Em uma parceria com a Google, a Fundação Lemann queria promover canais de educação na internet. Para isso, selecionaria no site vídeos que julgasse de qualidade.

No fim de 2013, Rafael Procópio foi escolhido pela Fundação Lemann para ser um dos embaixadores do projeto YouTube Edu. No encontro com os representantes da ONG viria a conhecer os outros três embaixadores. Dentre eles, **Ivys Urquiza**, professor de Física dez anos mais velho que Procópio. Pernambucano que escolheu Maceió (Alagoas) como casa, Ivys havia criado o **Física Total**, equivalente da área da física ao Matemática Rio. Contudo, enquanto o carioca trilhou uma história de flagelos financeiros e da dureza de morar em uma favela, seu colega tinha origem rica – elemento que também motivou certa rejeição inicial à sua opção por ser professor.

Ivys se formou em Engenharia e não chegou a concluir outro curso superior, o de Física. Só que o diploma de Engenharia era mais *for show*, como ele dizia, do que uma destinação. Sua meta era dar aulas.

"O diploma foi apenas um presente para minha mãe", recorda Ivys. "Conto que sou a causa do bico-de-papagaio de minha mãe. Ela emoldurou o meu diploma na parede da casa dela. Quando as amigas dela iam lá, mostrava com todo orgulho. Elas perguntavam: 'O que é isso?'. Minha mãe respondia: 'Meu filho é engenheiro'. Mas aí questionavam o que fazia o filho engenheiro. Minha mãe baixava a cabeça e era obrigada a responder: 'Professor'. Entende? Aí tá a causa do bico-de-papagaio na coluna dela."

Ivys calculava que lutou uns quinze anos contra os julgamentos de alguns familiares em relação à sua profissão. Foi difícil convencê-los de que ser professor o deixava feliz. Realizava-se ao ver os alunos aprendendo com o que falava. Mas insistiam em compará-lo com outros homens da família. Seu pai, empresário de sucesso. Seu tio, engenheiro que trabalhou em projetos da Nasa, a agência espacial dos Estados Unidos. Ele, um professor de ensino médio. Assim o viam, ele próprio dizia.

Diferentemente de seu colega Rafael, do Matemática Rio, Ivys só deu aulas em colégios particulares. Os pais de seus alunos tinham a condição social de pagar acima de mil reais de mensalidade por filho matriculado. Em paralelo às aulas, Ivys tocava uma vida de pequeno empresário. Após ter integrado a banca examinadora do Enem, o exame pré-vestibular que ajuda a ingressar nas universidades, Ivys notou que alunos estavam perdidos sobre como estudar para a prova, ainda mais após algumas mudanças que tinham ocorrido no formato das perguntas. Para atender à demanda, criou um blog no qual respondia a questões de física, mas com foco em ensinar como se dar bem no Enem. Em paralelo, vendia pequenos cursinhos para os alunos.

Em 2012, após 24 anos como professor e acumulando uma boa poupança no banco, Ivys conta que resolveu se dar um presente de "6 dígitos" (ou seja, acima dos 100 mil reais). Tal presente seria uma nova empreitada: o Física Total. Não era, como costuma ser dentre youtubers, uma aventura de um meninão de seus 20 anos. Ele tinha 40. Ivys não teria de fazer tudo sozinho, virando madrugadas. Montou uma equipe de filmagem (em 2016, já de 9 pessoas fixas). E a empreitada não era totalmente às escuras. Os leitores de seu blog pediam, com regularidade, por conteúdo em vídeo. O youtuber quarentão entendia isso como uma demanda usual da nova geração, mais chegada a conteúdo audiovisual do que a leituras. Como forma de lucrar, além do pouco dinheiro que vinha com anúncios vinculados pela Google aos vídeos, vendia material de cursinhos online, realizava palestras, dentre outras atividades.

O plano ainda estava vinculado a uma ambição madura de um quarentão. Ivys acreditava que a internet poderia democratizar o ensino. Ainda mais em um país em desenvolvimento como o Brasil. Online, um professor que antes dava aulas somente para classes pequenas de alunos da classe média alta da sociedade podia fazer o mesmo para milhares, quiçá milhões de estudantes, de todos os cantos do país. Ao mesmo tempo em que, ele viria a descobrir, um talento como o do colega mais jovem Rafael Procópio poderia ser percebido, descoberto, seja de onde ele viesse.

Ivys sonhava alto. Imaginava como os vídeos online poderiam protagonizar uma mudança na forma de ensino dos jovens. Calculava que escolas particulares, de maior faturamento, conseguiriam se adequar às novidades tecnológicas do mundo do século XXI. Comprariam tablets para os alunos, ensinando-os a usar para fins acadêmicos e profissionais. Montariam um site, um canal de vídeos e outros recursos para atender às demandas da nova geração. Por outro lado, em um colégio público, sem tanto dinheiro em caixa, a realidade seria outra. Não haveria tablets. Não haveria site. Se bobear não teria nem acesso à internet. Ivys apostava que seu canal no YouTube teria potencial de ser a forma como qualquer estudante, de qualquer classe social, conseguiria estudar de forma moderna. Sem nada pagar por isso.

Sonhava: "Haverá uma desconstrução da escola como conhecemos". Aos leitores ainda no colégio, isso quer dizer, nas palavras de Ivys: "Esqueça os professores e aulas da forma como você provavelmente têm hoje". Acreditava que a educação online conseguiria promover o ensino em casa. De forma similar a como se pode fazer nos Estados Unidos. Em sua visão, docentes conectados, como ele, seriam a chave para contornar a falta de profissionais qualificados no Brasil. "Por que ter uma penca de milhares de professores desqualificados, passando um ensino fraco aos estudantes, se uns dez caras como eu, bons, podem fazer o mesmo, sozinhos, pela internet?", questionava-se. "Para a geração 'Galinha Pintadinha' faz muito mais sentido."

Em 2013, enquanto debatia o assunto com Rafael Procópio naquele evento do homem mais rico do Brasil, essa ambição parecia longe de se concretizar. Tanto que colegas professores viam Ivys como um lunático. "Esses caras me acham doido hoje, acreditam que estou gastando meu dinheiro à toa, mas quando der certo o louco vai virar visionário", saía reclamando quando vinham lhe encher o saco sobre o assunto. Para ele, sua meta era muito maior que as chatices. Iria revolucionar a educação nacional. Com seu canal, queria um dia cortar custos dedicados a escolas, a transporte de alunos, a pagar professores. Bastaria ver aulas dele e de professores como o Rafael para se informar. Visionário? Louco que vai se dar mal? Isso só o tempo dirá. E ainda não disse. Mas há gente, como Lemann, que aposta nesses youtubers.

No encontro com Rafael Procópio, na Fundação Lemann, tais ambições seriam debatidas. Mas não só elas.

"Ainda tenho de dar aulas regulares para me sustentar. Você consegue se dedicar somente ao seu canal?", perguntaria Rafael ao novo amigo Ivys.

Ivys contaria que ainda dava aulas no colégio particular, mas que logo poderia viver somente do canal. Ao que revelou seu segredo de como ganhar dinheiro: o site que vendia os cursinhos presenciais e online. Rafael gostou da ideia. Com o tempo, desenvolveu página similar. Mais que similar, igual. Ivys concedeu o modelo de seu site para o amigo copiar. Dois anos depois daquele encontro, em 2015, isso permitiria que Rafael deixasse o cargo de professor na escola pública e passasse a se dedicar apenas aos empreendimentos na internet. Em 2017, Ivys tomaria a mesma decisão, saindo do colégio particular onde já dava pouquíssimas aulas. Mesmo assim, receberia salário maior que o de pré-YouTube, pois havia virado um garoto propaganda da instituição.

"Faço mais-valia comigo mesmo", explicaria Ivys sobre a forma de ganhar dinheiro. "Enquanto estou aqui com você, gravando uns vídeos para lançar o YouTube Edu *(o projeto da Fundação Lemann)*, milhares de alunos estão estudando comigo pelo site e pelo canal."

A mais-valia não vinha sem dores de cabeça. Na internet, havia alunos que chamavam Ivys de mercenário. Era comum ele receber pedidos do tipo "professor, resolve essa lição de casa pra mim, vai. E preciso pra amanhã", ou "Ivys, me dá umas aulas extras pra eu entrar na faculdade, pelo amor de Deus". Ao responder, indicando seus cursos pagos, era comum o professor de Física (assim como ocorria com seu colega matemático) ser xingado de "vendido", "aproveitador" e coisas do tipo. "Eles acham que dinheiro cai do céu, que não preciso me sustentar", reclamava o youtuber quarentão.

No início, Ivys até se irritava com alguns *haters*. Nordestino, tinha de enfrentar uma sorte específica de ódio no dia a dia online. Um que já tinha preconizado antes de abrir o canal. Para tirar a carga do sotaque, havia feito aulas de oratória. Queria minimizar qualquer aversão que estudantes do sul e do sudeste pudessem ter com ele. "Aposto que no primeiro 'oxente', nos primeiros segundos do vídeo, vão desligar", preocupava-se. Tinha medo dos *haters*.

Mas conforme se tornou escolado nessa de internet, entendeu que *haters* iam surgir sempre. É preciso desprezá-los, não alimentá-los. "Me xingam por ser gordo, por ser alto, por ser nordestino, e mesmo batalhando contra o sotaque. Xingam até pelo meu olho torto, efeito de um derrame", indignava-se.

"Tá com cara de doente. Bota um óculos escuros", chegou a comentar um dos *haters* sobre seu olho.

Mas aí Ivys conferiu as respostas de seus fãs ao ódio. "Fascista, preconceituoso." "O professor é mito". Retrucavam em resposta aos *haters*. Ao que Ivys notou que a melhor forma de lidar com esse povo era deixar que se enforcassem na internet, sem dar atenção direta. Depois que o *hater* fosse humilhado, ele bloqueava a pessoa de suas redes sociais. A melhor estratégia, havia notado.

Com o tempo, ficou óbvio que havia todo tipo de gente entre seus quase 300 mil seguidores. Era melhor se ater aos que colaboravam com sua ambição de transformar a educação, não aos *haters*. Ao que ele decidiu parar com essa de segurar o sotaque nordestino. Assumiu de vez quem era, como era, e colocou um boneco de Stormtrooper (aqueles soldados de armadura branca da saga Star Wars) com roupa de cangaceiro nos cenários de seus vídeos.

"Ivys, olha como podemos mesmo transformar a educação no Brasil. Outro dia, recebi uma mensagem de um índio que diz que navega de canoa até uma cidade para poder acessar a internet, ver meus vídeos e estudar para o vestibular", certa vez contou Rafael ao colega, em um dos papos que teriam, compartilhando aquela história do indígena que queria ser engenheiro.

Ivys abriu um sorriso.

"Recebi uma mensagem parecida do mesmo índio, Rafael", respondeu.

"Oxente, ele está estudando com nós dois."

"Mas será que ele passou no vestibular?"

"Não sei. Não soube mais dele."

Quando chegou aos 100 mil seguidores em seu canal, Ivys recebeu, como era tradição no meio ao qual pertencia, uma placa prateada, comemorativa, do YouTube. Com orgulho, pegou a placa e foi até a casa de sua mãe, que tanto tentou convencê-lo a esquecer da carreira de professor para ser algo como engenheiro da Nasa, feito o tio.

"Olha só, mãe. Agora tenho 100 mil alunos. Sou o professor de Física mais famoso do Brasil."

A mãe pegou a placa e pendurou ao lado do diploma do filho. Quando suas amigas lhe visitam, ela exibe com orgulho.

"Olha, meu filho é engenheiro."

"É mesmo? Onde ele trabalha?"

Ao que ela ergue a cabeça, esticando o antigo bico-de-papagaio que entregava sua também antiga vergonha, estufa o peito e diz:

"Ele é professor. Tá vendo aquela placa? Ele tem mais de 100 mil alunos. Já foi em programa da Globo, foi convidado para o camarote das Olimpíadas, é destaque em revista. É um dos professores mais importantes do Brasil. É o mais importante!"

PARTE 3
Como ser um... youtuber

Dicas profissionais

COM: Pipocando; Maddu Magalhães; Maicon Santini

▶ "O ALEMÃO DO MEU PAI, que tinha de ser engenheiro, não botava muito crédito que isso aqui daria certo. Pedi 5 mil reais a ele pra abrir a produtora, lá no começo. Ele deu. Mas cobrou tudo de volta, em dez vezes, 500 reais por mês, sempre sem acreditar muito que meu negócio não era uma brincadeira ou algo assim. Veja só, hoje tá aí meu pai. Servindo café pra nós aqui na Blues."

A última frase é literal. O pai estava servindo o café naquele momento.

Bruno Bock, ao lado do amigo, também Bruno, mais conhecido como **Rolandinho**, estão por trás do **Pipocando**, um canal do YouTube dedicado a cultura pop, em especial ao cinema, e que então contava com mais de 3 milhões de seguidores.[76] A dupla já se consagrava como o maior canal do gênero na América Latina. Mas eles estavam ainda bem atrás do rei global do assunto, o WatchMojo (15 milhões de fãs[77]). O que não queria dizer que não chegariam a incomodar a concorrência lá de fora.

"Uma vez o WatchMojo reclamou com o YouTube Brasil que nós estávamos copiando o canal deles. Sabe, era meio verdade. Só que, caramba, nos achamos um monte aqui. Nunca imaginávamos que eles iam reparar. Ficamos tão grandes que chamamos a atenção dos gringos."

---

[76] Em 2019, 3,9 milhões.
[77] 20 milhões em 2019.

O Pipocando foi lançado em 2013, sete anos depois do início do WatchMojo, em Montreal, Canadá. A vida era duríssima para os Brunos de 2013. Ou assim eles julgavam, olhando para o passado três anos depois. Alegavam que, em 2013, tentavam de tudo para conquistar mais e mais fãs, batalhando para garantir o sucesso do canal. Para Rolandinho, a grana do fim do mês nem dava para pagar o aluguel.

Alguns meses depois do primeiro vídeo subir no canal do Pipocando, sobre super-heróis e no qual elegiam o Batman como o maior representante dessa categoria, na época em que já possuíam umas boas centenas de milhares de fãs, os Brunos optaram por uma nova tática para continuar a vencer na batalha por views. "Se o WatchMojo é um sucesso total fazendo três listas por dia, podemos ir por esse caminho e chamar atenção. E não faltará conteúdo! Na dúvida, copiamos algum assunto do WatchMojo", foi o que pensou Bock. Ao que começaram a pipocar no canal vídeos com títulos como "X maiores vilões do cinema", "X filmes sobre drogas" e por aí vai.

Não ache que a "cópia" acabou aí. Os Brunos foram ágeis em pesquisar sobre o que dava certo para chamar a audiência no maior mercado de youtubers, os EUA. Foi assim também com as thumbnails (no popular, "thumbs") do canal. Aos não-iniciados, thumbs são aquelas imagens em miniatura que servem de chamada para os vídeos no YouTube.

"Para alguns pode parecer um detalhe", explica Bock. "Mas ter uma thumb matadora é essencial para dar certo. É como a capa de um livro. Se não é foda, ninguém compra na livraria. E o YouTube é meio que como uma livraria."

No início, o Pipocando colocava como thumb o rosto de seus apresentadores, usualmente vestidos como algum personagem do cinema ou de séries de TV. Algo como o Rolandinho numa roupa apertada de Super-Homem, salientando sua barriga levemente excessiva. Com o tempo, e vendo o que dava certo com os canais norte-americanos (a exemplo do WatchMojo), a dupla passou a optar por colocar na thumb, em vez da cara deles mesmos, a face de alguma celebridade sobre a qual falariam no vídeo. Nicolas Cage e personagens dos Simpsons, por exemplo, são considerados chamarizes de primeira. Foi justamente sobre Simpsons uma das listas que o Pipocando emprestou do WatchMojo.

"Viramos profissionais nas thumbs. Outra dica: coisas como colocar +18 *(de conteúdo supostamente apropriado apenas para maiores de idade)* também chama atenção. Mas não pode abusar desse recurso a toda hora (cinco dos vinte vídeos mais vistos do Pipocando, incluindo o líder '5 filmes mais picantes do cinema' – 6,7 milhões de views –, contavam com o selo de +18). E quer outro segredo? Tá vendo esse círculo que a gente coloca em volta de algum famoso na imagem, com uma seta apontando para ele? Descobrimos que isso é uma isca matadora."

O investimento de tempo e dinheiro nas thumbs foi enorme e, para Bock, valeu a pena. Em 2016 a Blues, sua produtora, contava até com um funcionário contratado só para desenhar as thumbs do Pipocando e de outros canais que eventualmente surgem na agência. Só que a imitação das thumbs passou batido. Até porque, no caso, poderia ser considerado mais como uma inspiração. Como um pintor que olha as cores que outro usa nos quadros e decide por replicá-las. Ou alguém que saca como vídeos de gatinhos vão muito bem na internet e decide abrir um vlog sobre gatinhos.

O que pegou mesmo foi copiar os vídeos do WatchMojo. E aí não foi só inspiração. Bock e sua equipe replicaram até roteiros, listas inteiras, da contraparte gringa. O que levou uma gerente do YouTube Brasil – os maiores canais recebem auxílio de profissionais contratados pela Google, dona do site – a ligar para Bock, em tom de bronca. A relação desses gerentes com os youtubers não é só informal. Eles se tratam com apelidos carinhosos, elogios fofinhos, fazem de melhores amigos. No estilo dessa geração YouTube. Mas isso não queria dizer que o assunto não era sério.

"Bock, o pessoal do WatchMojo quer processar vocês. Ligaram lá de San Bruno (a sede do YouTube no Vale do Silício) pra me avisar. Vocês têm copiado os roteiros dos caras?", teria dito a gerente, na versão de Bock.

"A lógica dos temas, talvez. Olha, duvidava muito que eles fossem reparar. Pensava que o dia em que eles se importassem com isso… bem, pensava que isso seria impossível."

No pensamento de Bock, a frase "pensava que o dia em que eles se importassem com isso…" era completada com um "aí era a prova de que a gente tá foda mesmo".

"Bock, claro que eles se importam. Eles são o maior canal de cultura do mundo, certo? Vocês são o maior da América Latina. Como acha que eles não iam reparar? Os caras contrataram até um tradutor de português para entender o que vocês falavam."

E o fato era que alguns roteiros do Pipocando se pareciam mesmo com réplicas aportuguesadas. O que levou Bock a sair correndo atrás de advogados, em busca de recomendações do que fazer. Não teve jeito. O Pipocando precisou deletar alguns vídeos do canal para evitar um processo judicial. Os advogados de Bock confirmaram a ele que não tinha como não perder no tribunal.

Com a dor de cabeça no passado, hoje Bock e Rolandinho "tiram onda", como ambos gostam de falar, com a história. Quando contam o que aconteceu, não demonstram vergonha pela imitação. Só restou o orgulho de ter incomodado os gringos. Assim também funciona o YouTube. Para a geração da internet, de Napster, ondas de compartilhamentos no Facebook, virais, gameplays, pirataria, isso de cópia, de direitos autorais, não vale tanto. O conceito, em si, já é difícil de entender para jovens conectados, acostumados a ver, ler e escutar de tudo, de graça, sem nunca pagar.

Só que nem sempre os Brunos puderam tirar onda da vida. No começo, a coisa toda era mais difícil. Entretanto, não menos profissional, como eles gostam de frisar.

Enquanto o pai de Bock servia mais cafés, Coca-Cola e chocolates, ele e seu parceiro Rolandinho ensaiavam por onde começariam a contar a história do Pipocando. Numa sala ampla, com uma mesona no centro, no segundo andar do galpão que então abrigava a produtora Blues.

Quando se pensa em youtubers, logo vem à cabeça a imagem de uns garotos ou garotas gravando com a câmera do celular num quarto bagunçado ou na rua, ao ar livre. Como já se viu em exemplos deste livro, muitas vezes é assim. Ou como se começa. Só que é preciso deletar essa imagem da cabeça para embarcar na história do Pipocando. O que eles passaram a ser é a concretização de um sonho bem planejado.

E o que eles passaram a ser?

A produtora está em um galpão de dois andares. O edifício, em um bairro nobre de São Paulo – pedem para manter sigilo do endereço, por medo de que fãs colem na porta, tumultuando. Os Brunos evitam também ativar o recurso de localização de redes sociais, como o Instagram, para não se verem perseguidos pela plateia online (ou só marcam o local quando é *a posteriori*, colocando o post no Instagram já horas depois de terem passado pelo lugar).

Em um dos estúdios da produtora ficava montado, fixo, o cenário do Pipocando, com um sofá branco no centro, cartazes ao fundo e, sempre, um balde de pipoca. Noutros estúdios, cenários distintos usados para gravar comerciais, fazer vídeos encomendados por clientes ou gravar a programação de uma marca dona de um sistema de assinatura. *(Sabe aquele canal oficial da TV por assinatura, onde passam uns comerciais de programas? A Blues ganha dinheiro fazendo um desses.)* Pelos corredores, corre uma cadela, a mascote.

Bock e Rolandinho gostam de dizer que têm histórias muito diferentes e ambas duras, de batalhas. Trabalharam muito. No entanto, é possível ver alguns pontos em comum em suas trajetórias. Para quem quer um resumo, ambos são garotos inteligentes, que rapidamente deram certo na vida (apesar de por vezes acharem que foi demorado), vindos de famílias usuais da classe média brasileira. Aliás, como é o perfil da maioria dos youtubers do país, tirando ilustres exceções como Whindersson Nunes.

Os pormenores das histórias de ambos estão ainda em uma tripla autobiografia lançada por eles. "Tripla" pelo livro se tratar da história de Rolandinho, da de Bock e do Pipocando. Aos interessados, além de narrar a vida de 20 e alguns anos de Rolandinho e 30 e alguns de Bock, a obra elenca dicas de como se dar bem no YouTube. Fala das detalhadas estratégias da dupla para criar as thumbs e escolher os temas de seus vídeos. Os dois esperavam que a autobiografia fosse um estouro de vendas. Promessa que não se concretizou.

Quando criança, Bock já se interessava por vídeos. Ele recorda que, aos 6 anos, brincava com uma videocamera em VHS que pegava emprestada da tia. No colégio, aos 13, tinha aula de vídeo com um professor com quem um dia trabalharia em uma produtora. "Quando falei a ele que quando crescesse eu queria ser médico, ele disse que isso não iria acontecer. Que eu trabalharia com vídeos, pois era bom nisso", costumava lembrar.

"Com 18 anos tive de convencer meu velho, o alemão engenheiro, de que eu ia cursar Rádio e TV. Ele me perguntou quem eu poderia ser assim, com esse projeto. Respondi: Steven Spielberg. Ao que ele deixou claro que seria impossível. 'Quantos Steven Spielbergs existem? Um. Quantos bons médicos, bons advogados, bons engenheiros têm por aí? Montes', meu pai argumentou."

Mesmo assim, Bock convenceu o pai de que faria a faculdade de Rádio e TV. "Aí ele fez meu irmão me arranjar um emprego em uma agência. Deve ter pensado 'coloca esse moleque pra trabalhar pra ele não virar um maconheiro vagabundo'. Mas aí fui parar numa agência. Mal sabe ele que tinha me mandado pra onde mais tinha maconha", brincaria depois o youtuber, em sua era já de fama. Aí ele mostrou talento, cresceu na área, galgando cargos, até que perdeu o emprego. Foi quando voltou a contatar aquele professor da juventude, então dono de uma produtora de vídeos. Conseguiu um novo trabalho.

"Fiz a produtora bombar em dois anos", gabava-se Bock. Cheio de ânimo, mas diante do professor já um pouco mais cansado, Bock viu que podia faturar mais se voasse solo. Foi nessa época que pediu os 5 mil reais emprestados ao pai "alemão" para abrir as portas da Blues.

Em paralelo, Rolandinho já experimentava no YouTube. "Tô desde os 11 anos nisso. E demorei para me tocar que sou um dos pioneiros, um dos primeiros a fazer isso no Brasil", costuma contar por aí, em certo exagero, visto que ele começou mais lá pelos 15 do que pelos 11. Nascido no interior de São Paulo em 1993 (uma década depois de Bock), ele demonstrou interesse por computadores desde pequeno, por influência do pai, que tinha uma empresa ligada ao ramo da informática. Montou alguns vlogs de videogame, como um dedicado ao console Wii, da Nintendo (aquele com o controle que capta os gestos do jogador), durante a adolescência. Logo já começava a publicar no YouTube. "Às vezes ficava um dia inteiro só pra subir um vídeo. Isso antes até de surgirem nomes como o de PC Siqueira", lembra, quando perguntado sobre isso. Já por volta dos 17 anos, conseguia pagar viagens e alguns presentes que se dava, como um videogame.

Quando começou a postar seus vídeos de games, lá pelos 15 anos de idade, essa onda não dava muito dinheiro. Ou melhor, não dava dinheiro. E ponto. O YouTube era então um site que as pessoas encaravam mais como um tipo de álbum de vídeos de família. No Brasil, Rolandinho foi um dos primeiros a montar algo como um "canal" (o termo ainda não existia) de YouTube, no qual colocava seus vídeos sobre jogos de Wii.

Porém, muitas das gravações eram derrubadas por denúncias feitas pelas produtoras desses games, estas incomodadas com questões de direitos autorais. "Não dava nem pra colocar um trecho de um GTA", queixava-se Rolandinho. A maré mudou quando chegou ao Brasil uma agência de Los Angeles (uma "network", como chamam os youtubers) que, em países como EUA e Canadá, ganhava fama justamente por fazer a ponte entre celebridades da internet com estúdios e similares que detinham direitos de obras como videogames. A empresa contatou Rolandinho com interesse em monetizar seus vídeos. Deu certo.

O trabalho de Rolandinho logo começou a chamar atenção. Bock, então com 27 anos e dono de sua própria produtora, convidou o garoto para realizar um teste para apresentar um programa dentro daquele canal sobre grade de programação de uma TV a cabo, e que também seria transmitido na internet, como forma de promover a marca. Deu certo. Rolandinho pegou o trabalho, que consistia em falar de cultura pop a jovens, ao lado de outros adolescentes que depois vingariam no YouTube – a segunda temporada do programa contou com um jovial Felipe Castanhari, do canal Nostalgia.

Daí para frente os Brunos fizeram uma série de parcerias que culminaram na criação do Pipocando. Este, inicialmente pensado como um programa de TV, mas depois lançado no YouTube. Rolandinho por vezes viajou horas, diariamente, para se revezar entre o trabalho na capital São Paulo e os estudos em uma universidade no interior. Abandonou a faculdade, por recomendação de Bock, para se dedicar integralmente à produtora. Quando criaram o Pipocando, passaram por um tempo de maus bocados. Rolandinho dormiu na produtora, depois mal tinha dinheiro para arcar com um aluguel em São Paulo. Bock investiu suas reservas financeiras, com pouco retorno no início, em atitude que considerou de risco. Mas tudo deu certo.

"Ser youtuber está se profissionalizando. Sabemos de métricas, lidamos com agências. Damos palestras sobre isso, ao lado de diretores do próprio YouTube", Bock diria depois, após 3 anos de sucesso com o Pipocando, o que lhe garantiu, por exemplo, uma BMW na garagem.

Quando perguntados sobre dicas de como dar certo, os Brunos listam algumas ideias mais técnicas. No entanto, num clima de conversa com Kit Kats à mesa, escapou também uma brincadeira.

"Uma estratégia é se relacionar, namorar, com youtubers famosos. Olha a Nati Kreuser com o Felipe Castanhari. Ou a Maddu com o Felipe Neto."

É comum ouvir no meio fofocas de como algumas youtubers teriam crescido sendo puxadas por namorados, também youtubers, mais famosos. Outro caso muito citado seria o de Luísa Sonza com Whindersson Nunes. Porém, as youtubers citadas costumam demonstrar irritação com essa associação. Um argumento é o de que nas conversas, nas fofocas, esquecem de mencionar que há também youtubers homens, menos famosos, com youtubers mulheres, mais famosas. Como fora com o casal Kéfera (com mais de 10 milhões de inscritos[78]) e Gustavo Stockler, do NomeGusta (4,6 milhões[79]). A mencionada Nati Kreuser, que já realizou trabalhos diversos em parceria com o Pipocando, costuma acrescentar que, apesar de hoje muitos a chamarem de "ex do Castanhari", ela surgiu na internet antes do criador do Nostalgia; e ainda o teria auxiliado e incentivado com o YouTube.

"E a gente se ajuda no meio, sabe? Fale bem da gente e podemos te ajudar", recomenda Bock, em outra dica do meio dos youtubers. "Agora, se falar mal..."

Maddu Magalhães, a ex de Felipe Neto, fica incomodada, ou melhor, irritada, quando é associada ao antigo companheiro, com quem morou por cinco anos. O desconforto, no entanto, não impede que façam essa associação com extrema constância. Seja em um papo com outros youtubers ou quando se pergunta a um funcionário da Google "Quem é ela?", durante um dos eventos do YouTube. A resposta usual vai na linha "Ela tem um canal. Não lembro direito do quê. Mas é ex do Felipe Neto. Sabe?".

Há uma ironia constante na vida de uma típica youtuber como Maddu. Ao mesmo tempo em que ela escolhe compartilhar alguns assuntos pessoais na internet – mesmo a vida com Felipe Neto já foi tema de vídeos, assim como o cuidado com seu ex-cachorro, um golden retriever (ficou com Felipe após a separação), ou papos sobre paqueras com amigos

---

[78] 11 milhões em 2019.

[79] Os dados não são mais públicos em 2019.

gays –, se irrita quando o público comenta, ou faz fofoca, sobre esses mesmos assuntos pessoais. "É uma balança. E é difícil lidar com essa balança", confessa Maddu. Além disso, ela sente na pele um elemento da internet que pega muitas das novas celebridades desprevenidas: enquanto há o ar de instantaneidade nas redes, também existe o de permanência. Em seu Snapchat, Maddu coloca causos de seu dia a dia no momento em que algo ocorre. Mas aí, por vezes, fãs passam a comentar um vídeo, ou uma foto dela no Instagram, muito depois, por vezes anos após a publicação.

"No começo isso irritava demais", compartilha Maddu. "Só que com o tempo nós *(os youtubers)* temos de nos acostumar com isso, né?"

Por exemplo, quando já estava separada de Felipe Neto fazia mais de um ano, alguns fãs ainda a questionavam de como estava o (ex) cachorro dela, achando que Maddu ainda era dona do pet. Isso porque se deparavam com vídeos antigos dela no YouTube interagindo com Mike, o golden retriever que sabe fazer "high five" (o ato de cumprimentar com uma batida de mãos), na casa que ela dividia com Felipe. "Perguntam como está o Mike, se estou bem com o Felipe, mesmo tendo me separado", pontua Maddu. Além do incômodo, isso leva ao resgate de muitas memórias com as quais qualquer ex, homem ou mulher, quando anônimos, não teria de aprender a lidar com tanta frequência.

"Por favor, não falem do Felipe. Do meu relacionamento com ele", costuma pedir Maddu sempre que vai dizer algo publicamente, ou mesmo ao entrar numa festa na qual estão outros colegas de YouTube.

Porém, parece inevitável falar de Felipe Neto. O pedido acaba até por parecer um tanto irônico, apesar de justificável. Ao mesmo tempo em que ela não se sente confortável tratando do assunto, vídeos de Maddu e Felipe estão para sempre disponíveis na internet para serem vistos por qualquer um que queira saber da vida íntima do ex-casal.

Agora o que a incomoda ainda mais são as fofocas. Dizem, por exemplo, que ela teria traído Felipe com o ator e cantor Fiuk, galã da Rede Globo, um dos filhos dos sete casamentos do cantor romântico Fábio Júnior. Há quem alegue que teria flagrado os dois numa festa da MTV, trocando beijos, enquanto a ruiva ainda morava com Felipe. Maddu nega. Assim como a incomoda os outros boatos que se espalham sobre quem ela teria, ou não, beijado. Outro candidato na lista de fofocas: o ator Rafael Vitti, que participou da novela *Malhação*, programa *teen* da TV Globo. Outro: PC Siqueira.

Por mais que ela tente driblá-las, as fofocas são inevitáveis. Usualmente, a dica da moça para outros youtubers é algo como: "Tente ao menos tomar controle do que dizem da sua vida. Pois falar, vão". A sugestão ainda serve para explicar os vídeos de conteúdo mais íntimo que ela também publica em seu canal. O título de um deles, por exemplo, vai direto ao ponto: "Minhas intimidades". Assim como esses: "50 fatos sobre mim" (no qual seguiu uma tag, vídeos com o mesmo tema e título, postados por vários youtubers); "O que aconteceu? Por que ando sumida... Vamos nos encontrar?"; "Estou namorando? Apps de relacionamento e preconceitos". Neste último, ela já recorda, de início: "É a primeira vez em sete anos em que estou solteira no Dia dos Namorados. Para quem não sabe, fui casada cinco anos, depois separei, já namorei de novo, separei de novo, faz dois meses. E essa época do ano é meio complicada, não é mesmo?".

Esse último, do "Estou namorando?", sobre apps de relacionamentos amorosos, rendeu uma história à parte nos bastidores. Soube-se que o vídeo havia sido encomendado, como publicidade, por um app de relacionamentos. Iam pagar Maddu para gravar sobre o assunto. Para isso, pediram que convidasse algum(a) outro(a) youtuber para fazer com ela. Chamou o amigo **Maicon Santini**, que, naquela época, vivia grudado com ela em festas. Maddu, já com mais de 1 milhão de seguidores,[80] tentava ajudar o amigo, com algumas centenas de milhares,[81] e ainda figura um tanto desconhecida no meio.

"Encontre-me um negro bem-dotado", pediu Maicon no vídeo, como se falasse com o aplicativo do celular.

Maicon é gay e fala sobre isso em seu canal. Por vezes, em tom sério. Noutras, de brincadeira, como em "Ex passivo", paródia que fez da música "Despacito", o grudento reggaeton do porto-riquenho Luis Fonsi. Naquele ano, seu sonho era arrasar no YouTube. Ele brincava que queria ser famoso como a Kéfera. E lucrar muito. O que também seria uma boa para impulsionar sua carreira como ator.

---

[80] 1,9 milhão em 2019.

[81] Cerca de 530 mil em 2019.

Quando finalizaram a gravação, Maddu enviou uma prova para a empresa por trás do app. Ouviu em resposta algo como: "Não gostamos, você poderia regravar?". Mas o que será que não tinham curtido? A ruiva fez a pergunta. Será que o resultado não tinha ficado divertido? Ela e Maicon tinham gostado tanto. A resposta da marca não agradou Maddu.

Eles não queriam se associar ao vídeo por Maicon ser gay. Depois de muito enrolarem em pretensas justificativas, a explicação oficial foi a de que o app não tinha foco no público homossexual. Para Maddu, isso era uma forma de encobrir um preconceito velado. "Não posso ser fiel a uma marca. Tenho de ser fiel ao meu público", pensava a youtuber. E foi assim que decidiu por desprezar a opinião do cliente, escolheu abdicar daquele dinheiro e publicou o vídeo como estava (ganhando mais de 200 mil cliques nele). Sem citar o tal app da marca que antes prometera pagar por aquilo.

Com o tempo, Maddu aprendeu algumas táticas profissionais do meio. Por exemplo, em contratos que assina, como os de publicidade, costuma deixar cláusulas que esclarecem que o conteúdo dos vídeos é de responsabilidade dela. No entanto, ainda então preservava algumas das características típicas da maioria dos jovens youtubers, a exemplo de ser avoada. Por isso, justificava, os e-mails de contato que possui eram vistos por sua mãe, que então fazia a vez de sua agente, assessora e tudo mais.

Maddu evidentemente chama atenção no meio. Num momento, por ser a ex de Felipe Neto. Noutro, pela boataria em torno de quem ela pega ou não pega. Muitas vezes simplesmente por se destacar nas festas, atraindo olhares. Maddu é uma musa no YouTube e no Instagram,[82] com suas madeixas ruivas, porte de modelo num corpo curvilíneo, sorriso simpático, maquiagem sempre perfeita. Faz um tipo Mary Jane, o sonho de consumo dos *geeks*. E, pelos posts que publica em redes como o Instagram, parece ter ciência disso.

Reparou que ainda não se falou sobre o que é seu canal no YouTube? Sinta na pele como é ser uma youtuber famosa em um meio dominado por garotos: falam de seu ex, de sua beleza, de suas andanças, de detalhes de sua vida pessoal, antes mesmo de apresentarem o que você faz. Assim é com Maddu. Usualmente, o último tópico é tratar do que realmente ela publica

---

[82] Onde tem quase outro milhão de fãs.

em seu canal. Não se engane com os posts fofinhos de seus youtubers preferidos defendendo temas politicamente corretos. Na prática, trata-se de um meio, no geral, misógino, excludente, que, convenhamos, reflete muitos problemas morais e sociais comuns à rotina brasileira.

Maddu começou com as artes plásticas antes de seu casamento com Felipe Neto. Durante a faculdade de Design Industrial, transformou um passatempo que tinha em modo de vida: construir memorabilias com temas nerds, como Harry Potter ou O Senhor dos Anéis. Criou um site no qual vendia os objetos. Fez tanto sucesso que um dia foi contatada pela Disney, cujo intuito era encomendar a ela algumas linhas de objetos para venda em lojas. "Só que querem que eu me transforme numa indústria, fazendo tipo 70 mil itens com a marca da Marvel *(de propriedade da Disney)* e tal", pensou ela ao ver o esboço de contrato que recebeu como proposta. "Não sou disso. Quero fazer arte."

Depois da negativa para a Disney, a youtuber percebeu que havia um risco no que fazia. Poderia um dia ser processada pelas marcas cujos produtos serviam de inspiração para as memorabilias, por conta de embrulhos relacionados a direitos autorais. "Só que ninguém pode me processar se eu simplesmente ensinar aos outros a fazer algo bacana", refletiu. Daí veio a ideia de montar um canal do gênero conhecido como DIY (do inglês "do it yourself" ou "faça você mesmo"). O principal mote dos vídeos de Maddu não é falar sobre a vida pessoal, mas explicar como construir um pequeno trono inspirado no da série Game of Thrones, ou montar uma fantasia de unicórnio. Em paralelo ao início do canal, ainda trabalhou na produtora Paramaker, que foi fundada e era (foi vendida depois) de seu ex, Felipe Neto. Lá, também atuou em vídeos de comédia do canal de comédia Parafernalha.

Conhecer o meio, e outros youtubers, ajudou-a a se dar bem no YouTube. Também serviu de base para ela entender, desde o início, alguns princípios do sucesso na internet. Viu que era preciso ser descontraída, didática, sincera em seu canal; e que às vezes não faz mal falar de aventuras de sua vida pessoal. Contudo, ser celebridade online não traz só deleites. Com a fama, Maddu entendeu que também precisaria aprender a lidar com assediadores, fofoqueiros, invejosos, machistas e tantos outros daqueles que continuariam a apontá-la como "a ex do Felipe Neto". ▌▌

A galinha dos ovos de ouro

COM: Galinha Pintadinha

▶ — CARA, O ROBERTO vai numa reunião com um canal de TV e não tem nosso DVD pra mostrar lá de exemplo.
— O que fazemos?
— E se colocássemos o clipe no YouTube, pra verem lá, e depois tiramos?
— Boa!
O diálogo entre os amigos e sócios **Juliano Prado** e **Marcos Luporini** deu início ao que pode ser considerado o primeiro negócio realmente bem-sucedido do YouTube brasileiro. Corrigindo: das redes sociais, quaisquer que sejam. É pioneiro, e não só no YouTube brasileiro ou nas redes do país. Virou referência também em dimensão global. Quer ganhar (muito) dinheiro no YouTube? Aprenda com esses caras.
O que o Roberto ia mostrar para um canal de TV, em 2006, era um desenho musical protagonizado por uma galinha de cor azul, hoje a famosa **Galinha Pintadinha**, cujo marido, o Galo Carijó, não queria levá-la ao médico. Por isso coube aos pintinhos, seus filhotes, chamarem o doutor, um peru. Juliano e Marcos estudavam, desde 2003, um projeto no qual modernizariam canções folclóricas brasileiras com alvo no público infantil. Além da galinha, tinham clipes com índios, com um gato, para a clássica "Atirei o pau no gato", etc.
A ideia veio da cabeça de Marcos, que além de ter se formado em Publicidade na USP, em São Paulo, graduou-se em Música na Unicamp, em Campinas. Ele e Juliano já eram amigos de longa data.

Quando ambos eram universitários (Juliano estudava na FGV, em São Paulo), chegaram a morar juntos numa república, após se conhecerem por terem amigos em comum. Daí em diante o convívio foi constante.

Formaram uma banda, daquelas de bar, com Juliano na guitarra e Marcos como multi-instrumentista. Com o grupo, mandavam um repertório de MPB, Tim Maia, Jorge Ben e, eventualmente, rock brasileiro. Além da banda, também firmaram uma sociedade, que durou pouco, numa empresa do ramo publicitário focada em serviços gráficos.

Enquanto Marcos seguiu o ramo musical, Juliano caminhou pelo empreendedorismo. Para se ter ideia, a Bromelia, que veio a produzir os desenhos da Galinha Pintadinha, foi a oitava firma aberta por ele. Antes, teve sucesso com outra iniciativa na internet: um site de cartões animados no programa Flash (aquele que depois caiu em desuso por não ser compatível com iPhone, iPad e outros produtos da Apple). Nessa anterior, que durou de 1999 até 2004, criou cartões virtuais que ele considera que figuraram dentre os primeiros virais da web brasileira. De início, fazia tudo sozinho. Depois firmou parceria com portais como o Zip Net, o UOL e o IG.

O projeto que culminaria na Galinha Pintadinha começou aos poucos, durante conversas entre amigos. Depois, escolheram as músicas e começaram a gravar. Naquele início, nem se tinha ideia de que as produções girariam em torno da hoje célebre Galinha, cujas cantigas passaram a ser conhecidas por tudo quanto é criança brasileira, da América Latina, dos EUA e de tantos outros lugares por onde os desenhos se espalharam. Além de prejudicar o sono dos pais, cujas mentes muitas vezes não conseguem largar as grudentas cantigas da Galinha.

A iniciativa tinha foco em cantigas populares brasileiras. Os olhos se voltaram para a Galinha quando Juliano e Marcos sacaram que a personagem era a de maior destaque e mais carismática da leva. E como descobriram isso? No YouTube.

"Os executivos da TV não gostaram. Acharam que não tinha o perfil deles", avisou Roberto sobre a negativa dos potenciais parceiros.

"Pena. Agora é melhor tirarmos o vídeo lá do YouTube para não correr o risco de roubarem nossa ideia", precaveu-se Juliano.

Só que o primeiro vídeo da Galinha foi esquecido no site, que então começava a se popularizar mais como espaço cheio de videozinhos de bichinhos fofos e bebês em cenas engraçadinhas. Só uns seis meses depois Juliano foi se lembrar do desenho que havia colocado no YouTube.

"Preciso deletar aquele clipe que subimos no YouTube antes que dê problema com direitos autorais."

Ao acessar seu perfil pessoal no YouTube, o @juptube – que depois se transformaria no canal oficial da Galinha Pintadinha, e no qual naquela hora estavam tanto o tal desenho da Galinha quanto um curta-metragem feito com amigos –, a surpresa: o post contabilizava 500 mil views. Seguindo o jargão, viralizou de forma orgânica. No boca a boca.

Num arrisco posterior, Juliano chuta que faltava naquela época, no YouTube, qualquer tipo de espaço na internet com conteúdo de qualidade e gratuito para crianças. Ao mesmo tempo, já havia surgido nos pais o hábito de colocar os filhos em frente ao computador, com games e vídeos, para se livrarem por uns minutos. Quer dizer, para ocupar a mente deles. Era comum que procurassem no YouTube por vídeos para entreter as crianças agitadas. Devem ter caído naquele desenho da Galinha. Primeiro uma dezena de pais, depois alguns milhares, até chegar aos 500 mil em seis meses.

Hoje em dia, 500 mil, ou 500 k, como é comum abreviar no meio, é quase insignificante. Para ser considerado um viral, um vídeo precisa alcançar pelo menos 1 milhão de cliques. Mas em 2006, apenas um ano depois do lançamento do YouTube,[83] 500 k era, como percebia Juliano, "coisa pra caralho". Vídeos de YouTube chegavam a 10 mil, 20 mil, não muito mais. Para os padrões da época, a Galinha viralizou.

Jovens youtubers costumam se assustar quando conseguem um primeiro sucesso. Não foi o caso de Juliano. Antes de tudo, porque ele e Marcos não eram jovens youtubers. Ambos estavam na casa dos 40 anos, Juliano tinha duas filhas e a dupla não procurava a fama, como fora o

---

[83] Também o ano em que a Google compraria a empresa.

objetivo de celebridades online de hoje que começavam a surgir naqueles anos, a exemplo do PC Siqueira, do Rafinha Bastos ou do Felipe Neto.

O que eles queriam era ter uma empresa de sucesso e ganhar um dinheiro para garantir uma boa vida para a família. Não eram, e nem hoje são, youtubers de acordo com o significado que usualmente se dá à palavra nas rodinhas de colégio ou nas conversas em reuniões de pais. Eram empreendedores profissionais.

Como empresário, Juliano estava acostumado a números que espantariam adolescentes. 500 k para ele não era lá essas coisas. Seu site de cartões virtuais ultrapassava os 3 milhões de acessos ao mês. Outro número de dar inveja em 2006. Tanto que ele e Marcos chegaram a cogitar transformar as animações em uma linha de cartões virtuais. Desistiram da ideia quando notaram os 500 k. Cogitaram: "Quem sabe se interessem em comprar um DVD da Galinha?".

Juliano e Marcos montaram um escritório de improviso no quintal da casa do primeiro, em Campinas, cidade do interior de São Paulo. Lá, escolheram as primeiras treze canções, todas de raízes brasileiras, que seriam gravadas, fizeram os arranjos e decidiram convidar uma amiga, a Vera, como cantora. Mesmo depois do sucesso, de ter escritório próprio, aquele quintal continuaria a ser o local onde a dupla se sentiria mais à vontade para criar as cantigas.

A Vera, assim como os animadores contratados no início, negociou, em vez de cachês, participação nas vendas e nos direitos autorais. Naquela época, porcentagens pequenas que não parecia prometer rios de dinheiro. "Pensar que, com o tempo, isso se tornou um baita negócio para eles. Para nós também. A Galinha é um baita negócio. E ponto", Juliano viria a refletir, anos depois.

O DVD ficou pronto em 2007. Sem patrocínio, apoio de TV, nada, os dois sócios desembolsaram o equivalente a 10 mil dólares de suas finanças pessoais para tocar o projeto, fabricando mil exemplares. Quando os DVDs chegaram, foram amontoados em pilhas pelos cômodos da casa de Juliano. Ele, Marcos e Vera passaram dias embalando um a um, manualmente. Operação que teriam de repetir, no mesmo método fisicamente custoso, outras vezes. Chegariam a embalar, na mão, 20 mil DVDs.

Pulemos uns dez anos na história. A Galinha Pintadinha passou de uma animação experimental no YouTube, e rejeitada pela TV, para um sucesso monstruoso, o preferido dos bebês. Sessenta empresas criam produtos baseados no ícone, sendo oitocentos itens oficiais à venda somente no Brasil (pois a Galinha já voou para vários outros países). Sem contar os vendidos em camelôs ou por artistas de rua, que criam de tudo (e pirateiam) com a imagem da youtuber Galinha Pintadinha.

Em 2017, a Galinha já falava sete idiomas além do português. Começou pelo espanhol e pelo inglês e depois aprendeu alemão, chinês, francês, italiano e japonês. Também já tinha lançado filme para o cinema e uma série de animação descolada, com episódios mais longos. Difícil listar a quantidade de tipos de brinquedos e afins com a Galinha. Basicamente, imagine o que uma criança necessita, seja um shampoo, um álbum de figurinhas ou um caderno escolar, e provavelmente terá alguma versão com a youtuber de penas. Naquele ano, somente 30% da receita da criação de Juliano e Marco ainda vinha dos vídeos publicados no YouTube. Todo o restante era fruto dos outros projetos.

No Brasil, dá para medir o sucesso de algo pela quantidade de vezes que se é pirateado para ser vendido em meio a avenidas de cidades como São Paulo. Só em 2014 foram apreendidos pela polícia federal 100 mil itens piratas da Galinha Pintadinha. O lado B gosta tanto da marca que a empresa de Juliano e Marco montou uma parceria fixa com a PF para ajudar em investigações do gênero. E é claro que a real dimensão do negócio clandestino é bem mais do que os 100 mil produtos confiscados pela PF. Não dá para flagrar tudo. Ou não se veria, afinal, tantos sendo vendidos nos principais centros urbanos brasileiros.

Mesmo após a riqueza, Juliano e Marco preferiram manter, ao menos ao que se nota, uma rotina simples. A sede da Galinha Pintadinha ficava em uma casa em Campinas, relativamente próxima às residências de ambos. Lá trabalhavam somente quinze funcionários, pois os sócios queriam que a firma permanecesse enxuta. Muitas funções, como a venda de direitos autorais, ficavam à cargo de uma empresa parceira, na qual outras dezenas de empregados trabalhavam apenas para a Galinha.

A sede parecia mais uma casa antiga, uma na qual um casal de vovós cairia bem morando, do que a base de uma empreitada milionária. Acreditava-se que, naquele ano, ao se somar todo o lucro em torno da Galinha, a youtuber animada era a mais rentável do YouTube brasileiro e um dos maiores sucessos do tipo em todo o mundo. A suntuosidade não é aparente naquela casa de Campinas, que conta com uma cozinha ampla na qual há sempre bolachinhas e café coado quente.

Juliano e Prado se portavam, mesmo que não fosse intencional, como uns tiozões hipsters bem-sucedidos. Tinham alguns hábitos de ricos, e quem não teria na situação deles? Juliano, por exemplo, colecionava guitarras, algumas autografadas por rockstars. Só que era evidente como aquele espírito de cantigas infantis em volta da fogueira ainda prevalecia. Diziam continuar a recorrer ao quintal da casa de um deles para compor algumas das músicas quando lhes faltava inspiração no escritório.

A meta da dupla era ambiciosa. Não digo em questão de dinheiro, assunto que ambos pouco tratavam. O que queriam era que a Galinha perdurasse no imaginário popular como foi, e ainda é, com a Turma da Mônica de Mauricio de Sousa. Estavam no caminho, vide algumas reações que surgiram em torno da Galinha.

Ela ganhou, por exemplo, uma paródia no *Tá no Ar: a TV na TV,* programa conhecido pelo rosto do humorista Marcelo Adnet, no maior canal da televisão brasileira. No quadro de comédia, virou A Galinha Preta Pintadinha, ou a Galinha Muçulmana Pintadinha, ou ainda a Galinha Convertidinha.

Caso seja pai de uma criança que nasceu na época da Galinha Pintadinha (ou você mesmo tenha crescido ouvindo essas cantigas), provavelmente já foi parar numa festinha infantil inspirada pela personagem. E aposto que deve saber uma ou outra música dela de cor, de tanto que ouviu com seu filho ou na TV dos filhos alheios.

A Galinha já se impregnou tanto no imaginário popular brasileiro que... aconteceu algo típico do que se impregna no imaginário popular brasileiro. Surgiram as teorias demoníacas em torno da Galinha. É muito fácil de achá-las dando um Google. Há uns que defendem que a cantiga "Fli, Flai, Flu" seria um prenúncio do fim do mundo, sendo que o "fli, flai, flu" do título representaria o barulho feito pelos mosquitos que anteciparão o Apocalipse. E ainda que os produtos com a estampa da Galinha causariam doenças respiratórias.

Os que acreditam nessas teses são da mesma safra dos que falavam, nos anos 1980 e 1990, que ao tocar o disco da Xuxa ao contrário se ouvia uma mensagem diabólica. Ou que dentro do boneco de pelúcia do Fofão (ou ao menos em alguns exemplares[84]) haveria escondida uma faca com sangue na lâmina. Quantas crianças daquela época não colocaram o álbum da Xuxa na vitrola para tocar ao contrário, ou pediram de Natal um boneco do Fofão só para depois abri-los e ver se havia a faca dentro?

Mesmo na era do YouTube, Facebook, Google e Instagram, as pessoas se repetem. Em suas reações, em seus pensamentos. Esse elemento tão humano, demasiadamente humano, não muda com virais, memes, posts e selfies. ▌▌

---

[84] Este autor confessa que abriu o seu boneco de pelúcia do Fofão quando criança e não achou a tal faca. Assim como também fez o experimento de tocar o disco da Xuxa ao contrário.

A escola de youtubers

COM: Muitos youtubers que talvez ainda não conheça (e nem venha a conhecer)

▶ OS YOUTUBERS NASCERAM de maneira anárquica. O site foi lançado para ser algo como um álbum de família virtual, com vídeos caseiros da festinha de fulano, ou de uma visita a um zoológico. Pode-se imaginar que pensavam num tipo de Facebook dos vídeos. Agora, que o YouTube se tornaria um rival da TV, o maior transmissor de vídeos do planeta, plataforma que toma boa parte do tempo de todos nós, isso certamente não foi o conjecturado.

Com o tempo, formou-se uma comunidade dos chamados youtubers. Indivíduos que surgiram num canto, noutro, em especial em países como Estados Unidos, Canadá e Brasil. E de maneira caótica. O Brasil é um dos maiores produtores e consumidores do YouTube. Você já deve ter sacado isso. E seguramente o país onde se pode notar com maior clareza o impacto que essas celebridades do século XXI tiveram na formação da cabeça dos jovens, na adoção de modas e manias, na forma como ditaram tendências, na maestria com a qual muitos deles espalharam virais, no jeito que influenciaram até o cenário político, nas riquezas que formaram apenas falando o que vinha na cabeça (ou era assim no início), na franqueza como se expressavam, ganhando fãs e fortunas sendo apenas eles mesmos. Enfim, na potência dos youtubers, certamente os maiores influenciadores de opinião entre os jovens brasileiros, e já se estendendo a outras faixas etárias.

Um movimento que surgiu de um acaso, ou de uma combinação de fatores, ainda sendo explicado. Vários desses youtubers opinaram sobre o significado, o papel que eles mesmos têm. Os youtubers fizeram do YouTube algo além de uma empresa ou uma marca. Tornaram o YouTube uma nova TV.

Não há concorrência de fato para o YouTube. Dailymotion? A maioria nem ouviu falar. E nem para os youtubers há rivais. Um termo, esse de "youtuber", que, mais que associado a um site específico, serve para definir um tipo de celebridade e uma forma de fama. Há youtubers escritores, maquiadores, dançarinos, humoristas, políticos, jogadores de videogame, matemáticos, religiosos, crianças, músicos (sejam clássicos ou funkeiros), professores universitários, atores, mágicos, engenheiros. Agora mesmo deve estar surgindo mais um, talvez exemplo de uma profissão para a qual nem alcunha há.

Foram esses youtubers que fizeram do YouTube não mais o YouTube. Mas uma entidade etérea, similar ao rádio, ao cinema ou, talvez de forma ainda mais precisa na comparação, a Hollywood. Não por coincidência, muito do que se escrevia sobre Hollywood, quando o centro global da arte cinematográfica ainda surgia, nas obras de Bukowski, Peter Biskind e Otto Friedrich, em muito se aplica à atual cena de youtubers. Como os astros hollywoodianos do passado – bem diferentes dos atuais, após a pasteurização dessa indústria –, os youtubers do presente apresentam sintomas de rebeldia, anarquia, vanguarda, inclusão e diversidade. Ou assim pensam eles mesmos. Pois, também como as estrelas da calçada de Los Angeles, as celebridades virtuais (só virtuais?) do século XXI muitas vezes apresentam sintomas de arrogância, prepotência, elitismo (eles formam uma nova elite). Ou assim pensam alguns deles mesmos.

Todavia, há um fator que incomoda, persiste e, possivelmente, não se extinguirá: o YouTube não é a TV, nem o rádio, nem o jornal, nem a revista, nem a internet. O YouTube é uma marca, uma empresa, um monopólio – se não pelo termo jurídico, pelo seu fim social de servir como rede social e plataforma de publicação de vídeos –, cujas decisões pertencem a um grupo diminuto de executivos, não ao público. Não se trata de um bem da sociedade, como o próprio YouTube gosta de se vender e como uma grande parcela da audiência e dos produtores de vídeo adora imaginar que é. O YouTube é uma Coca-Cola, uma TV Globo, uma Fox, uma Unilever. Parece uma conclusão óbvia. E é.

No entanto, não se trata de uma resolução à qual chegou a grande maioria do público que navega no YouTube.

Como marca, como empresa, como uma firma pertencente à Google, como uma companhia que precisa agradar acionistas, o YouTube possui metas e missões. Em efeito contínuo, a regra inicial dentro da empresa é atender às demandas das cabeças lá de cima. E o que querem essas cabeças? Para entrar na mente do próprio YouTube, um caminho apropriado é pela porta das escolas, os centros de treinamento, que a marca fundou ao redor do mundo. São os chamados *spaces*.

Há vários YouTube Space ao redor do mundo, como um em Los Angeles, que mais parece um enorme estúdio da Hollywood moderna, outro em Tóquio, mais um em Londres – este de jeitão descolado, localizado em uma região cheia de startups –, e chegaram a existir dois no Brasil, em São Paulo e no Rio, sendo que o primeiro foi fechado em 2017 (com planos de abrir um novo paulistano no futuro[85]) para concentrar as atividades na unidade carioca. Eles funcionam como universidades de youtubers, sendo que o acesso que se tem às aulas, aos estúdios de gravação, é liberado conforme se conquista fãs no site de vídeos.

Quanto mais inscritos num canal, mais vantagens se ganha no *space*. Aqueles canais com até 10 mil inscritos são tidos como emergentes e, portanto, recebem menor atenção dos instrutores. Já alguém com 100 mil, uma possível estrela em ascensão, tem direito a gravar num estúdio, com assistente de produção e uma ilha de edição prontinha, sem pagar nada. De forma parecida como acontece na internet e, em especial, em redes sociais como o YouTube e o Facebook: liga-se menos para a qualidade do que para a quantidade. Para ser VIP, é preciso ter uma legião de jovens correndo atrás de você.

Para facilitar, e se apoiar menos nos termos em inglês tão usados e admirados na área da tecnologia (especialmente por uns tipos de países que gostam de celebrar a síndrome de vira-lata), chamemos os *spaces* de escolas de youtubers. Como nas escolas tradicionais, os youtubers vão a essas instituições para serem disciplinados e ensinados

---

[85] Em 2019, o YouTube Space Rio ainda está aberto e é o único centro do tipo no Brasil.

de acordo com as preferências do reitor. Mas nessa escola do século XXI se aprende o quê?

Uma das típicas aulas trata de métricas. Como os youtubers adoram essa palavra, "métrica", e ainda fingem que entendem das métricas. Num resumo, trata-se de saber analisar números relacionados aos canais. Números e mais números. Por exemplo: quantas pessoas estão vendo agora um determinado viral; o que está crescendo, em views, no "Em alta" do YouTube; qual seria o perfil do público dentre características como idade, gênero e preferências.

"Há algum tipo de vídeo que tem dado muito certo?", pergunta o professor, cuja qualificação é ser expert em gerir redes sociais para marcas como o clube de futebol Santos. O "tipo" poderia ser aquela onda de jogar um balde de cubos de gelo na cabeça (pouquíssimos parecem saber que começou se tratando de uma campanha de prevenção e combate a uma doença degenerativa), ou fazer um "50 fatos sobre mim", ou realizar algum cover/paródia de determinada música, ou uma dancinha ridícula qualquer, ou realizar uma pegadinha específica nas ruas de uma cidade, ou gravar a própria reação a alguma coisa pop que se assiste pela primeira vez, ou... A lista é enorme e agora mesmo deve ser postado no YouTube um novíssimo item que se acrescentará a ela. A proposta do YouTube nessas aulas é: siga a tendência.

Funcionários do YouTube muitas vezes se provam maestros hábeis na arte de dar início a um viral qualquer, incentivando que se reproduza o mesmo. Assim se multiplicaram vídeos feministas, ou de LGBTQ+ falando de quando saíram do armário, ou o tal do balde cheio de gelo, ou um no qual se desenha, num sulfite, a própria vida, ou... A lista é enorme.

Por consequência, o site é tomado por algumas dessas tendências, o que leva a um efeito cascata: começa-se com um vídeo, por vezes espontâneo, noutras idealizado por youtubers incentivados pela Google; depois, a comunidade de produtores do YouTube, ou mesmo gerentes da marca, motivam a reprodução acelerada (por vezes, de forma irritante) da fórmula da vez; e, por fim, de repente se vê a internet toda, o Facebook, a aba de Notícias do Google, o Twitter, o Instagram, todo o mundo virtual para onde se olha tomado por gravações de gente "Doing the Harlem Shake".

Em outra aula comum da escola de youtubers se ensina a lidar com redes sociais. O que publicar no Instagram? O que colocar no Facebook? E no Twitter? E no Snap? E no novo app descolado que surgiu há pouco? Como chamar público? Como transformar sua audiência em montantes de dólares na conta do banco?

Nessa classe havia em torno de vinte alunos. Uma era marqueteira e queria "fazer bombar" os perfis nas redes sociais de uma academia de ginástica. Outro trabalhava na equipe de um canal dedicado a dar dicas para "homens modernos", como ele mesmo especificava. Tinha ainda um garoto dono de um canal no qual exibia macetes de Android, o sistema operacional de celulares e tablets by Google. Outro possuía um vlog sobre música. Soma-se à turma também a representante de uma ONG. E ainda uma menina de um canal de pegadinhas, "no estilo Sérgio Mallandro", como ela mesmo definia. E tinha também os de um canal sobre cachorros, outro de um que compilava "os melhores Snaps, mano" etc e tal.

Na escola de youtubers, os temas são variados. Já os alunos, nem tanto. Esses são, majoritariamente, jovens brancos de classe média, com uma exceção aqui, outra ali (e essas minorias são rotineiramente exacerbadas pela Google, em estratégia eficaz de marketing). Mas os objetivos são parecidos: entender as métricas para lançar um canal em cima de uma tendência que garanta o alcance de centenas de milhares de fãs, o que resultará numa quantidade maior de anúncios ("E qual gênero de canal costuma lucrar mais com cada publicidade associada pela Google?", questiona um dos estudantes) e, por fim, com rendimento suficiente para se viver bem sendo youtuber. Com poucas perguntas se nota que a maioria dos alunos não veria problema em mudar o estilo dos próprios vídeos, o conteúdo, o que fosse, se isso garantisse que se atingiria um público maior – e lucro proporcionalmente maior.

"E como edito os vídeos para chamar atenção?", pergunta um aluno, noutra classe, enquanto seus colegas concordam, com acenos, certificando a importância da questão. A resposta gira em torno de algo como:

"Saiba fazer uma thumbnail cheio de cores, com setas, bem atrativa"; e "listas, algo como as 5 mais 'preencha com qualquer coisa popular à época', funcionam bem". Ao que um dos alunos intercede: "Também vale fazer alguma parceria com um youtuber famoso". Batem palmas para a última dica.

"O YouTube está cada vez mais parecido com a TV paga, com vídeos de qualidade, nada de amadorismo", observa um alto-cacique da empresa, explicando o treinamento dado na escola. "Tem de respeitar uma periodicidade, tratar de temas esperados pela audiência". E preencha as outras dicas pensando que se está ouvindo um executivo de comunicação compartilhando seus macetes de como montar uma bela grade de programação. "Não dará mais certo quem não se profissionalizar", profetiza o mesmo executivo, em algo que não se sabe se é uma constatação, uma promessa, um incentivo aos que começam ou uma ameaça a quem não entra nos padrões estabelecidos.

Dentre métricas, táticas de guerrilha em redes sociais, sugestões de como se portar ou se vestir, normas de edição de vídeo ("Nada de publicar coisas muitos longas", indica um instrutor) e listas de tendências, uma aula, em especial, se destaca no currículo.

"Subam naquele pufe e falem de seus maiores medos. Contem uma história de quando sentiram muito, muito, medo", propõe um professor magrelo, de rosto finíssimo, enquanto contorce a cintura para frente e para trás, como se encarnasse o diretor de uma peça teatral. Os alunos, mais uma vez em torno de vinte deles (vagas esgotadas para o dia!), não entendem direito a proposta. Não sacam como aquilo irá lhes ajudar a compreender as métricas.

"Eu mesmo vou começar", pontua o mestre antes de subir, um pé atrás do outro, no pufe. "Sou ator, mas tenho medo de palco. Teve uma vez em que literalmente caguei nas calças. Por isso sempre tomo um remédio antes de me apresentar para não dar a mesma merda", compartilha, sem se envergonhar, como se falasse em um vlog lá dos primórdios anárquicos. "Ninguém vai aplaudir?" E todos aplaudem. E a ele se segue uma menina feminista de um canal no qual fala sobre ser mulher. Ela conta sobre o medo de ser assediada, apesar de nunca ter sido, afirma ela própria.

O pufe central serve para muitas funções. Sobem nele não só para compartilhar medos, mas para falar de tudo sobre si. Ao que a plateia dos cerca de vinte youtubers reage com aplausos ou vaias. O professor é adepto das vaias, acredita que elas incentivam as pessoas.

Há, no entanto, bochicho. Um dos ouvintes, dono de mais um canal de pegadinhas (as "pranks", como prefere chamar), sussurra para uma colega, revelando que não está entendendo como aquilo lhe ajudará a conquistar seguidores. Outro, de um canal no qual exibe manobras com uma moto Hornet – "a preferida dos motoboys", explica outra das youtubers presentes –, acha tudo engraçado, mas inútil.

Afinal, eles tinham ido lá, naquela aula de umas duas horas de duração, não para falar de medos, ambições, expressões do "eu interior". Mas para caçar dicas de como fazer bombar o canal. Para saber mais das métricas. "A Coca é de graça?", questiona um dos alunos. "E o muffin também?", emenda. Ao saber que ambos eram de graça, delicia-se com o rango.

"Há mais de 2 bilhões de pessoas nas redes sociais. Como fazer para chamar atenção nesse planeta imenso? Atente-se às métricas", ensina, enquanto isso, outro instrutor, a uma turma mais atenta. O discurso segue com palavras que guiam um passo a passo para se dar bem na internet: monitorar tudo; criar e gerir, ou não, crises com a audiência; responder aos fãs de forma distinta no Instagram, no Facebook ou no YouTube; manter contato com o público, respondendo a comentários e perguntas ("essencial!"); entender o algoritmo, que mede as relevâncias (fala-se no plural, "relevâncias") de cada vídeo; entender "as verticais"; administrar a comunidade; criar uma rede de parceiros; "Divulgar! Divulgar!"; "Personalizar! Personalizar!". "Abriram a torneira dos vídeos", celebra o mestre. "E se dará bem quem souber beber dessa água", completa, feliz com a alegoria que achou.

Para orquestrar sua comunidade de criadores – como a marca nomeia os youtubers – e consumidores de vídeos, o YouTube não só ensina os padrões do sucesso. A exemplo de uma TV de grande porte, a empresa ambiciona desenhar a trilha a ser seguida por alguns, escolhidos a dedo, em direção à fama. Foi para isso que se criou uma competição, em estilo reality show, entre os frequentadores das escolas.

Numa versão de 2016, por exemplo, participaram da peleja os canais: Se Liga Nessa História (com aulas de... História); Rdoriog (vlog); Héber Simeoni (vlog e gameplays); Academia de Drags (reality show de drag queens brasileiras, sob o comando da diva do meio, Silvetty Montilla); Brunna Schnorr (outro vlog); Qual é a Trilha? (de desafios musicais); Prato Fundo (de culinária); Gabriel Altafim (paródias); Surf Dicas (de surfe); Violão Dicas (outra vez, o título se explica); Nóis2 (vlog de um casal); Nuvem Literária (de críticas literárias); Vanessa Darte (de tutoriais de como construir móveis e utilitários); TPM, Pra Que te Quero (receitas de doces, viagens e outras soluções para TPM); Friends Group Entertainment (vídeos de ação, no estilo de dublês hollywoodianos); DePretas (em que a apresentadora Gabi Oliveira debate questões raciais e estética negra). Naquele ano, a competição promovida pelo site se vangloriava de já ter destacado 250 youtubers, em quinze países, ajudando-os a alavancar seus canais.

Durante a disputa, os instrutores da escola do YouTube ensinam estratégias como... adivinhe... decifrar métricas. Mas também compartilham dicas de gravação, de apresentação, de como se portar diante da câmera. Num trabalho que resulta na criação de alguns vídeos, que depois competem entre si. Os selecionados para participar do esboço de reality show do YouTube são premiados com alguns milhares de reais para gastar em equipamentos de gravação, além de apoio estratégico para dar um *boom* em seus canais. Os youtubers participantes adoram o expediente.

A escola de youtubers é eficiente. Ajuda a Google, por exemplo, a indicar para onde gostaria que seu site de vídeos caminhasse. Quais seriam os temas preferidos pela empresa? Quais dos criadores poderiam ser destacados em eventos de promoção do YouTube? Num ano, a companhia pode investir em dar voz aos canais focados em temas de diversidade (LGBTQ+, negritude...). Noutro, em vlogs de comédia. Passado outro ano, talvez nos que foquem no tema da educação. Além de dar o impulso aos queridinhos, ainda há um auxílio para colocá-los em contato com publicitários. Como, por outro lado, saem perdendo – inclusive com os anunciantes – quem não entra no jogo.

As escolas se vendem principalmente como forma de graduar pequenas celebridades desse reino, com seus 100 mil fãs cada. Dentre os professores, porém, há dificuldade para apontar qualquer aluno treinado lá que depois conseguiu ultrapassar uns 500 mil, 1 milhão de inscritos. Ou seja, que tenha seguido o caminho trilhado por astros como Kéfera, Whindersson Nunes, Felipe Neto e Júlio Cocielo.

A pergunta que fica: mas será que essas estrelas alcançaram tamanho patamar seguindo as regras, os padrões, ensinados na escolinha? Um iniciante poderia reproduzir o passo a passo em direção às dezenas de milhões de audiência?

Se chegou até aqui, a resposta deve ser claríssima. Não, os astros do YouTube não aderiram a padrões. Kéfera, Whindersson Nunes, Felipe Neto e Júlio Cocielo declaram, todos, que começaram a publicar no site por impulso. Pela vontade, de teor rebelde, de dizer o que surge na cabeça. Do jeito que sair. Nenhum deles sabia, lá no início, o que eram métricas. As estrelas – ou influenciadores digitais, como os publicitários preferem nomear – surgiram no caos. Sem incentivos para comprar equipamentos ou locação gratuita de estúdios de gravação.

Os youtubers mais conhecidos, os que criaram o movimento anárquico que agora se tenta pasteurizar, tiveram início no quarto de suas casas. Gravavam com o próprio celular ou com alguma GoPro que arranjavam emprestada. Usualmente, postaram o primeiro vídeo de seus canais como fruto de uma irritação qualquer com o mundo, de um sentimento de solidão, de um momento de "vou falar essa porra, doa a quem doer, e que se foda". Não após treinarem com professores numa casa descolada patrocinada pela Google.

Os youtubers apareceram em meio ao caos. Alimentaram esse caos. Fizeram do YouTube a nova TV. Agora, querem eles, ou quem quiser ser como eles, fora de cena. Por quê? Para colocar ordem no caos. Por quê? Pois a ordem gera mais anúncios e, logo, mais dinheiro. ▌▌

PARTE 4
Ônus e bônus

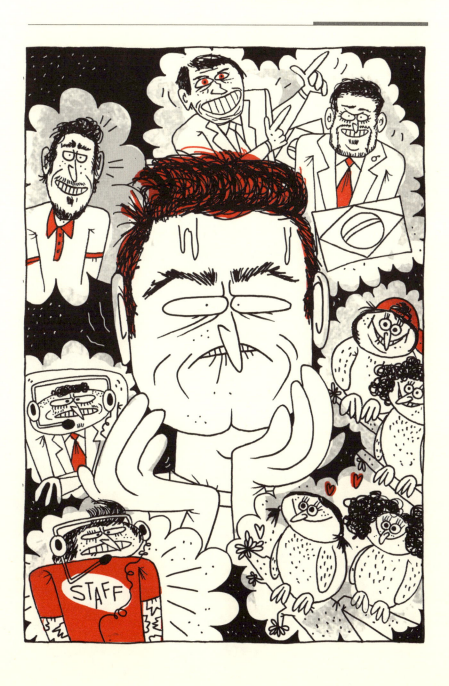

Amor e ódio

▶ QUEM É **Felipe Neto**? Na virada do ano de 2017 para 2018, um ícone da geração anos 2000 e 2010, com quase 20 milhões de fãs (e contando). Se você perguntasse a youtubers numa festa qualquer deles em São Paulo, o comum era ouvir dois Bs e um C sobre Felipe. Os Bs de Babaca e Bicha. O C de Corno. Entre 2013 e 2015, quando Felipe ficou um tempo afastado de seu canal individual no YouTube, mas dedicado a negócios que envolviam o site – como a Paramaker, uma produtora e network (o apelido gringo dado às agências dessas celebridades) –, ainda ganhou mais um C. De Covarde.

Há explicação para os xingamentos. Babaca seria pelas "merdas que ele fala no YouTube", segundo boa parte dos detratores. Bicha pois alguns acham que ele seria homossexual (ou teria trejeitos de, se é que se pode dizer que existem "trejeitos de"); ou seja, em pleno século XXI, alguns usam "bicha" como xingamento. Corno pois sua ex-mulher, com quem viveu cinco anos, a youtuber Maddu Magalhães, teria, segundo boatos, o traído com outras celebridades. Na lista estariam desafetos de Felipe Neto. Já o Covarde seria por ele, mesmo quando atacado sistematicamente, não responder pessoalmente, no ao vivo, a muitas das agressões diretas em seu YouTube, ou no Twitter, ou no Facebook, ou no Instagram, ou mesmo no período em que estava afastado das redes. Alguns dos que xingavam sabiam do estado depressivo pelo qual ele passava ao longo de seu rápido afastamento da fama, mas, mesmo assim, continuavam a chamá-lo pelos dois Bs e dois Cs.

Felipe Neto não costuma ir a festinhas de youtubers, nem a eventos oficiais promovidos pelo próprio YouTube/Google. Não é de socializar com seus pares, mesmo que seus pares não parem de falar dele, em especial naquele período entre 2015 e meados de 2017. Na verdade, ele deixou de ser sociável.

Quando surgiu para a fama, em 2010, a situação era outra. Felipe, como ele próprio admite, passou de um ator frustrado sem sucesso algum a uma nova celebridade da internet. A fama, contudo, trouxe um deslumbramento exagerado. Felipe não sabia lidar tão bem com a nova fase de fãs, dinheiro sobrando e mulheres. Acham Felipe bonito. Mas, quando se olhava no espelho, ele não se concedia tanto crédito. De qualquer forma, os holofotes também atraíram a mulherada.

Dentre famosas e anônimas, pintaram um monte de novas opções afetivas na vida do carioca Felipe, nascido numa área paupérrima do Rio, num sobrado perto da favela do Rato Molhado, e que antes estava acostumado só com gente que zoava seus vídeos. Entre as ficantes, ao menos duas youtubers, pelo que ele mesmo conta: Pathy dos Reis, com quem rolou só uma ficada numa festa de 2010, e Maddu Magalhães, que conheceu após uma abordagem dela via internet e com quem se casou. Depois, essas duas últimas vieram a engrossar a lista de desafetos dele.

Por que odeiam tanto Felipe Neto? É preciso antes compreender a trajetória de um dos maiores youtubers do país e do planeta.

Pulemos para alguns anos depois de Felipe ter estourado em 2010, ficado com Pathy, e passemos ao começo de 2018. Ele era conhecido por não ser muito de sair de casa. Dentre seus passatempos preferidos estavam assistir a séries da Netflix no cineminha pessoal de sua mansão na Barra da Tijuca, no Rio de Janeiro, colecionar bonecos de super-heróis e outros ícones nerds, ter uma penca de itens dos livros e dos filmes de Harry Potter e ler algum livro na cama antes de dormir. Por demais passava seus dias, no pico dos 30 anos de idade, trabalhando. Considerava-se um *workaholic*.

Dividia-se então, na passagem de 2017 para 2018, entre as vidas de youtuber (com dois canais próprios, um deles dividido com o irmão Luccas, além de outros tantos que apoia), ator (seu espetáculo teatral arrebatou o público infantojuvenil e já preparava uma excursão pelo cinema), empresário (dono até de uma loja de coxinhas cuja marca patrocinou o time do Botafogo) e escritor (então dentre os mais vendidos do Brasil, com dois livros lançados sobre sua trajetória; o último, estilo almanacão, foi o mais comprado pelo público infantojuvenil em 2017).

Se acessou alguma vez o YouTube, possivelmente já se acostumou com o nome de Felipe Neto. Sem delongas nas apresentações superficiais.

Em resumo: Felipe Neto foi um dos primeiros brasileiros a ganhar fama no YouTube. Mais do que isso, um dos primeiros a se tornar celebridade na internet ou, como alguns insistem em chamar, um influenciador digital. Seu canal data de 2006, diz o registro do YouTube. Mas foi em 2010 que ele começou a se tocar sobre o que poderia fazer com aquilo. Após publicar uns vídeos nos quais só ganhou umas dezenas de views – e muito mais dislikes que likes –, Felipe, então com 22 anos recém-completados, estava irritado em sua casa. De origem humilde, sem ser um bom aluno na escola, acumulando experiências de falência em negócios e se dedicando muito tempo às aulas de teatro (que, na verdade, tinha abandonado uns dias antes por falta de dinheiro para arcar com as mensalidades), ouvia de conhecidos, familiares e amigos que deveria era prestar um concurso público, virar funcionário do governo e, assim, garantir a vida. Não era nada disso que ele queria.

A excursão pelo YouTube seria uma forma de colocar suas queixas e vontades para fora. Naquele dia, o que Felipe mais tinha dentro de si era irritação. Com tudo e com todos. Como ele mesmo julgaria depois, era um "jovem-adulto besta", revoltado com coisas que faziam sucesso e das quais ele não gostava. Uma raiva, um ódio, que ele queria compartilhar com o mundo. Daí nasceu um personagem. Este também um Felipe Neto, mas de óculos escuros e língua afiadíssima. Sem se preocupar com o politicamente correto. Um que ia destilar ódio internet afora. O *hater* mor de sua geração.

"Molecada, cês tão de sacanagem comigo? Existem três colírios da *Capricho*. São meninos que todas as adolescentes do Brasil… não todas… as menos sensatas… estão apaixonadas por eles. E eles resolveram fazer um seriado." Depois, após criticar as fãs do programa, ele pede que elas se dirijam ao espelho: "Vai no espelho e fala assim para o espelho: 'Eu super curto colírios, cara'. Vai ter um pépépé *(sinal de alarme)*. Foge. Pula pra fora. Sua vida tá uma merda. Você é uma cocozenta. Sai daí. Parou. Parou. Vai ouvir um rock", decretou em um vídeo de

2010, ao malhar os colírios da *Capricho*, adolescentes eleitos como os mais bonitos pelas leitoras daquela revista.

E sobre o livro e filme *Crepúsculo*, também em 2010:

"Livro que mais causou estrago na juventude mundial. Eu li. Eu vi. E fiquei triste. E eu senti dor. Doeu."

Em 2013, sobre *50 tons de cinza*:

"Mais ou menos como a Gretchen, essa merda voltou para assombrar nossa vida. De novo [...] Foi a pior merda que eu já li em toda a minha vida."

Em 2016, sobre o cantor Biel, acusado de assediar uma jornalista:

"Queridão, cala a boquinha. Só dois minutos [...] Pivete! [...] Brincadeira também é assédio."

E ele bateu também em Justin Bieber, Fiuk, "bandas coloridas" como o Restart e por aí vai. "O Não Faz Sentido foi criado por um ator frustrado, desesperado, desamparado, muito viado… Um jovem pimpão. Era um fudido." Quem fez a crítica? Ele mesmo, aos 29 anos, no último vídeo do Não Faz Sentido, que também foi tema de um *stand-up* disponível na Netflix.

Daí vale uma primeira pergunta ao Felipe Neto de dezembro de 2017:

Como a raiva o ajudou a conquistar público no início do seu canal?

Ele responde, sentado em um sofá, descalço, em um dos cômodos de sua mansão de três andares na Barra da Tijuca, apelidada por ele mesmo de Netoland:

● "Em 2010, quando comecei a gravar o primeiro blog, normal, sendo eu mesmo falando com a câmera, era uma bosta. Não tinha referência nenhuma. Estava entre os dinossauros do YouTube. Período Jurássico do YouTube. Nada, nem ninguém, fazendo algo, além de mim, PC Siqueira, depois o Cauê Moura, mas esse numa vibe diferente. Não tinha ídolos de referência naquela época. Não tinha como se inspirar em alguém. Era tudo no chute, na aposta, no risco. Quando comecei a gravar e ficou muito ruim, fui testando coisas diferentes. Um dia eu mesmo estava meio puto e comecei a interpretar um personagem que tinha idealizado quando estava no banho, ou prestes a dormir, não lembro. Era um cara revoltado. Com coisas que me irritavam na época. Coisas que não me irritariam hoje. Era um jovem adulto saindo da adolescência. Tinha umas coisas idiotas que não me irritam mais. Então criei essa persona com muita raiva, que esbravejava contra aquilo tudo. Acabou que aquilo teve atração. Quando começou a dar audiência, nunca esperava que iria ter audiência, na verdade. Sabe, fiz para meus amigos verem, curtirem, acharem legal. Quando o negócio começou a explodir, comecei a trabalhar e lapidar aquele personagem. Construir. Uma coisa mais desenvolvida. Em nenhum momento, naquela época, parei para racionalizar.

Agora, cara, vou te falar uma coisa que aprendi depois de tomar muita porrada. Só reclama, só vira *hater*, quem está insatisfeito consigo. Pode ter certeza. O grande motivo do meu ódio, de eu ter atacado Justin Bieber, Restart, *Crepúsculo*, foi por ter raiva dessas coisas fazerem sucesso. Se fosse hoje, iria rir de tudo, fazer uns vídeos de reações engraçadinhas sobre esses alvos que escolhi. Amadureci. Só que, quando criei o personagem do Não Faz Sentido, não era maduro. Foquei minha raiva no que fazia sucesso. Assim como, hoje, me odeiam por eu fazer sucesso. Se um escritor se incomoda por eu, um youtuber, encabeçar a lista de livros mais vendidos com um de minha autoria, não é por meu livro ser ruim ou não. É pelo livro ter feito sucesso. Se não tivesse vendido, se tivesse ficado encostado num canto, ninguém ia se queixar. O que irrita são as vendas.

A respeito do meu primeiro livro, sei que ele é bom. Não é uma obra-prima. Mas tem coisas importantes nele sobre as mudanças na indústria e no público de entretenimento. Ele foi resultado de dois anos de muito trabalho, escrevi do meu pulso. Falo para outros youtubers que decidem lançar livros: 'Um vídeo dá para apagar. Um livro, nunca. É um documento para a eternidade. Por isso, faça algo que tenha orgulho de fazer. Ou pelo menos leia o livro que vai para a prateleira'. Afinal, tem youtuber que não só usa *ghost writer*, como nem lê o próprio livro antes de publicar, né?

Voltando à questão do ódio, fui muito criticado pelos meus livros por gente de argumento raso. Uma revista de viés mais intelectual organizou uma vez uma lista com os dez piores livros do ano e que não mereciam ser lidos. Botaram o meu livro nesse ranking. Olhei aquilo e pensei: 'Cacete, mano, minha nota no Skoob *(rede social dedicada às conversas entre leitores de livros)* tá alta. Quem vota no Skoob é gente que gosta mesmo de literatura. Meu livro não é ruim assim'. Nisso mandei um e-mail para o redator-chefe da revista, dizendo algo como: 'Desculpe, preciso entender o que aconteceu. Será que quem fez esse ranking ao menos leu meu livro?'. E o redator-chefe admitiu que não, não haviam lido o livro e, apenas baseados num estereótipo de mim, e de como seria um youtuber, resolveram colocar no ranking dos piores. Absurdo. Por isso desafiei a mesma revista, publicamente, no Twitter, a colocar algum crítico para ler o que escrevi e publicar uma resenha decente. Poderia falar que é uma bosta, ou que era incrível. Ou nenhum dos dois. Tanto faz. O que dissessem, iria compartilhar nos meus perfis no Twitter, no Instagram. E não é que o crítico aí falou bem do meu livro?

O ódio vem da insatisfação dentro de nós. Não é o de fora que está errado. É você, dentro de si. Não me arrependo de ter criado um personagem baseado em tanto ódio. Não teria amadurecido se não tivesse passado por isso. Cara, eu era até homofóbico na época, com umas observações que fazia nos vídeos. Pedi desculpa por isso. Pedi desculpa pois estava errado. Foi muito pesado o que passei por esse personagem e peço desculpas a quem agredi. Não tenho problema em assumir que estava errado.

Talvez só não me arrependa de ter atacado o Biel. Fui porta-voz da raiva coletiva, da insatisfação coletiva contra ele, por um assédio sexual que ele cometeu. Ah, e tiveram alguns vídeos bons, sim. Gostei de um em que falo de playboys "porrateiros" de balada. Ou um sobre políticos brasileiros. E outro sobre jogadores de futebol. Só que, se fosse hoje, não faria os vídeos da mesma forma, com tanta raiva. Eu realmente estava muito insatisfeito com quem eu era naquela época, no início do meu sucesso.

Mas os vídeos, mesmo os que não gosto mais, continuam no YouTube. Não tem porque apagar o passado."

Por que as pessoas se identificaram com essa sua raiva?

● "Dei muita sorte de ter tido essa ideia. Teve atração porque o público brasileiro estava completamente carente de opinião. Antes daquela época de 2010, você tinha uma TV rendida, vendida a anunciantes, sem qualquer tipo de polêmica. A polêmica tinha sido deixada para o último quadro do *Jornal da Globo*, quando o Jabor entrava para falar por 30 segundos. Não existia crítica, opinião. O humor não criticava mais ninguém. Humor tinha virado aquele *Zorra Total* antigo. Aquele *Zorra Total* já ultrapassado, que ninguém gostava. Não tinha *Casseta & Planeta*, de raiz. Um *TV Pirata* sacaneando político. O povo tava carente, cara.

Mas não sabia que ia fazer tanto sucesso com minha raiva. Não estava preparado para isso. Se soubesse o que iria se tornar, talvez até teria dado outro nome para aquele personagem de óculos escuros do Não Faz Sentido. Teria criado uma persona ainda mais diferente. Muita gente achou, e ainda acha, que eu sou aquele cara raivoso, quando na verdade sou do tipo que odeia briga. Mas não posso culpar somente o público por não entender que se tratava de um personagem. Mesmo que tenha entrado em depressão por isso, por não saber lidar com os *haters*. Agora, se tivesse sido bem-interpretado esse personagem, talvez o público entendesse. Tenho minha parcela de culpa.

Só que não tinha ideia de que a raiva faria sucesso. Teria sido um gênio se tivesse imaginado que detonar o que a juventude gostava e comprava, como *Crepúsculo* ou Restart, repercutiria tanto e me transformaria no ícone de uma geração. Ninguém fazia isso naquela época. O mais óbvio é que eu fosse odiado por isso, espinafrado, o que levaria ao fracasso. Mas hoje compreendo o que aconteceu e porque os jovens queriam ver alguém que expressasse raiva.

A juventude, sempre rebelde, precisava se posicionar. Precisava de uma coisa mais rock'n'roll. Não tinha nada assim naquela época. Quando os youtubers surgiram foi um desafogo para essa galera. Vieram, justamente, youtubers cheios de opinião. Como eu, o PC, o Cauê e, depois, a Kéfera, dando opinião. No início não éramos de humor. Era vlog. Leva de youtubers que fazia sucesso enfiando a porrada nas coisas. Por conta disso, o público aderiu àquilo que tinha carência. Faltava alguém com posicionamento firme, que fala o que pensa de verdade. O jovem tinha carência de ouvir pensamentos verdadeiros, sem amarras."

Sem amarras?

● "Sim, sem amarras. É algo que tá acabando. É algo que tem me preocupado, isso. A maior preocupação. O que tá acontecendo com o YouTube, fecharam a porta para os sem amarras. Digo, a plataforma, mesmo. O que o YouTube representou em 2010, a revolução do anarquismo no entretenimento, aquela coisa de falo o que quero e não respondo a ninguém, ninguém é meu chefe… o tô cagando pra todo mundo, posso falar o que quiser que não terá censura. E tinha anunciantes mesmo assim. Agora, no final de 2017, tudo isso está sendo jogado fora."

Como?

● "Com a desmonetização do conteúdo, apagando os canais que possam ferir regras, diretrizes. Diretrizes que são totalmente flutuantes. Absolutamente variáveis. Operam de maneira parcial. O YouTube não é imparcial. Há algo de 'dois pesos, duas medidas' lá. O YouTube toma decisões de acordo com preferências, de relacionamentos, da plataforma. Isso é cada vez mais evidente. E a desmonetização de alguns conteúdos veio para acabar com o período anárquico. Assim o YouTube está cada vez mais se aproximando da TV, coibindo ao máximo palavrões ou polêmica pesada. Tentando afunilar para virar o mais *family friendly* possível. Por causa, como sempre, da demanda dos anunciantes."

Para quem não está por dentro de como funciona o YouTube, as reclamações podem aparentar confusas. Mas é possível explicar. Pois as declarações de Felipe Neto podem ressoar de forma bombástica para quem está minimamente por dentro – ou seja, esteve também minimamente conectado, sabendo do que rola no mundo, nos anos da década de 2010, a era do florescimento dos youtubers.

No início, nos meados da década de 2000, o YouTube era praticamente um depósito de gravações caseiras. Depois, quando surgiram os primeiros youtubers, como Felipe Neto, passou a ser criada uma cena anárquica, na qual se falava o que se queria, sem censura alguma. O conteúdo era praticamente sempre amador. Muito amador. Os primeiros youtubers xingavam bastante, criticavam tudo, zoavam muito tudo aquilo que os jovens daquela época queriam xingar, criticar, zoar. O movimento dos youtubers pode perdurar para sempre no mundo e no Brasil (um dos primeiros no ranking de produtores de vídeos e também país dentre os líderes em audiência), como foi com os astros de cinema, os galãs e as musas da TV, os rockstars (com os quais alguns youtubers gostam de se comparar). Como também pode acabar. O que é incontornável é que os youtubers já se tornaram marca de ao menos uma geração de jovens e começa a guiar uma nova onda.

Só que, em especial entre 2016 e 2018, quiseram botar ordem na coisa toda. A Google criou até aulas para moldar os youtubers, tentar fazer com que eles ajam, interajam, criem, respondam, da forma como a empresa gigantesca ambiciona lá no Vale do Silício californiano. Uma das formas de controlar os youtubers, de moldá-los, foi mexer no bolso. Conteúdos tidos como inapropriados, no que se encaixaria a maior parte dos youtubers da forma que surgiram lá no início, não podem ser monetizados. Ou seja, anunciantes por vezes não são associados ao mesmo. Por consequência, desmotiva-se a criação desses canais de teor anárquico, recheados de opiniões polêmicas. Isso em favor de produções de cunho (ou cara de) profissional, com falas o mais *family friendly* (em termo recorrente na área) possível.

Felipe Neto não concordava com o caminho que a coisa estava tomando. Ainda mais porque esse cenário de *family friendly* tem se espalhado não só pelo YouTube, mas por outras redes sociais, como o Facebook e o Instagram. Encaretou-se em demasia.

Para Felipe, seu posicionamento não seria bem visto pelos todo-poderosos do YouTube. E nem por funcionários de menor poder. Segundo ele concluiu, esse podia ser um dos motivos de alguns empregados do YouTube o perseguirem, prejudicando seu conteúdo.

Teve algum problema do tipo, pontual? Ou é só impressão?

● "Ao longo de sete anos, no meu canal, e com o Parafernalha, do qual eu era sócio e que vendi há pouco, havia um boicote de nível alto contra mim. Com certeza. Do outro lado, tinha um favorecimento de outros canais, meus concorrentes. Isso de maneira direta e evidente. O YouTube chegou a me pedir desculpas por isso. Ligaram e assumiram:

'Nós, internamente, favorecemos um determinado canal, por decisão interna, em detrimento do que você fazia'. O YouTube está aí para todos, mas no fim é gerenciado por algumas pessoas. E pessoas têm interesses e intenções. Interesses que muitas vezes são pessoais, não da empresa. Houve favorecimento a outros no passado. Não acredito que exista agora, especificamente comigo. Meu canal não sofre mais com desmonetização. Só que o dos Irmãos Neto (o que Felipe toca com seu irmão, o Luccas), sim. Isso mesmo que ele não tenha palavrão, não levante polêmicas, não faça conotações sexuais. Nada. Aí justificam a censura dizendo que quem teria tomado a decisão teria sido o algoritmo. Agora a desculpa para tudo é o algoritmo. Deletaram um vídeo do Luccas, meu irmão, que só ficou 10 minutos no ar e depois foi retirado. O que tinha no vídeo? Uma brincadeira para ver o que, qual tipo de objeto, afunda ou não na piscina aqui de casa. Conteúdo evidentemente infantil. Aí perguntei: 'Por que tiraram?'. A resposta: 'É o algoritmo'. Ao mesmo tempo, esse algoritmo não parece pegar vídeos de menores de idade rebolando para a câmera em canais completamente duvidosos. Isso a censura não pega. Expor crianças ao ridículo? Parece que pode no YouTube."

Felipe avaliava que se desgastou bastante com funcionários do YouTube por questionar decisões do site. Para ele, a empresa norte-americana prefere incentivar youtubers que obedeçam a tudo, que não ousam, que não questionam, e que só pensam em ganhar mais dinheiro e em ir às festinhas. Felipe não se considerava um desses. Por isso, na virada para 2018, já havia lançado um aplicativo próprio para celulares, livros, conteúdo para a Netflix, além de outros canais de YouTube, e planejava produzir para o cinema e vender produtos com a marca dos Irmãos Neto. Sua ideia era diversificar suas frentes de trabalho, suas fontes de renda. Tinha receio de que um dia alguém que trabalhasse para o YouTube implicasse com ele e, do nada, deletasse seu canal. Além disso, na visão de empresário, imaginava que não podia ficar à mercê de uma única plataforma. Se um dia a onda fosse um novo aplicativo de vídeos transmitidos em lentes de óculos, Felipe, segundo ele próprio, queria estar lá com seu canal.

Naquele momento, no auge do sucesso, Felipe já conseguia refazer sua imagem. E também seu público. Havia deixado a raiva e as críticas duras do cara de óculos escuros do Não Faz Sentido e passou a criar conteúdo infantojuvenil. Vingou bem. Superava os 17 milhões de seguidores (e contando) e apostava que logo ultrapassaria Whindersson Nunes, líder do ranking brasileiro. Seu sonho era ser o maior do mundo. Pelos seus cálculos, já era, naquele mês, o terceiro mais assistido do planeta YouTube, no termômetro dos views. Certamente Felipe estava entre as celebridades mais influentes entre os jovens.

Mais ou menos um ano antes, havia um ranço enorme (e ainda persistente) em relação à sua figura pública. Um ranço que não se limitava à relação conturbada que ele tinha com o site norte-americano, cujos representantes no Brasil, segundo ele, já tinham um dia favoritado canais rivais em ações, campanhas e afins. O ranço se espalhava e chegou a seus colegas youtubers. A lista de youtubers que não iam com a cara dele, para dizer de forma atenuada, era extensa.

Pouco mais de um ano antes, engrossavam o coro contra ele os youtubers Pathy dos Reis, Júlio Cocielo, Antonio Tabet (o Kibe, do Porta dos Fundos) e, em especial para Felipe Neto, o Felipe Castanhari, do Nostalgia. Isso, claro, só destacando alguns do time do contra (que era grande, mas de certa forma encabeçado pelos citados). Cada um dizia ter sua razão para não gostar de Felipe Neto – e alguns depois até fizeram as pazes com ele, mas muitos ainda o odiavam, com unhas e dentes, na virada de 2017 para 2018.

No entanto, Felipe, o Neto, julgava que a raiva de seus pares para com ele tinha se iniciado a partir da inimizade com outro Felipe, o Castanhari. Até aquela data, Felipe Neto evitava falar sobre o assunto, ainda mais em público. Porém, sentia que, ao mesmo tempo, precisava se posicionar, já que seus detratores faziam o mesmo. Para os fãs dos youtubers, que são dezenas de milhões no Brasil, a resposta pode soar algo como jogando lenha em uma fogueira virtual de vaidades. Eis a versão de Felipe Neto:

● "Isso aconteceu porque alguns youtubers específicos, e que são extremamente influentes na comunidade, decidiram propagar essa minha imagem de mau-caráter. Muitos outros youtubers acreditaram. São youtubers cujas máscaras estão caindo. Caindo para todo mundo. Agora o que mais está acontecendo é youtubers virem falar comigo, dizendo 'cara, durante anos acreditei que você era um cara mau-caráter, que não valia nada, que passava a perna nos outros; hoje tô vendo que você não faz mal nenhum a ninguém'. São vários os casos de reconciliação, como com a Pathy dos Reis e o Cocielo. A Pathy me odiou com unhas e dentes. E não tinha motivo aparente. Nada a ver com nossa ficada em 2010, coisa rápida, numa festa. Ela não gostava de mim certamente por influência desses youtubers específicos que mencionei e que ficavam falando mal de mim o dia inteiro. Tá todo mundo vendo agora a realidade. Vendo quem é quem. Quem tá preocupado em fazer conteúdo bacana e ser feliz e quem, ao comemorar a própria marca de 10 milhões de inscritos em seu canal, prefere passar o vídeo inteiro falando mal dos outros. Não preciso mais me defender. Entende? Não preciso mais falar pros outros 'oi, tudo bem? Sou bom caráter. Nunca fiz mal pra ninguém'. Sempre levanto a seguinte bola para aqueles que dizem me odiar: pergunte a você mesmo, ou a quem me critica, o que realmente fiz de errado para você, ou para essa outra pessoa. A resposta costuma ser algo como: 'Ele é cuzão, velho'. Referindo-se a mim. Ou: 'Ele é babaca. Olha os vídeos que ele faz'. É o que têm a dizer. Ou seja, não existe uma resposta de fato."

Te xingam abertamente. Você não vai dar nome aos bois?

● "Sei exatamente quem espalhou esse ranço que a comunidade de youtubers tem de mim. Os principais nomes: o Azaghal, do Jovem Nerd, o Felipe Castanhari e o Kibe. Esses que influenciaram vários outros, muitos outros, a me odiarem."

Por quê?

● "Quero falar do Castanhari. Ele é o enigma. A chave desse ódio. Ninguém entende essa raiva toda, nem os amigos dele. O Castanhari me odeia num nível que nem ele se aguenta mais por isso. Já pediu desculpas três vezes. Na terceira, falei 'irmão, chega, não quero mais ouvir sua desculpa'. Tudo por mensagens, tudo registrado. É surreal.

Pela primeira vez me sinto à vontade para contar todos os detalhes dessa história. Vale a pena falar, já que falam de mim.

Nunca fiz mal algum ao Castanhari. Isso além de tê-lo ajudado no início, quando ele não era, absolutamente, famoso. Era ninguém. Aí eu criei a Rede Parafernalha, pela qual uni alguns youtubers para que um ajudasse o outro a se divulgar. No início a Rede tinha a própria Parafernalha, a Kéfera, o Cauê Moura, o Castro e o Castanhari, que, repito, era ninguém, com 10 mil inscritos. A rede funcionou bem no início, tanto que alavancou o Castanhari. E Castanhari se mostrava extremamente grato a mim até o canal dele começar a crescer. Aí ele mudou de personalidade. A gratidão se transformou em algo como 'cheguei aqui sozinho e não me importa mais nada'. Quando fiz a Paramaker, que foi a maior network de youtubers brasileiros, depois vendida a uma empresa francesa, Castanhari tava apalavrado comigo para trabalhar conosco. Mas ficou apenas vinte dias e quis ir para a Amazing Pixel, do Jovem Nerd. Isso me deixou muito puto. Sentia-me assim: 'Poxa, te ajudei pra caramba. Qual o motivo de querer sair da Paramaker? Nem deu tempo de trabalharmos direito teu canal'. De resposta, alegou que a Amazing Pixel lhe oferecia mundos e fundos. Que tudo lá era mais incrível.

Só que quando o Castanhari saiu da Paramaker, começou a ser fla-grado pelo robô do YouTube. Antes ele era protegido pela Paramaker e, por isso, o robô, guiado pelos algoritmos, não o pegava por problemas, por exemplo, relacionados a direitos autorais. Ao sair, a Fox deu dois *strikes (aviso de que algum direito autoral estava sendo ferido)* nele. Com um terceiro, o canal seria derrubado de vez. Em reação, Castanhari deu um escândalo público gigante. Aí os fãs, que achavam que ele ainda estava na minha network, cobraram uma atitude da Paramaker para salvá-lo. Foi aí que eu fiz a única coisa errada contra o Castanhari. Tuitei: 'Tá vendo, Castanhari, se não tivesse saído da Paramaker, isso não tava acontecendo'. Naquele instante, eu tava puto. Tava puto, agi por impulso e logo depois percebi que tinha feito cagada. O moleque já tava se ferrando. Ficou parecendo que eu quis empurrar ele pro trilho. Apaguei a tuitada. Só que aí não adiantava mais, já tinha repercutido. A partir daí, Castanhari passou a ter um ódio que nunca vi igual vindo de ninguém. O Azaghal, que era o dono da Amazing Pixel, só foi na mesma onda de raiva.

Eu pedi desculpas pelo tuíte publicamente. E também no privado, numa mensagem que enviei ao Castanhari. Errei. Não tenho problema em assumir. O Cauê Moura uma vez fez um vídeo dizendo que 'preferia engolir um balde de mijo e vômito a assistir um vídeo meu'. No dia seguinte, ele pediu desculpas e apagou. Eu falei: 'Beleza, brother, morreu'. Com o Castanhari não é assim. Ele começou a fazer campanha contra mim nos bastidores. Só nega isso quem ainda está do lado dele. Quem ainda acredita que faço mal para os outros. A quantidade de mentiras escabrosas que ele espalhou sobre mim é surreal. Até bloqueei ele no Twitter por muito tempo. Não respondia mais às inúmeras ofensas que ele começou a dirigir a mim a todo momento. Ele atacava, ria dos vídeos do Parafernalha, falando que era tudo lixo. Foi uma tuitada errada minha contra, sei lá, umas 150 dele.

Aí um dia chegou um áudio dele, do celular de outra pessoa, para mim, me xingando. Ouvi e pensei 'que porra é essa?'. Respondi: 'É você mesmo, Castanhari? O que tá fazendo?'. Nisso ele começou a me humilhar. Respondi: 'Qual é teu problema? É por eu ter pegado sua mulher *(a Pathy, então namorada de Castanhari)*?'. Ele respondeu: 'Não interessa, seu merda. Vou te passar daqui três meses, seu otário'. Esse foi o áudio que ele me mandou no meio da madrugada. Nunca vou esquecer. Dizendo que ia me passar em número de inscritos. Eu odeio briga e parei de responder.

Só que mandei a ele um e-mail gigante no dia seguinte. Perguntei: 'O que caralhos te fiz? Quero que você me diga por e-mail por que me odeia. Não aguento mais isso de uma pessoa me odiar tanto. Dei uma tuitada e pedi desculpa. Foi só isso'. A resposta dele, por e-mail, foi a de que ele saberia que eu teria queimado o nome dele em alguma agência de publicidade. E ele também deduziu que eu teria dado *flag* para derrubar vídeos dele (flag *é quando um usuário qualquer, anônimo, alerta o YouTube de um vídeo com conteúdo supostamente inadequado, de acordo com as regras do próprio site)*. Não são motivos. São invenções. Nem tem como ele provar nada disso. No momento em que não respondi com ódio, só com perguntas, ele provou que não sabia o que falar. Pois não tinha o que falar. A minha resposta às alegações dele foi a de que eu não queimo ninguém em agências, pois sou empresário, cara de business. Acha que eu vou queimar alguém? Aí depois isso se volta contra mim. Amanhã vão fazer campanha com o Castanhari e podem ver que ele é um cara legal para isso. Então, eu que me queimaria. Por isso questionei: 'Mostre um profissional da área que comprove que eu falei isso. Que diga que o Felipe, eu, surgiu na agência para detonar o Castanhari. Se você provar, faço um vídeo pedindo perdão'. Ele não tinha como responder a isso. Já da parte das *flags*, deixei claro que não tenho nem tempo pra cagar. Ainda mais pra parar pra dar *flag* em canal dos outros. E como alguém saberia, mesmo se eu tivesse feito isso? Castanhari, você instalou uma câmera no meu escritório, no meu banheiro, pra ficar vendo enquanto eu cago, caralho? Na minha intimidade? Como deduziu que eu teria dado *flag* em algo?

Aí ele respondeu ao e-mail, pedindo desculpa pela segunda vez. Falou: 'Vamos zerar e começar uma nova história'. Respondi: 'Tudo bom, tudo bem, esquece essa história e vamos ficar de boa'. Aliás, essa era uma época em que eu estava mais parado. Meu canal não tinha voltado a bombar. Castanhari até tinha me passado em número de inscritos depois que ele prometeu que faria isso.

Da minha parte, resolvi esquecer tudo. Todas as agressões contra mim. E achava que ele poderia esquecer aquela única tuitada falha. Um mês depois dele ter pedido desculpa, a história se repetiu. Começou por um problema que eu tive com o YouTube, que não estava recomendando a inscritos do meu canal os vídeos que eu fazia. Um problema sério. E tinham vários youtubers que se queixavam do mesmo. Aí o *Pânico (programa televisivo de humor)* encontrou o Castanhari numa festa e perguntou: 'Qual é a dessa história que os youtubers estão reclamando que os vídeos não são mais recomendados no site?'. Ao que ele respondeu: 'Youtubers, não, cara. Só o Felipe Neto tá reclamando. Ele faz aqueles vídeos bão dele *(dito em tom irônico)* e reclama que não tem visualização'. Olhei aquele comentário e me perguntei: 'Qual será o problema dele? Não consigo entender'. E passei a não me pronunciar mais sobre isso. Beleza, se essa era a postura do Castanhari, se ele não conseguia superar essa raiva pessoal que tinha de mim, o que eu ia fazer?

Só que passou mais um pouco de tempo e Castanhari deve ter se tocado da besteira que falou no *Pânico*, sei lá, e surgiu novamente me pedindo desculpa. Agora pela entrevista. A justificativa dele, por mensagem: 'Foi mal, cara. Achei que tava fazendo piada. Mas peguei pesado. Desculpe e tal'. E mais uma vez aceitei o pedido de desculpas. 'Tá bom, Castanhari. Vamos ficar de boa, cara. Vamos esquecer disso. Não fala mais de mim. Para de falar de mim, cara.' Quinze dias depois, Castanhari foi dar entrevista para um canal de YouTube e resolveu humilhar meu irmão, o Luccas. 'Ele é um merda', disse sobre o Luccas. Não acreditei que uma pessoa podia ter tanta raiva dentro de si. E ele nem estava interpretando, como eu fazia no Não Faz Sentido. Era ódio físico, pessoal.

Nessa época ainda tinha um novo agravante para a cabeça dele. Eu tinha voltado com força no YouTube e passado ele em número de inscritos. E ele não estava crescendo.

Frente a tudo isso, não aguentei mais. 'Foda-se.' Passou um tempo, aí fiz um vídeo deixando claro que o Castanhari não era um cara tão do bem assim, como ele se vendia. Ao que ele veio pedir desculpas mais uma vez. Falou que tinha se encontrado numa igreja, e que era um novo homem. Respondi: 'Castanhari, não aceito mais. Você tem de fazer terapia para resolver esse problema que tem comigo. Não te faço nada. Você só sabe falar de mim, meu irmão. Em qualquer brecha que encontra, joga as pessoas contra mim'. Agora que as pessoas começavam a se tocar, a enxergar a verdade, Castanhari estava desesperado. Resolvi não aceitar mais pedidos de desculpas. Foi aí que ele desandou de vez. Começou com um papo, antes de tudo, de que eu não aceitava ser zoado. Alguma coisa que eu disse aqui pareceu uma brincadeira entre amigos?

Sabe, esta é a primeira vez que conto essa história completa. Até aqui, o que fazia era contra-atacar com ironia, no máximo. Era a minha defesa. A única arma para tentar fazer com que as pessoas, principalmente as de São Paulo, do convívio social de Castanhari, sacassem quem tinha dado início a toda essa onda de ódio contra mim. E as pessoas já estavam começando a perceber isso. O que fez ele surtar ainda mais. Afinal, até aqui, ninguém havia questionado a imagem de bom moço que o Castanhari vendia de si mesmo."

Felipe Neto compartilhava sua história com segurança. Admitia que por muito tempo tinha se deixado afetar pelas fofocas, pela raiva, por todo o cenário de discordância pintado por ele em suas falas. Volta-se àquela situação clássica da jovem celebridade que teve dificuldade em lidar com a fama, o dinheiro e a mulherada. Um desconforto que evidentemente não foi exclusivo de Felipe Neto. Era algo comum aos youtubers mais famosos. Alguns, a exemplo dele mesmo e de Kéfera, caíam na depressão por isso. Naquele 2018, Felipe completava sete anos de sua batalha contra essa doença, que havia dado fruto a crises de pânico. Outros youtubers não conseguem absorver o sucesso com facilidade e se voltam para formas de fuga, como o uso abusivo de drogas, em especial maconha, álcool e cocaína. Há ainda os que deixam a fama subir de tal maneira à cabeça que se transformam em pequenos reizinhos arrogantes. Tudo típico da entrada no universo das celebridades. Ainda mais quando se torna um tipo de celebridade tão novo, moderno, mas que poucos sabem direito explicar como surgiu, evoluiu e o que vai se tornar. Um youtuber.

Em sua mansão, a Netoland, Felipe se ajeitava no sofá de um dos tantos escritórios da casa antes de terminar a entrevista. Calçava pantufas temáticas do Harry Potter, enviadas a ele por uma loja que vende de tudo. É comum ele receber pencas de presentes toda semana. A mansão em si pode parecer, a quem não se informa, grande demais, exagerada, para que, naquela virada de 2017 para 2018, morem lá apenas Felipe e seu irmão, o Luccas – além de, em um quarto com cozinha e banheiro no térreo, o amigo Bruno Correa, youtuber que trabalhou antes na Paramaker e que depois ele lançou para a fama, como *sidekick* em seu canal. No entanto, é lá também onde ele toca parte de seu negócio. Grava vídeos em vários cômodos, ou na área externa, da piscina. Perto da entrada da garagem fica uma sala onde trabalham funcionários diversos ligados não só ao que Felipe faz no YouTube, mas também aos seus tantos outros negócios. Naquele dia, sua casa estava lotada com empregados de seu canal e também de representantes de uma marca que patrocinaria um vídeo que ele viria a gravar durante a madrugada. O trabalho nunca parecia ter término. Também pudera, visto que ele montou uma suntuosa mansão cujo um dos intuitos é servir de sede informal para a "empresa" Felipe

Neto, estúdio de gravação etc. E ainda lá ele precisava se dividir para conseguir ter ao menos um pouco de vida pessoal.

Em quase uma década, Felipe Neto se tornou um resumo, um retrato perfeito, do que são os youtubers. Melhor, do que foram, do que são e do que possivelmente se tornarão. No início, era um garoto revoltado que falava o que vinha na cabeça por meio de uma persona formulada enquanto tomava um banho tempestuoso. Depois, transformou-se num ser depressivo odiado por muitos, com dificuldades para se encontrar na fama e na carreira, e que apelava para diversas formas, com variados investimentos, a exemplo dos negócios da Paramaker, para sustentar a própria relevância. Isso até chegar à fase adulta, na qual se metamorfoseou em um empresário de sucesso, de visão, seguro de si. Montou uma empresa para gerir sua carreira, cujo sócio que então o representava na verdade era o seu irmão, o Luccas Neto. Nessa agência, o comando ainda era dividido com um ex-alto executivo da TV Globo e o dono de uma produtora.

Após o pequeno período em que ficou um tanto fora da ativa, sem vídeos, havia escolhido se dedicar ao público infantojuvenil, não só mais aos adolescentes. Mas a decisão não era guiada por um dia qualquer de revolta em seu quarto, como fora com a criação do Não Faz Sentido. Ele havia pesquisado muito, "estudado as métricas", realizado até um curso em Harvard, nos Estados Unidos, para compreender o público e o que vingaria com o mesmo. Até a cor de seu cabelo fora meticulosamente pensada – mudava a cor, de rosa, azul, e tantas outras paletas, a cada 1 milhão de novos inscritos em seu canal (e cada uma dessas transformações se tornava um evento de relevância para seus milhões de fãs). Para poder falar até com crianças, sem incomodar os pais, Felipe aboliu os palavrões do vocabulário no YouTube. Havia deixado no passado, em definitivo, aquele personagem cheio de ódio, e pensava meticulosamente em cada roteiro para que não ficasse ofensivo à nova audiência infantil.

Felipe Neto continuava a pesquisar, a trabalhar duro, para garantir que teria futuro no mundo dos jovens. Isso mesmo quando ele se tornasse um quarentão. Admitia que tinha medo que pudesse envelhecer demais para seu público. Por isso procurava estudar o que seria tendência no futuro, quais novas tecnologias iriam ditar a produção de vídeos dali em diante. Numa estratégia que tinha de ser definida de dois em dois anos. Isso porque se trata de uma indústria que muda a todo momento. Ninguém tem ideia de como seria o futuro dos youtubers em cinco anos. O objetivo de Felipe era sempre se moldar para continuar no topo.

Sua relevância passava a ser tanta que chegava a influenciar a política brasileira. Após ele mesmo admitir que havia tido um período homofóbico (ao menos pelas piadas de seu canal, de teor nesse sentido), Felipe tinha se redimido, adotando as causas da diversidade, como, veja só, o forte combate à homofobia. Tanto que se envolveu numa discussão, via Twitter, com o deputado federal pastor Marco Feliciano, ligado à igreja Assembleia de Deus. Feliciano é conhecido por seu posicionamento contra LGBTQ+. A briga virtual dos dois culminou numa entrevista, em vídeo, de Felipe com Feliciano, na qual ele claramente ataca as opiniões do rival. Por esse vídeo, muitos youtubers passaram a apostar que Felipe teria ambições políticas, como a de se tornar um deputado. Ele nega veementemente, afirmando que lugar de youtuber não é na política; mas sem diminuir a responsabilidade social que tem com seus fãs (costuma tratar, por vezes, de assuntos mais sérios em seu canal, como depressão e críticas àquele perigoso jogo Baleia Azul, que sugeria a jovens que se machucassem e compartilhassem as imagens do ato em grupos de WhatsApp). Isso mesmo que, uns meses após a entrevista em sua mansão, passasse a falar sobre política, posicionando-se abertamente contra falas que considerava homofóbicas, machistas, xenófobas, do presidente Jair Bolsonaro.

Felipe demonstrava que havia alcançado a fama, a riqueza, o poder e o reconhecimento. E se exibia seguro de si. Ou ao menos passava bem essa confiança toda. Segundo dizia, após ataques de tantos colegas, de ser alvo de bandidos (ele julga um youtuber específico, rival dele, do qual preferiu não falar o nome abertamente, como tal), ser motivo de fofocas e ter a vida pessoal, como as (para ele) doloridas possíveis traições da ex-mulher, escancarada e detonada, havia adquirido mais confiança. Sua trajetória tinha sido barra, como destacava:

● "Tive vários problemas, como crises de depressão. A cobrança e fidelidade dos fãs vieram acompanhadas de muitas exigências, broncas.

Por um bom tempo, lá no início, tremia antes de publicar cada novo vídeo. Não dava para saber como seria a repercussão. Era tudo muito novo. Meu próximo vídeo poderia ter só 10 mil views, não milhões, e tudo acabaria para mim. Muita gente apareceu para discordar do que eu fazia. E muitos só me odiavam mesmo. Pelo sucesso que eu fazia. Xingavam por qualquer motivo. Só que também odeiam e xingam por qualquer coisa na internet. Meu irmão é odiado por imitar uma foca, pô. O que questiono aos pais que veem seus filhos assistindo a vídeos no YouTube: 'Você prefere que seu filho veja um youtuber imitando uma foca ou o MC Doguinha *(funkeiro que canta músicas obscenas desde os 9 anos de idade)* falando 'senta aqui, vamos fazer sacanagem'?

Cara, por sorte, no meu começo, não fui seduzido por drogas. Não sou seduzido por drogas. Fumei maconha sei lá, quatro, cinco vezes na vida, e não gostei, passei mal depois. Cigarro, sim, fumei por oito anos. Mas larguei faz dois. Bebo muito pouco. Meus vídeos são minha vida. Isso ao ponto de prejudicar minha vida pessoal. Sei que trabalho mais do que uma pessoa deveria trabalhar. O que falta é youtuber que estude o que faz. Tem de estudar a plataforma, as métricas, o que está acontecendo no mundo do entretenimento, as tecnologias que estão se desenvolvendo, as tendências do mercado, as apostas para o futuro, o que a criança consome, o que o adolescente consome, e de que forma fazem isso, o que eles devem consumir em breve, o que a Samsung e a Apple pensam pro futuro. Difícil estudarem tudo isso. Só o que eu faço é estudar tudo isso. Minha vida se resume a entender o ecossistema em que navego. Não sei como será daqui cinco anos, mas estarei lá.

Não me incomodam mais as críticas. Sei que seria inocente e ingênuo achar que vou agradar a todos. Ninguém consegue agradar todo mundo ao mesmo tempo. Terá gente que achará genial o que faço, enquanto outros vão achar lixo, uma bosta. Sei que não é genial. Nem lixo. O importante, ainda mais na internet, é descartar os extremos.

Se me acha chato, se acha os youtubers chatos, vai ver TV, meu irmão. Não enche a minha paciência." ▮▮

O peso

▶ O ANO AGORA É 2019. Mais especificamente, 26 de abril de 2019. Felipe Neto não tem mais cabelos coloridos de azul, rosa ou verde. Voltou à cor preta, similar ao que seria a natural. A mudança de tonalidade é poética. Não tem a ver só com estética, mas também com transformações significativas, notáveis ao público, de sua postura e de suas opiniões. Na avaliação de muitos, ainda mais no Twitter, teria amadurecido.

A Netoland ainda era dividida com o irmão Luccas, sendo que o amigo Bruno, alçado à fama com apoio dos dois Netos, havia trocado a casa por um apartamento para chamar de seu. No superficial, o aspecto da mansão parecia o mesmo, com quadros com o rosto de Felipe Neto, como um de inspiração antropomórfica na qual a face do youtuber se confundia com a de uma coruja. Coruja é o apelido dado aos seus fãs. Em 2019, são 32 milhões no YouTube, quase 9 milhões no Twitter e 10 milhões no Instagram.

Também havia memorabilias espalhadas, muitas delas em referência à saga Harry Potter e a desenhos da Disney. Os cachorros de Felipe Neto continuavam na Netoland, tratados como parte da família. Um dos cômodos preferidos do youtuber permanecia sendo o amplo cinema que montou no térreo. O que diferenciava era que não tinham mais equipamentos da produção de seus vídeos perdidos pelos cantos. Meses antes, o youtuber tinha mudado as gravações para outra mansão, também na Barra da Tijuca.

No íntimo, porém, muito tinha mudado. Felipe avisaria que o chão do cinema se encontrava lotado com uns 40 livros. No escritório, no último de três pisos, outros 150. Um cômodo também estaria sendo reformado para virar um escritório à parte, temático, com livros ligados a negócios e, em especial, educação. Mais especificamente sobre como ensinar crianças e adolescentes – e como funcionam as mentes deles.

"Continuo com zero interesse em ser um político. Só que me apaixonei por um projeto que pretendo levar como objetivo de vida nos próximos anos. É sobre educação. A forma da educação nos colégios brasileiros. É importante falar da importância do ensino da criatividade e do controle cognitivo. Tenho feito muita pesquisa. Virei meio Gandalf.[86] Vou mudar a educação de fora para dentro. Tenho lido e escrito muito. Após o Iluminismo, teve um progresso em favor da sabedoria, mas em detrimento da imaginação. Estamos vivendo séculos de esmagar criativos. A criatividade foi transformada em coisa de artista e maluco. A palavra "criatividade" foi esmagada pela sociedade. A criatividade é a capacidade inata que todos nós temos de desenvolver ideias em qualquer disciplina. Um médico pode usá-la para atender melhor um paciente. Um professor, para criar uma maneira eficiente de captar a atenção dos alunos. Essa capacidade de criação é o que nos diferencia dos outros primatas. Foi feito um estudo na década de 1970. É o estudo do *marshmallow*. Colocaram crianças em frente a um *marshmallow* delicioso. Elas foram informadas que, se ficassem uns minutos sem comer o doce, ganhariam outro. Aí eram deixadas sozinhas na sala com o *marshmallow*. As crianças impulsivas comeram e não ganharam outro. As que conseguiram se controlar, ganharam. O interessante dessa pesquisa é a análise que foi feita anos depois, quando essas crianças tinham 18 anos. Descobriram que aquelas que tiveram controle cognitivo, que quando bem mais jovens inventavam maneiras criativas, como dançar e cantar, pra tirar a visão do *marshmallow*, catorze anos depois, quando foram entrar na faculdade, se saíram bem melhor nos testes acadêmicos do que as crianças que não se controlavam com o doce. A diferença na média de pontuação no Enem dos Estados Unidos entre os dois grupos era de 220 pontos de vantagem. Pesava mais no resultado a habilidade criativa desenvolvida desde criança do que a classe social ao qual esses jovens pertenciam. Aquele estudo provou que a capacidade de

---

[86] Referência ao mago que é um dos principais personagens da saga de livros O Senhor dos Anéis.

controle cognitivo é mais importante para o futuro de um jovem até do que a sua renda familiar. Foi uma descoberta que deveria ter mudado o mundo, a forma como educamos crianças e adolescentes. Nada mudou."

Sonhava alto: queria promover essa mudança. Pelo menos em seu país. Compartilharia outra história que o motivou. A de uma professora e pesquisadora nos Estados Unidos que fez o seguinte teste com alunos adolescentes. Desenhou um ponto branco na lousa com giz. Depois, questionou os estudantes: "O que é esse ponto branco?". Após alguns minutos de apreensão, um levantou a mão e disse: "Um ponto branco na lousa". Os colegas respiraram aliviados, como quem diz "finalmente alguém resolveu responder o óbvio". Mas a professora interveio: "Vocês me decepcionaram. Mostrei esse mesmo ponto branco para o jardim de infância. Lá, falaram cinquenta coisas que o ponto branco poderia ser. Uma bolinha de ping-pong. A Lua. O mundo visto de cima. Cadê a criatividade de vocês?".

"Por que faltou imaginação aos adolescentes?", questionou-se Felipe ao se deparar com o livro que trazia a pesquisa da professora norte-americana. "A escola ensina pros jovens não a capacidade de imaginar, de enxergar soluções para problemas. O que importa nos colégios de hoje em dia é achar uma única resposta certa para cada problema. Assim se passa a noção errada de que há somente uma resposta certa pra tudo. É o que gera uma sociedade de pessoas que pararam de imaginar, de serem criativas, de pensarem por si próprias. A ideia de reformar a educação não é aquela de colocar um pra aprender química porque gosta de química, outro focado na matemática por gostar de matemática. O que precisa é, desde a base, ensinar o quanto podemos ser criativos. Em quaisquer matérias. Seja nas artes ou na física. Einstein já dizia 'A imaginação é mais importante do que o conhecimento'. Quando ele visualizava a teoria da relatividade, imaginava um cara caindo de um prédio e como seria a sensação de gravidade dele. Por isso, se um cara cai no espaço, no vácuo, não saberia se estava mesmo caindo. Ele chega na teoria da relatividade só pela imaginação. Aí, nos tempos de hoje, se uma criança pinta uma pessoa de verde, vai logo o professor e diz que tá errado. Pois a pessoa não é verde. A base da educação está completamente errada. Vou mudar isso. Começando pelas beiradas."

A conversa não era mais de *Crepúsculo* ou Justin Bieber, feito nos anos iniciais no YouTube. Nem de desavenças com youtubers. Muito menos de como divertir a plateia com uma paródia nova em seu canal. Com o Felipe Neto de 31 anos, o papo era mais sério.

Planejava lançar um canal voltado à educação no qual motivaria jovens a imaginar e a criar como Einstein. Não deixaria seu canal principal de lado, no qual continuava a divertir a plateia de mais de 30 milhões (e sem palavrões) com vídeos como "Virei um Vingador e encarei Thanos", "Maiores erros do Photoshop" ou "5 profissões mais perigosas do mundo". Mas expressava uma vontade imensa de usar sua influência para fins que aparentava considerar duradouros.

Também usava seu poder para reunir pessoas poderosas interessadas em transformar o sistema educacional brasileiro. Havia se aproximado, e só como um dos exemplos, da deputada federal Tabata Amaral, de 25 anos, formada em Ciências Políticas e Astrofísica em Harvard, ativista da educação e que, meses antes, havia desafiado o então ministro da pasta, Ricardo Vélez Rodríguez, em debate. "Em um trimestre, não é possível que o senhor apresente um powerpoint com dois, três desejos para cada área da educação. Cadê os projetos? Cadê as metas? Quem são os responsáveis? Isso aqui não é um planejamento estratégico. Isso aqui é uma lista de desejos. Eu quero saber onde que eu encontro esses projetos. Quando cada um começa a ser implementado?" O episódio foi um dos que levaram à demissão de Vélez do cargo.

Ao menos para o público geral, a postura de Felipe Neto havia mudado de forma notável uns dias antes do segundo turno das eleições presidenciais de 2018, quando a disputa estava entre Fernando Haddad, do PT, e Jair Bolsonaro, do PSL. Aí estaria a raiz da árvore que o youtuber viria a se tornar. O que o levaria a se preocupar até mesmo com a educação dos jovens que o idolatravam.

Em 27 de outubro de 2018, o youtuber tuitou, em reprodução literal: "Eu estava neutro no 2º turno pelo meu ódio ao PT. Td mudou qnd Bozo[87] falou, AGORA, q vai varrer os opositores para fora do país ou pra cadeia.

---

[87] Em referência ao então candidato de extrema direita Jair Bolsonaro, do PSL.

Em 16 anos de PT eu fui roubado, mas nunca ameaçado. Autoritarismo nunca mais! Irei de Haddad sem orgulho algum, mas pela Democracia".

Já falava antes de política. Havia sido crítico dos governos de esquerda do PT. Entretanto, ao anunciar seu voto, em ato inédito, sua imagem foi reformulada aos olhos da plateia. Ainda mais em um país que estava profundamente dividido entre os que eram superficialmente separados em esquerda e direita. Mas que, na maioria, pouco sabiam de política. Eleitores pareciam preocupados com temas comportamentais como ideologia de gênero, homossexualidade, aborto. Ou com tópicos dos mais gerais, de corrupção e segurança nas cidades a direitos humanos (para a direita bolsonarista, "direito dos manos").

"Declarei o voto em Haddad pois senti que não podia, ainda mais como artista e pessoa pública, ser conivente com um político *(Bolsonaro)* que dizia que ia varrer a oposição, varrer os 'vermelhos'. Isso em momento em que eu era considerado vermelho. O secto desse candidato dizia que eu era comunista. Aí passei a não ter mais escolha. Virou questão de posicionamento básico. Pela minha sobrevivência e até da minha família. Não tinha como ser conivente com aquilo."

No primeiro turno das mesmas eleições, optou por não votar em candidato à presidência. Depois se diria envergonhado por não ter encontrado um favorito. No segundo, permaneceu em dúvida até os momentos finais. Provavelmente, anularia. Meses antes, em uma conversa, cogitava até votar em Bolsonaro como forma de repulsa aos petistas, tamanha a ojeriza que tinha ao PT. Mas declarações que considerava homofóbicas, racistas, de cunho fascista, do político de extrema direita Jair Bolsonaro, estavam mexendo com seus nervos. Até o que para ele foi o ápice. "Vamos varrer do mapa esses bandidos vermelhos." Felipe Neto, que se considera mais ao centro no espectro político – "liberal na economia, progressista nos costumes" –, tomou a afirmação de Bolsonaro como uma clara ameaça de violência contra a oposição. Sendo que, naqueles tempos, ele era considerado oposição, assim como intelectuais, jornalistas e muitos outros youtubers. Naqueles momentos finais, todavia, pouco adiantou a sua influência dentre os jovens eleitores brasileiros. Bolsonaro ganhou a eleição em conflito dividido, levando em torno de 55% dos votos válidos.

"Agora sofremos com as consequências. Já são quatro meses de governo[88] e estou com muito medo. Um medo não só pessoal. Mas pelo o que está acontecendo no cenário ambiental, na área da educação. Pelo meio ambiente, as pessoas nem se interessam. Tanto que colocaram um sujeito favorável à caça para comandar um órgão de proteção.[89] Cadê os protestos contra isso? É um escândalo. Aqueles que tentam defender ao máximo a exploração da economia, em detrimento da natureza, controlaram o Ministério do Meio Ambiente. Reservas indígenas serão destroçadas por esse governo. Assim como a educação. A influência de Olavo de Carvalho na política brasileira será lembrada nos livros de história como um acontecimento inacreditável. Uma piada para o país. Um astrólogo, que nem terminou a escola, sem preparo algum, passou a definir quem são os ministros da pasta da Educação de Bolsonaro."

Após as eleições que alçaram Bolsonaro ao posto máximo da República, Felipe Neto tornou-se um inesperado líder da oposição. No Twitter, ex-rivais, como Castanhari, PC Siqueira e Gregório Duvivier, passaram a curtir e compartilhar seus posts. Duvivier, que antes apenas criticava Felipe Neto em quase tudo – como em um episódio de seu talk show no qual o atacou por supostamente veicular propaganda ilegal direcionada ao público infantil –, chegou a brincar que teria feito tatuagem em homenagem ao ex-desafeto.

No YouTube, ao menos naqueles tempos, mantinha a programação usual de vídeos divertidos. Só em alguns raríssimos momentos temperaria com provocações ao que passou a chamar de "bolsominions", os adoradores de Bolsonaro. Já no Twitter, compraria a briga de vez e em alto e bom som.

"Sempre fui bem ativo. Criticava muito o PT. Mas antes só gritava em ato de rebeldia juvenil. Agora estou maduro e faço comentários informados, frutos de estudo. Era, no início, um menino estourado de 22 anos. Tinha muita gritaria e sensacionalismo no que berrava. Acompanharam todo o meu processo de amadurecimento. Aos 31 anos,

---

[88] Era então abril de 2019.

[89] O ex-deputado Valdir Colatto, da bancada ruralista, se tornou presidente do Serviço Florestal Brasileiro no início de 2019.

tenho mais força e propriedade para me opor a Bolsonaro. Aí que as pessoas notaram meu posicionamento."

Para alguns no Twitter, como antes era anti-PT e passou para anti-Bolsonaro, teria virado a casaca.

"Essa impressão é compreensível. Se eu estivesse no lugar dessas pessoas, dentro do contexto social do Brasil, talvez pensasse da mesma forma. Viramos um país de Fla-Flu na política. Ou se está de um lado ou de outro. Mas há uma distância enorme de um lado para o outro. Está extremamente polarizado. Não sou PT. Não sou PSL. Ambos representam extremos com os quais não concordo. Bolsonaro, uma visão ultraconservadora. O fato é que defendo pautas progressistas que não deveriam ser de domínio somente da esquerda. Protejo liberdades individuais, o liberalismo, mas com justiça social pela maior igualdade de renda, os direitos humanos, o feminismo, o respeito ao próximo. Não faz o menor sentido quando um bolsominion fala que seriam "pautas de esquerda". Nos Estados Unidos, o aborto é legalizado, a maconha é legalizada em vários estados. Agora vão chamar os Estados Unidos de comunistas? Os bolsominions estão num grau de admiração pelo Bolsonaro e pela família Bolsonaro que é comparável ao grau de admiração com o qual já lidei de adolescentes falando de Justin Bieber. É igual, cara. Mas aí vindo de um adulto, com barba na cara, defendendo outro adulto, com barba na cara, como se fosse um adolescente de 15 anos. É doentio."

A nova fase veio com novos riscos. Apoiadores de Bolsonaro começaram a ameaçá-lo de morte a todo momento. "E basta um louco para uma tragédia." Além da equipe de segurança, armada, de seu condomínio de luxo na Barra da Tijuca, teve de tomar outras precauções. A todo momento há dois guarda-costas circulando pela Netoland. A mansão também é filmada, 24 horas, por câmeras acompanhadas por uma equipe pronta para interferir em casos de emergência. O esquema de proteção conta com seguranças para familiares, escolta para as raras vezes em que ele deixa os muros de sua casa e vigilância de agressões na internet.

"Verificam todos os comentários no Twitter e no YouTube e rastreiam os de maior perigo para checar o que tem potencial de se concretizar. Tenho criticado não só o presidente, mas também, e só como um dos exemplos, as milícias cariocas aos quais ele e sua família são ligados, por enquanto indiretamente. Temo por minha segurança. Quando tiver filhos, pode ser que eu saia do país para preservá-los."

Na esfera virtual, fez novos amigos, mas também novos rivais. Na segunda categoria, bolsonaristas enervados fãs de Olavo de Carvalho e Nando Moura. Ao primeiro, deposita a culpa pelo obscurantismo e anti-intelectualismo que tomou o Brasil e que, para ele, também teriam servido de base para a vitória de Bolsonaro.

"Olavo de Carvalho tem de ser analisado a fundo. Foi o guru da família Bolsonaro e é o maior pregador de obscurantismo que existe. Agride instituições de ensino por achar que a inteligência vem dele. Acha que é o guru da inteligência. Fala publicamente que desafiaria qualquer intelectual pra um debate. Mas só desafia. Se alguém aceita, corre. Implementa faz décadas esse pensamento obscurantista de total repúdio à ciência, a qualquer fato provado pelo método científico, para implementar teorias da conspiração frutos de sua mente delirante. A mente de Olavo ainda tá na Guerra Fria. Acha que o mundo ainda é o do comunismo tentando ser implementado. E que ele seria o herói do conservacionismo cristão que precisa encarar a revolução comunista satânica. Prega isso através de uma lavagem cerebral desgraçada. Pois fala muito bem. Porque cita oitocentos autores enquanto fala. Consegue convencer seguidores. Diz que o Sol está girando ao redor da Terra. É contra o heliocentrismo! Contra vacinas. Algo que em 2019 devia dar cadeia. Defende que o cigarro não faz mal à saúde. Criou um grupo de pessoas agora no poder. Ensinou a chegar no poder. É um obscurantismo de um ultraconservacionismo cristão lunático por teorias da conspiração. No YouTube, os nomes de ultradireita são seguidores de Olavo, como o Nando Moura, o Terça Livre, o povo 'dos armamentos'. Olavo é um buraco negro que consome tudo. Mas eu sou um rapaz de 31 anos. Falo isso e não tenho o peso necessário. É preciso que acadêmicos e cientistas de verdade dissequem o trabalho de Olavo de Carvalho para evidenciar a quantidade de boçalidades que esse senhor fala. No meu Twitter, tenho compartilhado intelectuais, cientistas, como Pirula, o Henry Bugalho e o Clayson Felizola, que fazem isso com propriedade. O que Olavo fala é muito gostoso de ouvir porque é fácil de entender. Por isso atrai tanto. O Olavo consegue fazer seu seguidor se sentir mais inteligente só por ser um seguidor dele. Pois aí se estaria em contato com 'a verdade'. E os seguidores dele se acham assim, desbravadores da verdade. Por que são atraídos a ele? Pois não precisa estudar. Basta assistir uns videozinhos dele. Ele fala meia dúzia de coisas que, se for estudar, vai ver que é balela. Mas os seguidores não vão estudar mesmo. Só vão se achar inteligentes e informados. E assim viram um Nando Moura."

Diante dos novos desafios que se impôs, passou a ver como besteira os conflitos que alimentava com youtubers como Castanhari e PC Siqueira. Isso seria típico do cenário do YouTube do passado, de só uns meses antes. "Uma rara coisa boa que trouxe a eleição de Bolsonaro foi notar como muitos problemas eram imbecis perto do que está acontecendo. Como as tretinhas entre youtubers por motivos estritamente pessoais." Haveria uma aproximação natural de quem está contra o governo. "É a união das pessoas sensatas, sejam de esquerda ou de direita. Quem não é olavista, nem odeia os direitos humanos, nem ama ditaduras. Alguém que lê o mínimo, que respeita os indivíduos, que tenha lido ao menos um parágrafo de Foucault na vida, que saiba o básico de qualquer coisa. Verá como óbvio o quanto Bolsonaro e seu governo é patético, horrível, sem a menor condição de dar certo."

Felipe Neto passou assim a representar uma novíssima fase dos youtubers. Sendo que ele caminhou por toda a trajetória dos ídolos da era dos vídeos virais. Primeiro, eram anarquistas que berravam sobre qualquer coisa. Depois, queriam saber do sucesso, da fama e do dinheiro. Tornaram-se profissionais. Alguns chegaram ao estrelato. Ganharam poder ao se tornarem os maiores influenciadores de gerações de jovens, alguns dos quais começam a chegar ao ápice da vida adulta. Sentiram o peso das responsabilidades nas costas. Até tiveram alguns que viraram políticos, seguindo a esteira da popularidade no Twitter e YouTube. Outros não são políticos, mas se politizaram. Os youtubers se transformaram nas vozes constantes, insistentes, quase onipresentes, por vezes irritantes, por vezes sábias, que retratam como são as nuances da vida no século XXI.

"Mas todo o ônus vale. Mesmo se eu tomasse um tiro amanhã, valeria a pena. Olha o que me tornei, pra mim e pros outros." ▐▌

Agradecimentos

Esta obra seria muito diferente sem a ajuda e disposição de dezenas de pessoas.

Agradeço a todos os youtubers que me receberam para conversas que foram de alguns minutos, ou horas, ou dias e mais dias. Este livro não existiria sem todos vocês, nem sem o que criaram e entregaram ao mundo. São pioneiros, ousados, rebeldes em seus universos particulares. Os roqueiros do século XXI. Vocês são o motor desta saga.

Em especial, agradeço a alguns dos que dedicaram muitíssimo tempo a ouvir minhas perguntas – e a respondê-las, com toda a paciência. São, em ordem alfabética: Antonio "Kibe" Tabet; Bruno Bock; Cauê Moura; Fábio Porchat; Felipe Neto; Gregório Duvivier; Henry "Henrytado" Nogueira; Ivys Urquiza; Juliano Prado (da Galinha Pintadinha); Júlio Cocielo; Lully; Maddu Magalhães; Natalia Kreuser; Rafael Procópio; Rolandinho.

Meu muito obrigado também aos assessores, produtores, agentes, amigos, familiares (Valdenice, mãe de Whindersson, foi deveras paciente, sensível e solidária) – e até mesmo às inimizades desses youtubers. Todos compartilharam histórias incríveis, por vezes das mais delicadas e corajosas.

Foi essencial também o apoio de Rejane Dias, editora visionária, que acreditou na ambição desta obra, do começo até um fim que ainda não chegou. Deu-me felicidade notar que Rejane, com seu olhar apurado, vislumbrou um trabalho distinto do resumo simplório que alguns faziam ao ouvir minhas ideias – algo na linha de "um livro de youtubers" (dito em tom discriminatório). Esses não entenderam, em nada, a proposta – muito menos as dinâmicas do novo mundo conectado ou a juventude de hoje.

Também foi fundamental o apoio de vários colegas e amigos, que me ajudaram a descobrir as melhores histórias, bem como de toda a equipe do YouTube Brasil, principalmente Alessandro Sassaroli, Cauã Taborda e Rafael Corrêa. Também sou grato ao João Batista Jr. e à Jennifer Ann Thomas. E Juliana Simão, amiga que deveras me incentivou a investir 4 anos da minha vida nesta empreitada. Faltariam, aliás, linhas nesta página para agradecer a todos.

Termino ainda com um beijo às minhas duas companheiras de vida: a Sofia Lemos, cuja inspiração me fez recuperar o fôlego, em uma massagem cardíaca de minha alma no momento em que eu estava à beira do infarto – e prestes a desistir da dedicação a esta aventura. Sem ela, não teria tido a coragem de repensar o espírito deste livro. E à minha filhota canina Maria Dudinha, que jamais lerá este agradecimento, mas cuja presença foi essencial para que eu nunca desistisse.

Àqueles que sabem que me ajudaram, mas que não encontraram seus nomes aqui: sintam-se igualmente abraçados e beijados.

Este livro foi apurado e escrito entre os anos 2015 e 2019, período no qual os youtubers se popularizaram, enriqueceram, viraram figuras de ampla influência e mudaram a vida das novas gerações, que nasceram já no mundo conectado que permitiu a proliferação de vídeos sobre tudo e todos pela internet. Um marco histórico que redefiniu o conceito de fama neste século XXI. Foram entrevistados mais de cem dessas celebridades, além de profissionais que lidam com elas, amigos, familiares, produtores etc.

Este livro foi composto com Adobe Garamond Pro e impresso
em papel Off-white 90 g/m² na gráfica Assahi.